Roland Weis / Ramesh Amruth (Fotos)

MAGISCH – MYSTISCH – MEGALITHISCH

Die rätselhafte vorchristliche Vergangenheit
von Süd- und Hochschwarzwald

Coverfoto: Siebenfelsen bei Yach © Ramesh Amruth

Print CO2 kompensiert
Id-Nr. 1333253
www.bvdm-online.de

Umweltfreundlicher Druck gesponsert von

badenova
Energie. Tag für Tag

Lektorat: Dr. Friederike Wursthorn
Umschlag: typo|grafik|design, Herbolzheim i.Br.
Satz: typo|grafik|design, Herbolzheim i.Br.
Herstellung: Poppen & Ortmann KG, Freiburg i.Br.
Printed in Germany. Gedruckt auf FSC-Papier.
ISBN 978-3-7930-5097-1

Roland Weis / Ramesh Amruth (Fotos)

MAGISCH – MYSTISCH – MEGALITHISCH

Die rätselhafte vorchristliche Vergangenheit
von Süd- und Hochschwarzwald

rombach verlag

»LERNE VON DER WISSENSCHAFT, AN DEN EXPERTEN ZU ZWEIFELN.«

(Richard Feynman, amerikanischer Physiker und Nobelpreisträger, 1918-1988)

Inhalt

c. Was die Steine uns sagen

III. TEIL: WEGE IN DIE VERGANGENHEIT

a. Das Erbe der Ahnen

b. Die Sprache der Ahnen

c. Die Plätze der Ahnen

d. Die Wege der Ahnen

IV. TEIL: MAGISCHE GRENZEN

a. Totenkulte, Jenseitsglaube und Naturgottheiten

b. Sonne, Mond und Sterne

c. Grenzen der Wissenschaft – Grenzwissenschaft

V. TEIL »RÄTSEL IM NEBEL«

a. Das Land der Wassergräben

b. Irrtum eingeschlossen

c. Sagenhaftes und Mysteriöses

Einführung

Eigentlich ist es ganz einfach: Die Besiedelungsgeschichte des Süd- und Hochschwarzwaldes ist längst erforscht. Man muss kein neues Buch mehr dazu schreiben.

In Schul- und Heimatbüchern, aber auch in den wissenschaftlichen Schriften und Jahrbüchern der Denkmalpflege, der Archäologie und der Heimatforschung lesen wir über die Mittelgebirgslandschaft zwischen Hochrhein und Oberer Donau knapp verkürzt ungefähr Folgendes: Steinzeit fand im Hochschwarzwald nicht statt, im Südschwarzwald nur an den Rändern. Vor 1000 v.Chr. war hier kein Mensch. Frühe Kelten gab es hier ebenfalls nicht, von ein paar Verirrten vielleicht abgesehen. Auch die Blütezeit der Kelten ab 600 v.Chr. hat hier nicht stattgefunden, dazu war der Wald zu unwirtlich und der Boden zu unfruchtbar. Was war mit den Römern? Nein, auch die Römer interessierten sich nicht für den Süd- und Hochschwarzwald, sie haben ihn bestenfalls durchquert. Aber auch das wird immer noch angezweifelt. Dann kamen die Alamannen und die Merowinger. Auch sie machten einen Bogen um den Hochschwarzwald, denn er war auch ihnen zu unfruchtbar und zu undurchdringlich. Immerhin rückten sie auf der Baar bis Löffingen an den Hochschwarzwald heran und vom Hochrhein her in manches Flusstal des Südschwarzwaldes hinein. Nun erst, etwa ab dem 8. oder 9. nachchristlichen Jahrhundert, mit der fränkischen Herrschaftsbildung und der parallel einhergehenden Christianisierung, begann die Besiedelung von Süd- und Hochschwarzwald. Schrittweise erklommen die frühen christlichen Missionare die Höhen. Um 1000 n.Chr. waren sie im Hochschwarzwald angekommen, rodeten den Wald, machten ihn urbar und legten feste Siedlungen an. Bis 1200 haben wir selbst für die unwirtlichsten Zinken bereits eine erste urkundliche Erwähnung: Saig (1111), Raitenbuch (1120), Schluchsee (1076), Lenzkirch (1123), Faulenfürst (1076), Grafenhausen (1095), Friedenweiler (1123), Langenordnach (1111), Waldau (1178), St. Märgen (1118). Und von da an ging es bis heute stetig bergauf mit der Zivilisation in dieser Gegend.

So war es!

Glauben wir jedenfalls.

Was aber, wenn es ganz anders war?

Dazu nur ein paar Streiflichter: Beim Bau des Karl-Egon-Weges im Bärental kam 1887 eine steinzeitliche Feuersteinpfeilspitze zum Vorschein; 1930 fand der Botaniker Erich Oberdorfer in Schluchsee-Fischbach bearbeitete Feuersteinsplitter aus dem Mesolithikum (5000–10 000 v.Chr.); über steinzeitliche Funde in Breitnau berichtete schon 1937 der Frühgeschichtler Robert Lais; und der Kirchzartener Archäologe Heiko Wagner barg bereits vor Jahren steinzeitliche Pfeilspitzen auf einem Fundplatz in 780 Metern Höhe bei St. Peter und erst jüngst weitere bearbeitete Feuersteinsplitter bei Titisee.

Die Römerstraße von Hüfingen quer durch den Hochschwarzwald in den Breisgau gilt seit einigen Jahren als bewiesen. Und damit auch die Existenz von Versorgungsstationen, Gehöften und menschlichen Ansiedlungen entlang dieser Straße. Im Schluchsee wurde ein fast sieben Meter langer hölzerner Einbaum geborgen, der auf 650 v.Chr. datiert wird – Alamannenzeit!

Diese wenigen Fundberichte zeigen schon: Wir müssen die Geschichte wohl ein bisschen umschreiben. Das alte Lehrbuchwissen ist überholt. Es ist falsch. Das räumen neuerdings sogar die Fachleute ein. Nur zögern sie noch, eine präzise Alternative zu formulieren.

Wie falsch das bisherige Lehrbuchwissen ist, oder besser: wie unvollständig, das wird sich weisen. Reichen ein paar sanfte Korrekturen am bisherigen Geschichtsbild aus oder müssen wir völlig neu denken? Neu und mutig?

Wenige Monate nachdem 2009 mein Buch *Der Hochschwarzwald – Von der Eiszeit bis heute* erschienen war, erhielt ich einen Anruf aus Schluchsee. Der damals bereits über 80-jährige Heimat- und Hobbyforscher Helmut Frings lud mich ein, mit ihm verschiedene Ort bei Blasiwald zu besichtigen. Er wolle mir ein paar Rätsel zum Knacken geben. Ich würde, so sein Versprechen, aus dem Staunen nicht mehr herauskommen. Ich kannte den Namen Helmut Frings. In den 1980er Jahren sorgte er eine Weile für ziemlichen Pressewirbel, weil er vorgab, im Raum Schluchsee Steinkreise, Hügelgräber, Kultsteine und dergleichen mehr entdeckt zu haben. Was war aus diesen Funden geworden? Man hörte nichts mehr davon. Archäologie und Denkmalpflege hatten ihr ebenso schnelles wie kategorisches Urteil gefällt: Da ist nichts! Das Interesse der Medien erlahmte. Die Gemeinde Schluchsee überzog nach kurzem Zögern den bekanntesten dieser Fundplätze mit einem Bebauungsplan. Ein paar andere Stellen hat zwischenzeitlich die Esoterik-Szene für dubiose Sonnwend- und Vollmondfeiern okkupiert und diese Funde damit in den Augen der Fachwissenschaft endgültig zu ›Spinnereien‹ degradiert. Ein Übriges taten die Anhänger der Grenzwissenschaft Radiästhesie (Lehre von den Erdstrahlen), die mithilfe von Pendeln und sensitivem Gespür in Steinkreisen und besonders markanten Steingebilden ›Orte der Kraft‹ identifizierten. Außer Hohn und Spott hatte die Lokalforschung für derartige Interpretationen nicht viel übrig, die hohe Wissenschaft schon gar nichts – sie ignorierte durch Schweigen.

So verstummte auch Helmut Frings. Aber jedem, der sich dafür interessierte, zeigte er gerne und begeistert seine Funde im Wald. So auch mir.

Der erste Spaziergang im Frühjahr 2010 hat meine Neugierde geweckt und mich zu all jenen Recherchen motiviert, aus denen nach und nach das vorliegende Buch entstanden ist. Dabei hat sich mein Blickfeld – gezwungenermaßen – recht bald geweitet. Vom Raum Schluchsee in den ganzen Hochschwarzwald. Von dort aus gingen mir Zusammenhänge auf, die ins benachbarte Breg- und

Brigachtal führten, an den Donauoberlauf. Schließlich reichte auch dieser Horizont nicht, auch der ganze Südschwarzwald musste in die Überlegungen miteinbezogen werden, bis hinunter an den Hochrhein.

Obwohl also ein Landschaftsraum ins Auge gefasst wird, in dem die überschaubare Schluchseelandschaft nur noch eine Art höchsten Punkt markiert, gilt für das ganze Buch und das gesamte Untersuchungsgebiet, was Helmut Frings schon für das kleine Blasiwald versprach: »Sie werden aus dem Staunen nicht mehr herauskommen!«

Was wird das Ergebnis sein? Ich will es nicht vorwegnehmen, aber so viel sollte der Leser bereits vorab wissen: Dieses Buch schreibt nicht die Geschichte des Schwarzwaldes neu. Es liefert lediglich ein paar triftige Argumente dafür, dass diese Geschichte neu geschrieben werden sollte.

Es sind viele Theorien in Umlauf. Einige plausibel, einige hanebüchen. Dieses Buch legt sich nicht auf eine bestimmte Theorie fest und versucht dann zwanghaft, alles in diese Theorie hineinzupressen. Aber es gibt jeder Theorie eine faire Chance, nimmt sie unter die Lupe, dreht und wendet sie, präsentiert ihre Fürs und Widers. »Lerne von der Wissenschaft, an den Experten zu zweifeln.« Dieser Empfehlung des amerikanischen Nobelpreisträgers Richard Feynman möchte ich gerne folgen.

Im ersten Kapitel werde ich einige der interessantesten und gleichzeitig rätselhaftesten Funde vorstellen. So viel gleich vorweg: Die Liste ist mehr als unvollständig. Unser heimischer Wald birgt weitaus mehr steinerne Rätsel, als in diesem Buch dargestellt werden können.

Im zweiten Kapitel lasse ich – anhand dieser Funde und auf sie bezogen – die »Stimmen aus der Vergangenheit« sprechen und stelle vor, was über die vorchristliche Vergangenheit des Süd- und Hochschwarzwaldes bereits unstrittig belegt ist – zum Beispiel durch archäologische Funde, durch Überlieferung, durch Paläobiologie, Klimaforschung, Paläogeografie, Paläolinguistik und andere moderne Forschungsdisziplinen. Gleichzeitig richte ich den Blick auf unsere unmittelbare Nachbarschaft am Hochrhein, auf das Elsass und den Nordschwarzwald, um festzustellen, ob wir Analogien herstellen können.

Im dritten Kapitel, stets die steinernen Rätsel aus dem ersten Kapitel im Blick, will ich den zugegebenermaßen gewagten Versuch unternehmen, diverse Theorien und Interpretationen zu verfolgen, die jenseits aller wissenschaftlichen Belege und jenseits aller rationalen Erklärversuche liegen, dennoch aber unser Interesse verdienen.

Das vierte Kapitel schließlich betritt die Glaubens- und Jenseitswelt unserer frühesten Vorfahren, ihre Spiritualität, ihre Erdverbundenheit, ihre Nähe zur Natur und damit auch ihre Kenntnis von Erdkräften, denen der heutige Mensch mit aufgeklärter Skepsis begegnet. Finden wir hier vielleicht Erklärungen für all die unerklärlichen Funde in unseren Wäldern?

Das fünfte Kapitel ist einigen verbleibenden Rätseln gewidmet und der Frage, ob wir all die Funde und Theorien, die unsere nähere Heimat des Süd- und Hochschwarzwaldes bietet, in eine größere, überregionale, ja grenzüberschreitende Sicht einfügen können. Gleichzeitig führen uns diese Rätsel auch in esoterische, mystische, spirituelle Welten und wir lernen Felder kennen, die unsere Fachwissenschaft allenfalls als »Spinnereien« bezeichnen würde.

Alles in allem gibt dieses Buch wenige Antworten, stellt aber jede Menge Fragen. Und zu allen Fragen präsentiert es eine Reihe von verblüffenden Möglichkeiten. Daneben will es auch die Augen für eine ganz besondere Schönheit unserer Landschaft öffnen: Es ist die Schönheit, die aus dem Geheimnisvollen entspringt. Wieso fühlen sich so viele Menschen vom Schwarzwald und von bestimmten Plätzen im Schwarzwald wie »magisch angezogen«? Weil dieser Landschaft eine Magie innewohnt, die sich rationalen Erklärungen entzieht. Die Landschaft selbst mit ihren vielen Wandlungen über die Jahrtausende hinweg, die Urahnen, die hier lebten, ihre Plätze und Bauten, ihre Toten, ihre Götter, ihre Gedanken, dies alles liegt irgendwie in der Luft. Wir begegnen diesen Geheimnissen und Rätseln, nehmen Kräfte und Schwingungen wahr, wir ahnen, fühlen, spüren und empfinden. Nehmen wir diese Gefühle, all die Rätsel und die gesamte Zeitspanne, so finden wir dafür eine kurze und prägnante Bezeichnung: magisch – mystisch – megalithisch!

Um diese magische Schönheit angemessen ins Bild zu setzen, bedarf es mehr als nur der bloßen Beschreibung mit Worten. So sind die zauberhaften, atmosphärischen Bilder des Freiburger Fotografen Ramesh Amruth die visualisierte Erläuterung für all das Geheimnisvolle und Mystische, das unser Thema umgibt. In zahlreichen gemeinsamen Wanderungen und Erkundungen, oft absichtsvoll bei der düstersten und nebeligsten Wetterlage, haben wir die magischsten Plätze besucht, und Ramesh Amruth hat mit der Geduld und Hartnäckigkeit eines indischen Gurus die rätselhaft-faszinierende Atmosphäre von Natur, Vergangenheit und unsichtbaren Kräften eingefangen, mit der sich dieses Buch beschäftigt. Wo die sachliche Darstellung es gebietet, übernehmen Skizzen, Karten und Lagepläne aus der Feder des Kirchzartener Zeichners und Kartografen Harald Riesterer die Dokumentation und machen räumliche Zusammenhänge anschaulich.

Als dieses Buch bereits im Entstehen war, starb im Dezember 2012, kurz vor seinem 82. Geburtstag, Helmut Frings an seiner schweren Erkrankung. Ohne ihn und seine Inspiration wäre dieses Buch niemals zustande gekommen. Ich möchte es deshalb dem Andenken an Helmut Frings widmen. Aus seinem 2012 erschienenen Lyrikband *Wanderer unter den Sternen*[1] sind die kurzen Verse entnommen, mit denen nachfolgend die jeweiligen Kapitel eingeleitet werden.

Es gibt darüber hinaus ganz viele Menschen, die bei der Entstehung dieses Buches auf die eine oder andere Art geholfen oder daran mitgewirkt haben und denen ich deshalb an

---

[1] Helmut Frings: Wanderer unter den Sternen – eine lyrische Lebensreise, Berlin 2012.

Drei Männer im Wald (von rechts): Harald Riesterer, Roland Weis, Ramesh Amruth

dieser Stelle Dank sagen möchte: Monika Hofmeier für das Übertragen stundenlanger Interviews vom Band auf Papier, Ralf Hindsches und Markus Wiedner vom Verein für Heimatgeschichte »Historisches Berau« für die kundigen Führungen, ebenso Thomas Demattio für seine Exkursionen im Bregtal, dem Archäologen Dr. Heiko Wagner für seine unerschrockene Teilnahme an Querfeldeinexkursionen sowie den Archäologen Dr. Andreas Haasis-Berner, Dr. Bertram Jenisch und Dr. Verena Nübling für die Geduld, mit der sie Auskunft erteilten, und für die wissenschaftliche Nüchternheit, mit der sie den wildesten Theorien begegneten, Dieter Nock für die Auskünfte zum Schonacher Schalensteinweg, Bürgermeister Jürgen Kaiser und Armin Pfrinder von der Gemeindeverwaltung Schluchsee für die schnelle und unkomplizierte Bereitstellung von Unterlagen zur Lokalgeschichte, Markus Vonberg vom *Südkurier Bad Säckingen* für die Hilfe bei der Recherche zum Hotzenweg, Franz Falkenstein, dem Heimatforscher aus Dogern, für seine inspirierenden Überlegungen zur Wallanlage Berau und zum Berauer Wuhr, Dr. Martin Schulte-Kellinghaus für die Hilfe bei der Recherche des Belchendreiecks, Ulrike Schober für beängstigende spirituelle Erlebnisse am Weidberg, und schließlich noch ein ganz besonderes Dankeschön an Gisela Johé aus Schluchsee für viele gemeinsame Exkursionen und für die Gastfreundschaft im Langmösle und im Luchle.

Mein Dank gilt außerdem dem Freiburger Energie- und Umweltdienstleister Badenova, mit dessen Unterstützung der ökologische Druck dieses Buches erst ermöglicht wurde. So ist dieses Buch mit FSC-zertifiziertem Bilderdruckpapier und basierend auf dem Modell der global vernetzten CO^2-Kompensation hergestellt und leistet dadurch einen Beitrag zur Senkung des weltweiten CO^2-Ausstoßes.

Titisee-Neustadt, im Herbst 2013
Roland Weis

badenova
Energie. Tag für Tag

I. Teil:
Spuren im Wald

An eines Waldes unterbrochner Stelle,
da ragen Sandsteinblöcke weit hervor;
und unter einer riesenhaften Schwelle,
verläuft ein alter Heerweg durch ein Tor…

Gar sehr zerklüftet sind die Sandsteinblöcke,
doch sieht der Kundige des Menschen Hand
in ihrem Wirken, wo sie Opferstöcke
und Opferschalen schlug in Felsenwand.

Turmhoch empor, so ragen diese Steine
und sind so stark, daß man sich Höhlen schlug;
und insgesamt empfindet man das Reine,
das jeder Betende dort in sich trug ...

Vorhergehende Seite: Altar, Sonnenuhr oder angefangener Mühlstein?
Diese Seite: Die Steinkreise von Schluchsee-Blasiwald
Nächste Seite: Schalenstein bei Blasiwald

a. Steinkreise und Mauern

Der Steinkreis von Eisenbreche

Wenn man einen vormals mystischen Ort im Wald vollkommen entzaubern will, dann fälle man zuerst sämtliche Bäume um ihn herum, hernach stelle man ihm zur Seite ein modernes Einfamilienhaus mit Fertiggarage, lasse noch eine breite, geteerte Erschließungsstraße daran vorbeiführen und richte es so ein, dass Bagger und Baumaschinen dort Aushub ablagern und ihre tiefen Raupenspuren hinterlassen. Exakt so ist es geschehen bei den Steinkreisen von Blasiwald-Eisenbreche, den wohl bekanntesten Steinrätseln rund um den Schluchsee. Jahrzehntelang lagen diese Steinkreise verborgen im Wald, nur durch einen kleinen Pfad erreichbar. Im Jahre 2009 hat zunächst der Ortschaftsrat Blasiwald, dann der Gemeinderat Schluchsee grünes Licht für ein Neubaugebiet in unmittelbarer Nachbarschaft dieser Steinkreise gegeben. Es handelt sich um acht Bauplätze, von denen zwei das Areal der Steinkreise berühren. Auf den Lageplänen des Baugebietes Finkenwiese sieht das noch aus wie eine friedliche Nachbarschaft, in der Realität ist das Ensemble aber mehr oder weniger zerstört. Nähern wir uns diesen Steinkreisen mit der gebotenen Vorsicht und mit der vorangestellten Frage: Sind es überhaupt Kreise?
Nein! Vielmehr handelt es sich in beiden Fällen um Halbkreise, die sich gegenüberliegen, sich aber nicht berühren. Zwischen beiden bleibt ein Abstand von knapp drei Metern. Der nördliche und heute noch besser erhaltene Halbkreis wird von einer fast 80 Meter langen Mauer aus großen Steinblöcken gebildet, die verblüffend akkurat gesetzt sind, an manchen Stellen mehr als 1,80 Meter hoch. Die Mauer endet abrupt an einer Stelle, wo aus dem benachbarten Neubaugebiet heute Bauaushub deponiert und das Gelände künstlich einplaniert wurde. Vor diesen Baumaßnahmen befand sich hier am Ende der Mauer eine Erdgrube, ohne dass danach auch nur in Ansätzen eine Fortsetzung der Mauer erkennbar gewesen wäre. Denkt man sie sich aber als geschlossenen Kreis, so betrüge dessen Durchmesser ca. 38 Meter. Einige Besonderheiten an dieser Mauer: Die größten der eingearbeiteten Blöcke sind eineinhalb Meter breit und ebenso hoch.
Manchmal sind zwei oder drei dieser Blöcke aufeinandergesetzt. Zwischenräume sind mit kleineren Brocken gefüllt. Ein besonders großer Block trägt Spuren einer Kernbohrung, so als hätte er gesprengt werden sollen. Die Mauern umfassen eine Art Plateau, außerhalb der Mauer fällt das Gelände deutlich ab. Durch die nördliche Mauer führt ein Eingang, links und rechts jeweils mit einem größeren Steinblock abgesetzt. Bis zu diesem Eingang geht ein stellenweise mit kopfgroßen Wacker-

steinen gepflasterter Fußweg, der sich etwa 200 Meter weit verfolgen lässt, bis zur geteerten Fahrstraße, die zur Schluchsee-Staumauer führt. Dort, unmittelbar bei dieser Fahrstraße, durchbricht der Fußweg das Gelände in einer offensichtlich künstlich geschaffenen Trasse. Dieser gepflasterte Fußweg verläuft einige Meter fast parallel zum

Steinkreise Eisenbreche

Halbrund des zweiten Steinkreises. Dieser zweite Steinkreis, ebenfalls nur als Halbrund erkennbar und heute in seinem unteren Drittel zugunsten eines Bauplatzes zerstört, unterscheidet sich signifikant vom nördlicheren Kreis. Er hat, wenn man ihn sich geschlossen denkt, einen Durchmesser von rund 60 Metern, seine Steine sind nicht akkurat zu einer Mauer aufgeschichtet, sondern in Abständen gesetzt, durch die man überall bequem hindurchschreiten kann.

Etwa auf einer Länge von 70 Metern ist die Setzung erkennbar, dann verliert sie sich im Gelände. Im Unterschied zum völlig steinfreien Inneren des kleineren nördlichen (Halb-)Kreises findet man im Inneren des größeren, im Gelände etwas tiefer liegenden unteren Kreises zahlreiche große Felsbrocken, geradezu ein Felsenmeer. Bedeutsam ist ebenfalls, und dies gilt für beide Halbkreise, dass sie nicht wirklich einen Halbkreis beschreiben. Man müsste, wenn man sie sich geschlossen denkt, wohl eher von einer Ellipse sprechen.

Diese minutiöse Darstellung des örtlichen Befundes ist nötig, wenn man nun die verschiedenen Theorien und Hypothesen bewerten will, die sich um diese Gebilde ranken, die wir der Einfachheit halber weiterhin »Steinkreise« nennen wollen. Es stehen sich bei diesen Theorien und Hypothesen mehr oder weniger zwei Lager gegenüber: die Anhänger der Kelten- oder Kultplatztheorie auf der einen Seite, vertreten durch Heimatforscher, Okkultisten, Grenzwissenschaftler;

Leider ist das Gesamtensemble der Steinkreise Blasiwald heute schon durch die benachbarten Neubauten zerstört.

auf der anderen Seite die amtliche Wissenschaft, Denkmalamt, Archäologen und universitäre Frühgeschichtler, die diese Steinkreise bestenfalls ins Mittelalter datieren und für Baukunst bäuerlicher Siedler halten. Auf Veranlassung des damaligen Schluchseer Bürgermeisters Hermann Schlachter haben im Herbst 1985 Rolf Dehn vom staatlichen Denkmalamt und der emeritierte Professor Edward Sangmeister vom Institut für Ur- und Frühgeschichte der Albert-Ludwigs-Universität Freiburg eine Ortsbegehung vorgenommen. Das Ergebnis ihrer Untersuchung hat Sangmeister in einem Aufsatz festgehalten.[1] Kurz zusammengefasst lautet das Urteil: Es handelt sich nicht um eine steinzeitliche Anlage, auch nicht um ein keltisches Bauwerk, vielmehr sind beide Steinkreise nach Ansicht der genannten Wissenschaftler neuzeitlich,

1 Edward Sangmeister: Steinkreise megalithischer Bauweise bei Schluchsee – Monumente der Jungsteinzeit?, in: Archäologische Nachrichten aus Baden 35 (1985), S. 12–22.

So versteckt im Wald kannte man die Steinkreise bis 2008.

Auf die Steinreihe wurde sogar Bauschutt abgeladen.

irgendwann zwischen 1500 und 1900 entstanden. Die Mauern seien von frühen Hofbauern errichtet, zum einen um ein Feld oder ein für die Viehbeweidung vorgesehenes Areal von störenden Steinen und Felsbrocken zu säubern, zum anderen zum Zwecke einer Einfriedung oder Begrenzung eben dieser Viehweiden und Felder. Bis heute reagiert die Freiburger Archäologenszene ausgesprochen allergisch auf das Stichwort »Eisenbreche«, weil sie die Fragen mit dem damaligen Sangmeister-Urteil für final beantwortet hält.[2]

Bei Sangmeisters Befund ist es deshalb bis heute geblieben. Überraschenderweise hat das Denkmalamt dennoch die Steinkreise von Blasiwald 2009 als ›schützenswertes Kulturdenkmal‹ eingestuft und der Gemeinde Schluchsee aufgegeben, sie nicht durch Bebauung zu zerstören. Das ist, wie oben beschrieben, allerdings nur halbherzig umgesetzt worden.

Am Beispiel dieser Steinkreise und der amtlichen Einschätzung durch Sangmeister wollen wir uns noch etwas aufhalten. Es gilt zu hinterfragen, wie plausibel die Erklärungen sind. Hat die etablierte Wissenschaft zu schnell geurteilt? Hat sie etwas übersehen? Sind ihre Schlussfolgerungen logisch?

Zunächst einmal denken wir uns in die Arbeits- und Wirtschaftsweise des mittelalterlichen oder frühneuzeitlichen Bauern hinein.

2 Verena Nübling, die langjährige Referatsleiterin des Amts für Denkmalpflege im Regierungspräsidium Freiburg erklärte gegenüber dem Verfasser kategorisch: »Lassen Sie mich bloß mit der Eisenbreche in Ruhe, dazu sage ich gar nichts, dazu ist alles gesagt.«

Um eine Mauer herzustellen, wie sie der nördliche Steinbogen darstellt, müsste der Bauer neben dem Einsatz kräftiger Zugochsen auch mit Seil- und Flaschenzügen, mit Hebekränen und weiteren Hilfsmitteln operieren, denn hier wurden Tonnengewichte bewegt. Er schichtete diese tonnenschweren Steine nicht etwa lose aufeinander, sondern fügte sie kunstvoll ineinander, teilweise wirken sie planvoll verfugt.

Das ist ein gehöriger Aufwand für jemanden, der lediglich eine Viehweide einfrieden will. Bei einem Durchmesser von 38 Metern ist dies obendrein eine recht bescheidene Viehweide. Wie viel Vieh mag sich darin wohl aufgehalten haben? Und wie lange reichte das darin wachsende Gras? Und wieso ist dann der Steinkreis nicht geschlossen? Das Vieh kann hinausspazieren, wie es ihm gefällt. Das gilt noch viel mehr für den zweiten Steinkreis, bei dem es, wie dargestellt, gar keine geschlossene Mauer gibt. Zwischen den einzelnen gesetzten Steinen klaffen Lücken von einem, zwei oder mehr Metern. Diese zweite Viehweide, wenn wir immer noch daran glauben, wurde auch nicht von Steinen freigeräumt. Sie ist im Gegenteil übersät von zum Teil mächtigen Findlingen und Steinansammlungen. Damit kann es aber auch kein eingefriedetes Feld gewesen sein, denn in diesem Felsenmeer hätte kein vernünftiger Bauer ein Feld angelegt. Dennoch bleibt die Bauernhofmauer die Favoritentheorie der etablierten Wissenschaft. Der Kirchzartener Archäologe Heiko Wagner nahm im Herbst 2012 die inzwischen bereits durch die Bebauung gestörten Steinkreise in Augenschein.

Im Bauaushub, der erkennbar aus dem Gelände unterhalb der Steinkreise stammte, barg er eine Reihe von Keramikscherben und Ziegelfragmente, deren älteste er dem 18. und mit Fragezeichen dem 17. Jahrhundert zuordnete. Zusammen mit dem Wissen, dass dieses Areal Finkenwiese heißt und zu einem abgegangenen Hofgut Finkengut gehörte, fügte sich die Bauernhoftheorie also bestens ins Bild. Wenn der Hof tatsächlich hier gestanden hat, wofür manches spricht, bleibt allerdings zu fragen, ob er nicht von seinen Erbauern an einer Stelle errichtet wurde, wo bereits die Steinkreise vorhanden waren? Vielleicht hat der Hofbauer einen Steinkreis genutzt, den zu bauen er sich selbst nie die Mühe gemacht hätte, den zu verwenden er aber keine Hemmungen hatte, nachdem er schon einmal da war.

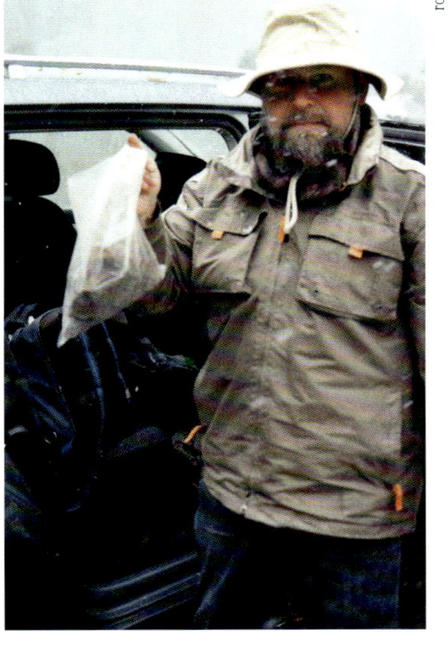

row

Der Archäologe Heiko Wagner präsentiert die Fundausbeute eines Nachmittags: eine Plastiktüte voller Keramikscherben aus dem 18. Jahrhundert.

Ein Netz von Mauern

Sangmeister versucht, diesen Einwand mit dem Hinweis zu entkräften, der Bau solcher Steinmauern sei bei Höfen der Umgebung allgemein üblich gewesen. Er verweist auf ähnlich gebaute Mauern in der nahegelegenen Lochmühle und in den Orten Dresselbach, Faulenfürst, Aha und Schönenbach. Wir werfen gleich einen Blick auf diese »ähnlichen« Mauern. Es gibt sie tatsächlich, aber sie bilden nirgendwo einen vergleichbaren Kreis. Vielmehr ziehen sie sich quer durch die Landschaft, bergauf und bergab, teilweise kilometerlang, ohne erkennbares System. Sie dienen auch nicht der Hangsicherung, wie Sangmeister in seinem Aufsatz mutmaßt, denn dann müssten sie horizontal zu den Hängen stehen. Dort, wo diese Mauern horizontal verlaufen, queren sie aber flache Wiesen, die keiner Hangsicherung bedürfen. An den Hängen jedoch, ganz markant am Weidberg und im unteren Lochwald, sind diese Mauern vertikal gesetzt, manchmal bis zu zwei Meter hoch und zwei Meter breit.
Auf der anderen Seite der Schwarza erstreckt sich bis nach Schönenbach hinüber die Schwarzhalde. Das ist die Bergflanke, an der sich einst die Streuhofsiedlung Schwarzhalden befand, heute nur noch als »abgegangenes Dorf« auf den Karten vermerkt. Zu diesem Dorf gehörte der Bübleshof, dessen

Hier eine Detailansicht von der Seite

3,50 Meter breit und bis zu 1,20 Meter hoch: diese Steinmauer mitten im Wald beim abgegangenen Bübleshof/Schwarzhalden

Fundamente noch am Rande einer Waldlichtung auszumachen sind. Eine der beschriebenen Mauern sitzt dort im Unterholz. Ein kürzerer Abschnitt ist bequem entlang eines Waldweges zu verfolgen. Die Mauer ist dort ebenso akkurat gesetzt wie an den Steinkreisen, teilweise mit ähnlich großen und perfekt ineinander gepassten Blöcken. Doch diese Mauer verblüfft durch ihre Dimensionen. An manchen Stellen ist sie bis zu zwei Meter hoch und auf einem mindestens 50 Meter langen Abschnitt mehr als 3,50 Meter breit.
Das ist breiter als die Fahrbahn einer modernen Teerstraße. Der Bauer, der diese Mauer zur Einfriedung einer Viehweide oder eines Feldes errichtet hat, muss viel Zeit, ein langes Leben und viele Söhne gehabt haben. An diesen Staunen erregenden 50 Meter langen Abschnitt schließt sich auf beiden Seiten eine deutlich schmalere Mauer an, die quer durch das Gelände einen Halbkreis bis zur Hofstelle des einstigen Bübleshof beschreibt. Ist etwa an ein bereits vorhandenes, viel älteres Mauerwerk ein neuzeitliches Stück angefügt worden, den alten Teil praktischerweise mit einschließend?
Überhaupt kann die Kombination von vorzeitlichen und neuzeitlichen Elementen niemals zuverlässig ausgeschlossen werden. Wo neuzeitliche Spuren vorhanden sind, ist eine viel ältere Vorgeschichte damit noch lange nicht von der Hand gewiesen. Deshalb müssen auch neuzeitliche oder neuzeitlich anmutende Bohrer- oder Sprengspuren an einzelnen Steinen mit einer gewissen Vorsicht interpretiert werden. Einzelne solcher Spuren an den Steinkreisen gelten als stärkstes Argument für einen ausschließlich neuzeitlichen Status. Das werden wir weiter unten noch gesondert unter die Lupe nehmen.
Bei all den Mauern, die dem aufmerksamen Querfeldeinwanderer in den genannten Orten begegnen, ist er gut beraten, die Arbeitshypothese von einer möglichen Symbiose älterer und neuerer Bestandteile bis auf Weiteres stehen zu lassen. Selbstverständlich ist nicht auszuschließen, dass eine solche Mauer auch zur Begrenzung einer Viehweide herhalten musste, selbst wenn es in jeder Mauer flachere Passagen oder Durchlässe gibt. Aber diese Nutzung ist längst kein Beweis dafür, dass die Mauern zu diesem Zweck errichtet wurden.
Und nicht alle Mauern, die man im Gelände rund um Schluchsee und im übrigen Hochschwarzwald findet, sind aus so großen Blö-

Diese Mauer am Weidberg soll die Einfriedung einer Kuhweide gewesen sein?

cken und so akkurat gesetzt, wie diejenigen, die uns interessieren. Manche sind erkennbar achtlos aufgehäuft, sie wirken von der ganzen Konstruktion schon viel vergänglicher als unsere Rätselmauern, so als wären sie tatsächlich nur schnell hingeworfene Grenzmarkierungen. Man sollte aber nicht den Fehler machen, mit dem wahrscheinlichen Zweck dieser eher flüchtigen Aufhäufungen den Zweck aller übrigen Mauern erklären zu wollen.

Wie war denn die praktische Viehzucht in früheren Jahrhunderten im Schwarzwald organisiert? Das Vieh wurde vom Frühjahr bis spät in den Herbst auf die Weiden getrieben und verblieb dort unter Aufsicht von Hirtenbuben. Auch die Ackerfelder vor der Aussaat wurden beweidet und ebenso die Waldungen. Große Teile der Gemarkungen waren in allen Dörfern des Hochschwarzwaldes ›Allmendweiden‹, gemeine Weiden, die von den Herden des jeweiligen Ortes gemeinsam beweidet wurden. Wir kennen die Reste dieser seit dem Mittelalter praktizierten Weidewirtschaft noch unverändert im Feldberggebiet. Nach August Vetter[3] waren die Weiderechte auf dem Feldberg schon zur Zeit der Zähringer Herzöge im 11. Jahrhundert vergeben. Bauern aus Todtnau, Lenzkirch, Saig, Menzenschwand, Zastler und St. Willhelm trieben ihre Herden im Frühjahr auf die Bergweiden, die als ›Gemeindeweiden‹ oder ›Genossenschaftsweiden‹ unter Aufsicht eines Herders standen. Welchen Zweck hätten bei diesem

row

Das sind keineswegs lose aufgehäufte Steine, sondern sorgsam gesetzte Quader.

System der Gemeinschaftsbeweidung Mauern haben sollen?

Eine andere Erklärung liefert die Dorfchronik von Blasiwald.[4] Dort heißt es, Steinsetzungen wie jene in Eisenbreche hätten als Randbegrenzung für Straßen gedient. Zum Beweis präsentiert die Dorfchronik ein Bild der alten Schluchseestraße, die in der Tat zum Schluchseeufer hin mit dicht nebeneinander stehenden Findlingen abgesichert ist. Diese Straßenbegrenzungen sind grobe Setzungen, die einem Vergleich mit den handwerklich er-

3 Vgl. August Vetter: Der Feldberg, Freiburg i.Br. 1968, S. 68ff.

4 Vgl. Rudolf Morath/Wolfgang Schnee: Heimatbuch Blasiwald, Schluchsee 2003.

staunlichen Steinkreisen nie und nimmer standhalten können.
Im Übrigen: Es hätte ein seltsamer Kreisverkehr im Niemandsland sein müssen, wenn die Steinkreise in Eisenbreche etwas mit einer Straßenbegrenzung zu tun haben sollen. Und was wäre dann die Erklärung für das muntere Auf und Ab vieler Mauern über Berg und Tal abseits aller Straßen und Wege? In der Nähe der Marienkirche Blasiwald kommt eine solche Mauer quer durch den Wald steil vom Ortsteil Straß herunter. Sie macht dann einen scharfen Knick um 90 Grad und klettert wieder bergan auf den Weidberg, nur um diesen dann wieder steil bergab Richtung Loch zu verlassen. Verfolgt man diese Mauer durch Unterholz und Gestrüpp, so landet man exakt bei jenem riesigen Monolithen, der als Schalenstein die Fantasie so vieler Besucher erregt (siehe nächster Abschnitt: »Kult- und Opfersteine«). Wendet man sich aber ab der Marienkirche bergan und verfolgt in diese Richtung die besagte Mauer, so führt sie den Wanderer oben bei Straß direkt zu einem weiteren markanten Stein, welcher der Esoterik-Szene als »Sonnenstein« oder »keltischer Altar« gilt. Auch hierüber mehr im nächsten Abschnitt.
Manfred Haderer hat für diese Art von Mauern, die alle unten an der Schwarza enden, zu den bisher wenig plausiblen Theorien noch eine weitere hinzugefügt. Er meint nämlich, die Mauern seien aufgeschichtet worden, weil die Steine – etliche tonnen-

row

Umfriedung von Hausgärten? Diese Erklärung für solche Mauern befriedigt nicht.

schwer – aus dem Weg geräumt werden mussten. Haderer schreibt: Die Steine »wurden ausgegraben, teilweise in transportable Stücke gespalten und mit dem ›Steinschlitten‹ oder mit dem Ochsengespann an den Feldrand geschleift. Dort liegen sie seit dreihundert und mehr Jahren [...] fein säuberlich zu Steinmauern aufgesetzt.«[5] Wenn es wirklich so gewesen wäre, dann müssten die Wiesen, Felder und Wälder links und rechts dieser Mauern heute ja weitgehend steinfrei sein. Das sind sie aber mitnichten. Sie sind immer noch übersät von großen, mittleren und kleinen Brocken in rauen Mengen. Und wenn es tatsächlich lediglich um das Freiräumen eines Feldes oder einer Wiese gegangen wäre, wozu dann die Mühe des Mauerbaus?

5 Manfred Harderer: Spurensuche, Schluchsee 2000, S. 81.

Dann hätten es große Steinhaufen auch getan. Und schlau wäre es dabei gewesen, diese Haufen unten ins Tal zu setzen, wohin die Steine leichter zu schaffen sind als bis hinauf auf die Gipfel.

Haderer bietet noch eine zweite Erklärung an, von seiner ersten wohl selbst nicht umfassend überzeugt: Die Mauern dienten »als unverrückbare Kennzeichnung der Grenzen, als Abgrenzung zwischen Weideland und Heuwiesen, zwischen Feldern und Wald, als Umfriedung der Grundstücke und als [...] Schutz der Hausgärten. So trennten die steinernen Schutzwälle immer ›wilde Güter‹ von ›zahmen Gütern‹.«[6] Diese Erklärung impliziert immerhin ein schon hohes Alter der Mauern, denn die Unterscheidung von »wilden« und »zahmen« Gütern war eine Notwendigkeit in den frühesten Erschließungsjahrhunderten. Aber kennen wir eine Überlieferung oder eine schriftliche Quelle, die bestätigt, dass in jenen Zeiten Felder gegen Wald mit derart exakt konstruierten Steinmauern abgegrenzt wurden? In Mauern, die solchen Zwecken dienten, haben die Erbauer jedenfalls weit weniger Sorgfalt investiert, weshalb die meisten dieser Mauern ja auch nicht bis in die heutige Zeit überdauert haben.

Die schnellen Erklärungen, die auf dem Tisch liegen, befriedigen jedenfalls nicht, zumal sie sich zum Teil auch gegenseitig widersprechen. Gibt es eine bessere Erklärung? Sehen wir uns die Eigentümlichkeiten dieser Mauern etwas genauer an. Sie markieren keine Wege, sie flankieren keine Bachläufe, sie ziehen sich abseits der Siedlungen und Gehöfte durch die Landschaft. So wie Wald um sie herum wuchert und wie sie über viele Passagen zerfallen und zerstört sind, müssen sie ein hohes Alter haben. Da gewaltige Mengen von Steinen verbaut wurden, dazu auch teilweise sehr große und schwere Blöcke, müssen die Erbauer entweder sehr viel Zeit investiert oder sehr viele Helfer gehabt haben. Die Technik der Steinsetzung und des Steintransports setzt überdies ein nicht alltägliches Know-how voraus. Ein heutiger Bauer, selbst mit Traktor und Fuhrwerk ausgerüstet, brächte eine solche Mauer jedenfalls ohne fachmännische Hilfe nicht ohne Weiteres zustande.

Auffällig ist, dass man in der Nähe dieser Mauern immer auch auf eine Vielzahl weiterer mysteriöser Steinbauten stößt. Das können einzelne auffällige Monolithe sein, Steinkreise, bearbeitete Schalensteine, aus großen Steinquadern zusammengesetzte Kammern oder Fundamente, Reste von Bauwerken und dergleichen mehr. Mal sind es gewaltige Steinhügel, mal Hügelfelder mit mehreren Dutzend großer Steinhügel dicht an dicht, mal ganze Friedhöfe voller Hügel, wenn man das Bild von Hügelgräbern bemühen will. Wir nehmen im übernächsten Abschnitt »Gräber, Hügel und Wälle« all diese Funde noch ausführlicher in Augenschein.

---

6 Ebd.

Mauern von dieser Qualität konzentrieren sich an den Hängen beiderseits der Schwarza im Tal unterhalb der Staumauer.

Solche teilweise mehrere Kilometer lange Steinmauern konzentrieren sich stark auf beiden Seiten der Schwarza, in Blasiwald und Schönenbach, weiterhin in den Schluchsee-Ortsteilen Faulenfürst und Dresselbach. Wir finden aber einzelne Mauerpassagen auch etwas entfernt von diesem Zentrum.

Zwischen Wittenschwand und Wolpadingen liegt zum Beispiel an der Südseite des Ballenberges ein bewaldeter Steilhang, an dem man auf eine fast identische Mauer stößt. Bergwärts verläuft sie horizontal und grenzt ein mehrere Fußballfelder großes Areal ab, auf dem es von Steinhügeln wimmelt, die alle etwa drei Meter lang, eineinhalb Meter breit und bis zu eineinhalb Meter hoch sind. Die dortige Mauer erreicht in Richtung Wolpadingen einen kleinen Bachlauf, an dem sie sich in zwei Äste zweigt. Ein Ast der Mauer folgt dem Bachlauf den steilen Hang hinunter und stößt nach etwa 800 Metern auf einen tonnenschweren, rundlichen Findling, über zwei Meter hoch, der mitten im Bach sitzt und der oben eine schalenförmige Aushöhlung besitzt. Zufall?

Bei Brenden, einem kleinen Dorf südlich von Schönenbach, liegt, im Wald verborgen, eine weitere verblüffende Mauervariante. Hier verlaufen drei Mauern parallel zueinander in einem Abstand von jeweils höchstens 30 Me-

tern. Jede Mauer sitzt auf einer Art Terrasse, die einen Höhenunterschied von zwei oder drei Metern aufweisen.
Alle drei Mauern führen in einem sanften Bogen in die gleiche Richtung, nämlich auf eine Erhebung hin, auf der wiederum eine größere Sammlung von Steinhügeln dicht beieinander liegt. Dies alles, wie gesagt, mitten im Wald. Umgrenzung von Viehweiden? Markierung von Straßen? Grenzmauern?
Es ist hier nicht der Raum, jede einzelne dieser Mauern minutiös abzugehen. Die beigefügten Aufnahmen mögen einen Eindruck von den Dimensionen und der Bautechnik vermitteln, ebenso von der Rätselhaftigkeit dieser Bauwerke. Dies ist allen gemein: Sie geben Rätsel auf. Sie verweigern sich schnellen Erklärungen. Sie widersprechen durch ihre wundersam kunstvolle Bauweise der Vorstellung von einem einfachen bäuerlichen Nutzzweck. Das würde den erforderlichen Aufwand niemals rechtfertigen.

row

Auffällige Mauer im Wald bei Brenden

Der Große Graben

Während uns solche Mauern auffällig häufig begegnen, ist ein anderes landschaftsprägendes Bauwerk ein absolutes Unikat. Nennen wir es den »Großen Graben«. Man findet ihn an jener Bergkuppe, die unmittelbar an der Schluchsee-Staumauer auf Blasiwalder Seite wie ein längs halbiertes Ei in der Landschaft liegt. Auf älteren Karten heißt die 1022 Meter hohe Kuppe Ruthenberg, neue Karten vermerken hier lediglich die Bezeichnung »Seehalde«. Der Große Graben beginnt im Wald fast unmittelbar am Ende der Staumauer oberhalb der Teerstraße nach Eisenbreche. Am Beginn des Grabens sitzen zwei große aufgestellte monolithische Findlinge mitten im Graben. Diese beiden Menhire sind jeweils über zwei Meter hoch. Etwa 30 Meter seitlich von diesen Menhiren verbirgt sich an einer flachen Stelle im Wald ein weiterer Steinkreis, gebildet aus acht kühlschrankgroßen Steinbrocken, die zum Teil aber zu mehr als der Hälfte im Waldboden stecken. Man muss deshalb erst das Gelände auf sich wirken lassen, ehe man dann auf den zweiten Blick die Auffälligkeit dieses Steinkreises bemerkt. Der Berg selbst steigt hier sehr steil an. Der Graben ist etwa zwei Meter breit und an manchen Stellen auch mehr als einen Meter tief. Er zieht sich schnurgerade den Berg hinauf, macht unweit des Gipfels einen Knick nach Westen und führt dann quer über den Berg auf der anderen Seite Richtung Seeufer wieder steil hinunter. Allerdings teilt er sich unweit des höchsten Punktes in zwei Äste. Einer der Äste lässt sich bis hinunter ans See-

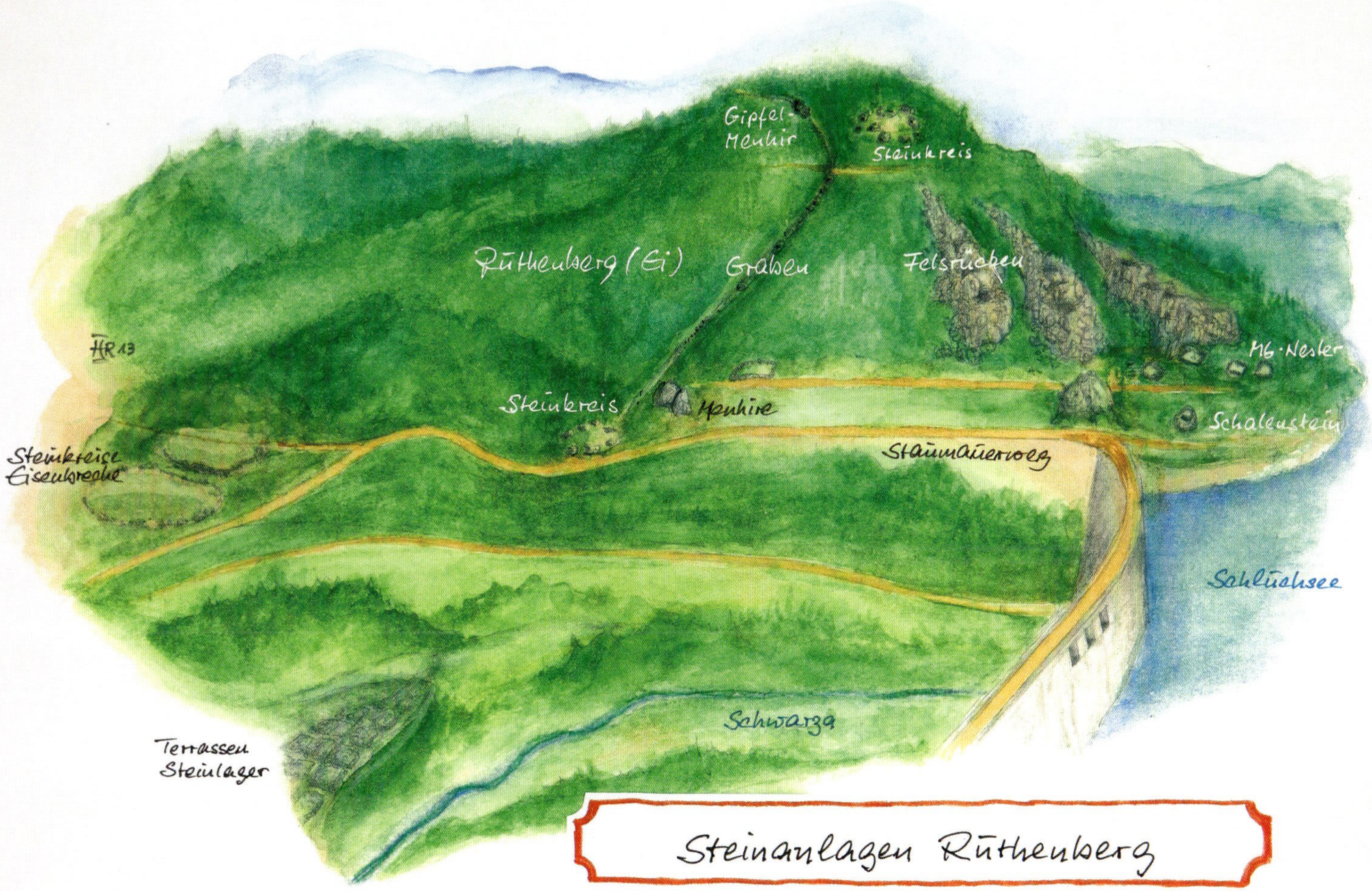

Gipfel-Menhir
Steinkreis
Rüthenberg (Ei)
Graben
Felsrücken
Mg-Nester
Steinkreis
Menhire
Schalenstein
Steinkreise Eisenbrecke
Staumauerweg
Schlüchsee
Schwarza
Terrassen Steinlager
Steinanlagen Rüthenberg

ufer verfolgen, der andere verliert sich etwa auf halber Höhe im Steilhang.
Wenn man diesem Graben von den beiden beschriebenen Menhiren aus folgt, so stellt man fest, dass auf der linken Grabenseite, über den ganzen Steilhang bis hinauf auf den Gipfel, eine wall- oder mauerartige Aufschüttung die Grabenbegrenzung bildet, maximal eineinhalb Meter breit und etwa einen halben Meter hoch. Sie ist – wie auch der Graben selbst – an vielen Stellen zerfallen, durch Forstbau zerstört, von umgestürzten Bäumen auseinandergerissen, doch auch für das ungeübte Auge noch gut zu erkennen. Vor allem erkennt der Kletterer, der dem Graben folgt, diese Aufschüttung daran, dass er sie automatisch benutzt und der anderen Grabenseite vorzieht, die ungleich schwerer zu erklettern ist. Dieser Graben erklimmt den Steilhang in einer kerzengeraden Linie.
Doch plötzlich sitzt ein großer Findling darin und an ihn angebaut, ebenfalls im Graben, diesen sogar gänzlich ausfüllend, ein zwei Meter breites und vier bis sechs Meter langes Bauwerk aus großen Steinblöcken. Auf den ersten Blick scheint es ein simpler Steinhaufen zu sein. Bei genauerer Betrachtung ist es aber ein sorgfältig aufgesetztes Arrangement, planvoll gesetzte, um nicht zu sagen »gemauerte« Steine.
Das exakt identische steinerne Bauwerk wiederholt sich in unterschiedlichen Abständen in der Folge noch insgesamt sechs Mal, bis der Graben den höchsten Punkt des Hügels erreicht. Jedes Mal sitzt als Kopfstein zuerst ein großer, manchmal übermannshoher Findling im Graben, bergwärts dahinter dann der Steinhügel. Kurz unterhalb des Gipfels ist der Graben durch einen neuzeitlichen Waldweg massiv zerstört. Doch auf der anderen Seite

Ein riesiger Findling mitten im Graben markiert exakt den höchsten Punkt dieses Grabens auf dem Ruthenberg.

Der Große Graben am Steilhang mit der wallartigen Aufschüttung auf der (von oben gesehen) rechten Grabenseite

des Weges setzt er sich fort und führt wie mit dem Lineal gezogen quer über die Bergkuppe, auf der anderen Seite wieder hinunter Richtung See. An exakt der höchsten Stelle liegt mitten in diesem Graben ein riesiger, tonnenschwerer Granitfindling, so groß wie eine Fertiggarage. Welch ein grandioser Zufall: Der Findling markiert den höchsten Punkt des Grabens, sozusagen die Passhöhe, ehe der Graben sich wieder talwärts senkt. Wenn es aber kein Zufall ist?

Nur wenige Meter entfernt befindet sich der überhaupt höchste Punkt des ganzen Berges, ein etwas abgeflachtes Areal. Dort stehen hohe Fichten und einiges Strauchwerk, aber klar zu erkennen ist eine kreisförmige Steinsetzung aus wiederum riesigen, übermannshohen Findlingsbrocken.

Diese in losen Abständen stehenden Steinfindlinge umfassen einen Bezirk von vielleicht 40 Metern Durchmesser. Ein großer Stein steht zur Mitte hin versetzt und bildet ein unzweifelhaftes Zentrum. Immer noch Zufall? Was doch die eiszeitlichen Gletscher, die diese Findlinge hier abgelegt haben, für wundersam raffinierte Baumeister waren!

Der beschriebene Große Graben, der also den ganzen Berg in eine vordere und eine hintere Hälfte teilt, misst im Ganzen vielleicht zwei oder drei Kilometer. Es gibt keine Quelle und keinen Bachlauf in der Nähe, die diesem Graben einen Sinn geben könnten. Der Graben selbst und auch die Steingebilde, die mitten in diesem Graben sitzen, sind eindeutig von Menschenhand. Die jeweiligen Kopfsteine dieser Gebilde und der große Findling auf der Passhöhe sind so riesig und enorm schwer, dass uns eine Vorstellung fehlt, wie sie so exakt an ihren Platz geraten konnten. Selbst mit heutigen modernen Forstmaschinen wäre es in der steilen Hanglage eine Meisterleistung, sie so zu platzieren, wie sie heute liegen. Aber sie sind nun einmal da. Welche Menschen haben diese Anlage gebaut? Und zu welchem Zweck?

Bis wir uns in einem späteren Kapitel dieser Frage nähern, müssen wir das Bauwerk ruhen und auf uns wirken lassen.

Die Gipfelsituation auf dem Ruthenberg. Die Kreisform der Steinsetzungen auf der höchsten Stelle sticht ins Auge.

Weitere Steinkreise

Unterdessen setzen wir unseren Streifzug durch die Schluchseewälder fort, auf der Suche nach weiteren Steinkreisen. Vier haben wir bereits identifiziert: die beiden Steinkreise in der Eisenbreche und die zwei Kreise am Anfang und am höchsten Punkt des Großen Grabens. Einen weiteren, sehr imponierenden Steinkreis finden wir, indem wir einer der Mauern folgen, von denen weiter oben die Rede war. Es ist die Mauer, die vom Loch bei Eisenbreche steil den Weidberg hinaufführt, ungefähr in Richtung der Maria-Königin-Kirche von Blasiwald. Diese Mauer scheint alle paar hundert Meter abrupt zu enden. Doch jedes Mal reicht es, sich im Gelände maximal 30 bis 50 Meter nach links oder rechts zu wenden, schon stößt man wieder auf einen neuerlichen Maueranfang. Auf diese Weise erreicht man schließlich eine freie Lichtung am Hang. Mitten in dieser Lichtung sitzt der besagte Steinkreis. Es sind nur acht große Felsbrocken, die ihn bilden, und ein neunter, der das zerstörte Zentrum dieses Steinkreises markiert. Die acht Monolithen, die den Kreis anzeigen, sind groß wie Kühlschränke und zu exakten Quadern bearbeitet. Das Zentrum besteht aus zwei fast hausgroßen, nebeneinander stehenden Findlingsbrocken, wobei der Zwischenraum zwischen diesen beiden Riesenklötzen mit kleineren Steinen ausgefüllt gewesen sein muss. Diese kleineren Steine, ebenso wie eine größere Platte, die vielleicht einmal eine Art Dach oder Deckel auf dem Gebilde gewesen sein könnte, sind abgerutscht und bilden jetzt eine vorgelagerte Geröllhalde. Von diesem Platz aus bietet sich eine ausladende Panoramasicht Richtung Schwarzatal und hinüber auf die gegenüberliegenden Flanken von Schwarzhalden und Wagnersberg.

Dort drüben auf dem Wagnersberg, Luftlinie keine fünf Kilometer, aber getrennt durch das tief eingeschnittene Tal der Schwarza, werden wir bei der Suche nach weiteren Steinkreisen erneut fündig. Nur wenig unterhalb des Gipfels öffnet sich am Wagnersberg eine Lichtung. Hier steht das Wagnergut, ein schon lange nicht mehr bewirtschafteter denkmalgeschützter Hof aus dem 18. Jahrhundert. Unterhalb des Hofes fällt sofort eine steinerne Einfriedung ins Auge, die auf den ersten Blick sogar an einen Steinkreis erinnert. Ihre doch eher rechteckige Form und die unmittelbare Zuordnung zum Hofgebäude lassen hier aber sofort an die Umfriedung eines Hausgartens oder vielleicht an eine Schaf- oder Schweinehaltung denken.

Es ist auch nicht dieser Steinkreis, der die Lichtung beim Wagnergut interessant macht. Zum Waldrand hin oberhalb des Hofgebäudes gibt es zwei viel spannendere Steinkreise. Die Steine hier sind nicht viel größer als Medizinbälle. Sie sitzen auch nicht aneinander, sondern bilden mit vielen Zwischenräumen nur lose einen Kreis. Sie liegen sich gegenüber, ähnlich wie die Steinkreise in der Eisenbreche, berühren sich ebenfalls nicht und weisen noch eine Duplizität auf. Das Innere des einen Kreises ist von jeglichen Steinen freigeräumt, im Inneren des anderen Kreises liegen scheinbar wahllos noch zahlreiche weitere Steine. Dringt man in den Wald oberhalb dieser Steinkreise ein und wendet sich in Richtung Schluchsee zum Gipfel des Wagnersberges, so stößt man nach wenigen hundert Metern auch hier im dichten Unterholz auf eine der bereits beschriebenen Mauern. Sie endet bergwärts an einer sumpfigen Quelle. Mitten in der Quelle sitzen auf zwei Terrassen übereinander mehrere große, bearbeitete Steinquader, mannshoch und mauerähnlich aufgeschichtet.

Wenige Kilometer westlich, noch tiefer im Hochschwarzwald, hat am Windgfällweiher der Geometer und Vermessungstechniker Luc Jamet aus Paris 1989 einen weiteren Steinkreis exakt vermessen und einen Radius von 54 Metern ermittelt. Dieser Steinkreis ist allerdings von einer neuzeitlichen Straße gestört. Es ist der einzige Steinkreis, der nicht unmittelbar im Nahbereich des Schwarzaabflusses aus dem Schluchsee liegt und insofern eine Ausnahme bildet. Bei der Frage nach seinem Alter hilft eine mehrere hundert Jahre alte Tanne, die mitten auf den Steinen gewachsen ist und mit ihren mächtigen Wurzeln die Steinbrocken umklammert. Immerhin diese Jahrhunderte muss der Steinkreis also schon alt sein.

Eine große kreisförmige Anlage mit Schalensteinen und Findlingen befindet sich oberhalb von Hammereisenbach im Hammerwald. Einheimische kennen sie als Kuckucksweiher. Es handelt sich weniger um einen klassischen Steinkreis, sondern mehr um einen exponiert auf Felsen getürmten kreisförmi-

Steinkreis mit acht quadratischen »Klötzen« am Weidberg bei Blasiwald

gen Kranz von stehenden und umgestürzten Großfindlingen. Fast alle dieser Findlinge besitzen Schalen ähnlicher Größe.

Kuckucksweiher Gesamtanlage
»Schwarzwald-Stonehenge« haben die Leute aus Hammereisenbach diesen Steinkreis oberhalb ihres Ortes getauft.

Es ist unmöglich, alle Fundstellen aufzulisten und zu beschreiben, und die Wahrscheinlichkeit, dass noch manches unentdeckt im Wald verborgen liegt, ist nicht klein. Die Häufung der beschriebenen Mauern und Steinkreise im Raum Schluchsee ist jedoch eine unbestreitbare Tatsache. Die Option »Zufall« mag für den einen Fund gelten oder für den anderen. Aber für alle? Das hieße, den Zufall doch etwas sehr strapazieren.

Deswegen müssen wir uns mit dem Gedanken anfreunden, dass es mit all diesen Mauern und Steinkreisen »etwas« auf sich hat.

Erst Recht dann, wenn man all die weiteren Rätsel hinzufügt, die in den Wäldern des Schluchseegebietes verborgen liegen. Denn die Mauern und Steinkreise waren erst der Anfang ...

b. Kult- und Opfersteine

Der Sonnenstein

»Privatgrundstück – Betreten verboten!« Dieses Schild warnt den Spaziergänger, der zwischen Eisenbreche und Straß von der Kreisstraße abbiegt und ein paar Meter querfeldein schreitet. Das Schild ist an einem Baum direkt bei jener oben beschriebenen Mauer befestigt, die sich von hier aus bis zur Schwarza hinunter verfolgen lässt. Man muss über die Mauer klettern, wenn man gegen dieses Verbot verstoßen will. Der Landwirt, dem das Grundstück gehört, hat gute Gründe gehabt, ein solches Verbotsschild aufzuhängen. Denn die Trampelspuren jenseits der Mauer, die über eine Lichtung in den Wald hineinführen, bezeugen, dass es viele Menschen geben muss, die dieses Verbot ignorieren. Was ist so interessant auf der anderen Seite der Mauer, dass ein regelrechter Trampelpfad dahin entstanden ist? Etwa 400 Meter weiter, leicht bergab, inmitten einer Gruppe imponierender Fichten, befindet sich das Ziel des Trampelpfades. Es handelt sich um eine auffällige Steingruppe, die in der einschlägigen Literatur bereits als »megalithischer Tempel« bezeichnet wurde.[7] Was sehen wir? Einen riesigen, nahezu runden Findling von doppelter Mannshöhe. Vor ihm, quasi ihm zu Füßen, liegt ein präzise bearbeiteter Stein, aus dem eine runde Oberfläche herausgearbeitet ist. Dass dies Menschenwerk sein muss, hat noch niemand bestritten; strittig ist lediglich, welchem Zweck diese Steinbearbeitung einst diente. Daneben gibt es noch einen flachen, liegenden Stein mit deutlichen Bearbeitungsspuren, fast so, als sei bereits ein Drittel dieses Steines abgetrennt worden, ein weiterer Streifen ist markiert, aber noch nicht abgetrennt. Stellt man sich diesen Stein aufrecht stehend vor, so würde er wie ein über zwei Meter hoher Gedenkstein wirken. Im direkten Umfeld liegen weitere markante Steine, sodass mit wenig Fantasie auch hier der Eindruck einer kreisförmigen Anlage entsteht.

»Sonnenstein«, »Kalenderstein«, »Altarstein« – es sind viele Bezeichnungen für diesen Platz in Umlauf, nur eine nicht. Niemand sagt »unvollendeter Mühlstein«.

Aber gerade dies, ein angefangener Mühlstein, soll der runde Stein nach Ansicht der Lokalforschung sein. Das »falsch gebrochene Werkstück des Steinhauers«, so erklärt Manfred Haderer, sei nichts anderes als ein »aufgegebener Mahlstein«.[8] Dieser Erklärung neigen auch die um Einschätzung befragten

---

[7] Adolphe Landspurg: Orte der Kraft. Schwarzwald und Vogesen, Straßburg 1994, S. 99.

[8] Manfred Haderer: Spurensuche, S. 81.

Der »Sonnenstein-Altar« von Schluchsee-Blasiwald

Wissenschaftler zu, wie etwa die bereits zitierten Archäologen Edward Sangmeister oder Heiko Wagner. Im südlichen Schwarzwald wurden Mahlsteine in der Regel aus Plattensandstein hergestellt,[9] aber es sind auch Stücke aus gewachsenem Granit bekannt. Allerdings ist nicht jeder Granit geeignet. Es gibt Hunderte Granitarten und nur wenige haben sich als Mahlstein bewährt. Die Herstellung aus Granit war – im Gegensatz zum bergmännischen Abbau der Sandsteinmahlsteine – eine sehr zeitintensive und anspruchsvolle Arbeit für einen Steinmetz. Zuerst erforderte es eine genaue Kenntnis des Steins und seiner Qualität, dann die handwerkliche Fähigkeit, einen geeigneten Stein so zu bearbeiten, dass er zum Mahlstein taugte. Ein ›Fehlversuch‹, wie es der Granitstein bei Blasiwald sein soll, wäre demnach eine extrem teure und ärgerliche Angelegenheit für den Steinmetz gewesen. Es deutet bei unserem Sonnenstein aber nichts auf einen Fehlversuch hin. Was soll misslungen sein? Die Rundung stimmt, es ist kein Stück abgesplittert, der Stein zeigt keine Einschlüsse, keine Risse und keine Mängel. Außerdem haben in früheren Zeiten durchaus auch mangelhafte Mahlsteine Verwendung gefunden. Weniger perfekte Mühlsteine wurden einfach mit einem eisernen Reifen versehen. Es gab also keinen Grund, den Stein bei Blasiwald nicht fertig zu stellen – außer dem, dass es gar kein Mühlstein werden sollte.

Gehen wir dennoch davon aus, dass dieser Mahlstein, wenn es tatsächlich einer hätte werden sollen, für eine Hofmühle in der Umgebung gedacht war. Das übliche Maß für Mahlsteine in Schwarzwälder Hofmühlen wies bei Läufersteinen einen Durchmesser von 1,10 Metern auf, bei Bodensteinen einen Durchmesser von 1,20 Metern. Unser Stein hat einen Durchmesser von 1,13 Metern, das spricht nicht gegen die Mühlsteintheorie, bedeutet aber, dass der Steinmetz tatsächlich eher ein Amateur gewesen sein muss.

---

[9] Nachzulesen bei Rudolf Metz: Geologische Landeskunde des Hotzenwaldes, Lahr 1980, S. 556f.

Hier das gesamte »Sonnenstein-Ensemble«

Nach telefonischer Auskunft von Theo Gremmelspacher, dem Mühlenexperten des Vereins »Heimatpfad Hochschwarzwald e.V.«, sind Mahlsteine in folgenden Arbeitsgängen hergestellt worden: Zuerst wurde am Rohling ein Fixpunkt gesucht und markiert, um den der Steinmetz einen Vollkreis zog. Dann glättete der Steinmetz die Oberfläche, die aber nicht ganz plan gearbeitet wurde, sondern leicht gewölbt blieb. Unser Steinmetz in Blasiwald hätte hier schon seinen ersten Fehler begangen, denn seine Oberfläche ist nicht gewölbt. Außerdem ist in der Mitte seines Steines keinerlei Fixpunkt oder Mittelpunktmarkierung zu erkennen. Im nächsten Arbeitsschritt meißelte der Handwerker die Rundung, und zwar bei einem Läuferstein 20 Zentimeter tief, bei einem Bodenstein 60 Zentimeter tief. Der Stein bei Blasiwald weist eine Tiefe von lediglich zehn Zentimetern auf und dann auf allen Seiten noch sehr viel Überstand, Material, von dem man eigentlich erwartet hätte, dass der Steinmetz es wegschlägt, um seine Rundung am Mahlstein leichter ausführen zu können.

Gegen die Annahme, hier habe ein Steinmetz oder gar ein Bauer versucht, sich günstig und auf eigene Faust einen Mahlstein herzustellen, spricht vor allem die Tatsache, dass Mühlenbetreiber im Südschwarzwald etwa ab 1600 ihre Mahlsteine von professionellen Herstellern bezogen, welche die Mahlsteine

fep (alle 4 Abb.)

Die Ähnlichkeiten sind verblüffend. Der Sonnenstein von Blasiwald, der Sonnenstein aus dem Montafon und zwei Sonnesteine aus Gran Canaria (von links).

aus den Sandsteinbrüchen im Raum Waldshut herausbrachen.[10] Die dortigen fertigen Steine wurden als ›Waldshuter Mühlsteine‹ in einem weiten Umkreis abgesetzt, bis in den Breisgau und ins Elsass, ebenso in die benachbarte Schweiz. Es konnte auch nicht einfach jedermann, selbst wenn er gelernter Steinmetz war, nach Gutdünken einen Mahlstein irgendwo aus dem Fels hauen, denn auf die Herstellung von Mühlsteinen wurden im Südschwarzwald von der jeweiligen Herrschaft sogenannte Schurfgenehmigungen erteilt. Der unglückliche Steinmetz von Blasiwald wäre also nicht nur als unfähiger Stümper aufgefallen, sondern auch als Schwarzarbeiter, der gar keine Lizenz zur Herstellung von Mahlsteinen hatte.

Wenn man sich rund um den beschriebenen Sonnenstein den heutigen Waldbewuchs wegdenkt, dann stünde man in ziemlich genau 1000 Metern Meereshöhe auf der vordersten Bergnase dieser Anhöhe, mit weitem Blick nach Süden ins Schwarzatal und nach Osten hinüber zum Wagnersberg (1105 m) und zum Hochstaufen (1092 m).

Diese prominente Lage und dieser Ausblick führen uns hinsichtlich Zweck und Funktion dieses runden Steines vielleicht auf eine neue, heißere Spur. Nahezu identische Steine sind aus megalithischen Anlagen in Gran Canaria bekannt. Der Wissenschaftsjournalist und Buchautor Felix R. Paturi hat sie in seinem Buch *Zeugen der Vorzeit* vorgestellt.[11] Es handelt sich um Altar- und Opfersteine. Ähnliche Steine gibt es auch in der Schweiz und in Österreich, unter anderem liegt oberhalb von Schruns im Vorarlberger Montafon ein Stein, der nahezu identisch mit dem Sonnenstein von Blasiwald ist. Der österreichische Megalith-Forscher Gerhard Pirchl, der diesen Stein – auf dem Gelände eines Klosters – entdeckt hat, wertet ihn als einen

---

[10] Vgl. ebd., S. 562.

[11] Felix R. Paturi: Zeugen der Vorzeit, Düsseldorf 1976 (Fotos Nr. 179 und 197).

Visierstein zur Sternenbeobachtung.[12] Allen Steinen ist gemeinsam, dass sie noch im gewachsenen Fels stecken und die Rundung nicht voll ausgeführt ist. Der Wissenschaftsautor Felix Paturi, mit Fotos vom Sonnenstein aus Blasiwald konfrontiert, hegt wenig Zweifel, um was es sich handelt: »[...] bin ich mir ziemlich sicher, dass es sich um einen Altarstein handelt (und gewiss keinen ›angefangenen Mühlstein‹)«.[13]

Schalensteine

Unser Interesse gilt nun zunächst einer Sorte von Steinen, die in der Literatur als »Schalen- oder Kultsteine« bezeichnet werden. Dabei handelt es sich um Findlinge oder gewachsene Felsen, die Mulden, Vertiefungen, Wannen, Öffnungen jeder Art aufweisen, der Einfachheit halber im Folgenden als »Schalen« bezeichnet. Hier prallen generell zwei Theorien aufeinander: natürlicher Ursprung versus künstliche Herkunft (von Menschen geschaffen). Wir bleiben vorerst in Blasiwald. Der Schalenstein im so bezeichneten Loch bei Blasiwald hat – ähnlich wie der nur knapp einen Kilometer entfernt liegende Sonnenstein – bereits eine erhebliche Berühmtheit erlangt. Fernsehsender haben in den vergangenen 30 Jahren mehrfach diesen Stein ins Bild gerückt, um wahlweise über »keltische Rätsel«

Über drei Meter hoch ist dieser Schalenstein auf der Lochwiese in Blasiwald.

oder »esoterische Spinner« im Schwarzwald zu berichten. Dieser imponierende Findling weist Spuren misslungener Spreng- und Zerstörungsversuche auf, auf die wir später noch näher eingehen wollen. Jetzt interessiert uns die schalenförmige Wanne in seiner Oberfläche. Sie ist ausgesprochen symmetrisch, leicht oval, ca. 25 Zentimeter tief und hat einen Durchmesser von etwa 40 bis 45 Zentimetern. Bei Regen füllt sie sich mit Wasser, das ab einem bestimmten Füllstand über eine

12 Vgl. Helmut Seifert: Das Steinzeit-Abenteuer auf der Tschengla, in: Magazin 200plus 210 (2005), S. 68–73.

13 Felix R. Paturi in einer E-Mail an den Verfasser vom 21.03.2013.

Rinne abfließt, die sich vom niedrigsten Rand der Wanne bis an den Rand des Steines zieht. Wanne und Rinne bilden eine Einheit, die es dem Betrachter schwer macht, an eine reine ›Laune der Natur‹ zu glauben. Die glatte Rückwand und der ebene Grund dieser Wanne, ebenso die exakt an den Rand führende Rinne, sehen gemeißelt, jedenfalls gezielt gearbeitet aus. Der Stein steht unmittelbar an der Kreisstraße, die zur Staumauer führt, und zwar liegt er inmitten eines Feldes weiterer großer Findlinge unterhalb des Geländes der Firma »Reinschmidt Reisen«. Kann es uns noch verwundern, dass er exakt an jener

Zerstörter Schalenstein am Hirschbühl bei Titisee.

Mauer liegt, die vom Sonnenstein herunterkommt und auf der anderen Seite der Kreisstraße querfeldein bis zur Schwarza weitergeht? Dieser mehr als drei Meter hohe und ebenso breite Findling galt lange als Geheimtipp für Treffen von Anhängern okkulter und esoterischer Praktiken, bis der Grundstückseigentümer alle schützenden Bäume auf diesem Areal fällen ließ und so dem Spuk ein Ende bereitete. Was uns aber wieder einmal daran erinnert, wie sehr die Magie und Anziehungskraft eines Ortes auch vom Bewuchs abhängt, speziell von den Bäumen. Diesen Gedanken wollen wir in die Wiedervorlage nehmen, bis wir im vierten Kapitel der Frage nachgehen, was es denn mit den berühmten ›heiligen Hainen‹ unserer heidnischen Vorfahren auf sich hatte.

Der Schalenstein vom Lochberg bei Blasiwald hat einen Zwillingsbruder in Titisee. Dort liegt, verborgen im dichten Wald am Hausberg Hirschbühl, ein fast identischer Stein, lediglich etwas stärker bemoost und auch stärker verwittert. Er ist nahezu ebenso groß wie der Stein am Lochberg und er weist ebenfalls deutliche Spuren von Absprengungs- und Zerstörungsversuchen auf. Ein großer Brocken, etwa ein Viertel des Steines, ist sogar tatsächlich abgesprengt, doch auch der verbliebene Rest ist noch imponierend genug.

Auch hier findet sich auf der Oberfläche eine eingearbeitete Schale mit Abflussrinne. Deutlicher noch als in Blasiwald weist die Rinne Bearbeitungsspuren auf. Sollte je die Natur ohne menschliche Nachhilfe hier am Werk gewesen sein, so müssen wir schon sehr den Bruder Zufall bemühen. Die gängigen Theorien von der natürlichen Herkunft solcher Schalen in Granitfindlingen bemühen vier mögliche Ursachen: glaziale Einflüsse während der Eiszeit; herausgebrochene, weiche Mineralschichten; Verwitterung und Erosion; Humussäure von Moos oder Fichtennadeln.[14] Gegen diese Erklärungsversuche sprechen im Hochschwarzwald drei Dinge: die relative Seltenheit von Schalensteinen; die frappierende Ähnlichkeit der jeweiligen Schalen und Rinnen; ihr ausschließliches Vorkommen auf großen, monolithischen Findlingen. Ohne sie jetzt einzeln bis ins Detail beschreiben zu wollen, so seien doch neben den beiden großen Schalensteinen am Lochberg und am Titisee noch einige weitere erwähnt, auf die wir an anderer Stelle noch zurückkommen: ein über zwei Meter hoher Schalenstein inmitten eines Bachlaufes bei Wolpadingen (Dachsberg); ein großer, flacher Findling bei Schönenbach, im Volksmund Hohlenstein genannt, in dessen Schale sogar ein Mensch baden könnte; ein weiterer, inmitten eines Bachlaufes sitzender Schalenstein, drei Meter breit und ebenso hoch, im Mahlerwald bei Schönenbach/Schwarzhalden. Die Schale auf diesem Stein ist so groß, dass in dem darin angesammelten Humus inzwischen kleine Bäumchen wachsen. Ein weiterer Schalenstein ist leider keiner mehr, denn in seine Schale haben vor unbekannter Zeit unbekannte Baumeister ein steinernes christliches Kreuz »gepflanzt« und dabei die Schale zugespachtelt.

In die Schale dieses halb zerstörten Steines in Schwarzhalden ist ein Kreuz eingesetzt worden.

Es sollte jetzt schon niemanden mehr verwundern, wenn wir sagen, dass dieser Stein in jener bis zu vier Meter breiten Findlingsmauer sitzt, die wir weiter oben als zum abgegangenen Bübleshof gehörend beschrieben haben. Der Stein – durch eine deutlich erkennbare Absprengung fast halbiert, aber immer noch deutlich größer als alle umgebenden Steinbrocken in der Mauer – markiert hier einen Eingang ins Innere dieser Mauer.

---

14 Vgl. Die Schonacher Schalensteine, Prospekt der Tourist-Information Ferienland Schonach.

Kuckucksweiher-Details: Schalen

Auf dem Riesenbühl am Schluchsee kennen die Einheimischen auch die Feenliege, einen Stein, in dessen gerundete Schale man sich hineinlegen kann.

Die beeindruckendsten Schalensteine unserer Region gehören zu einem ganzen Ensemble; es sind die weiter oben bereits erwähnten Schalensteine mit dem Namen »Kuckucksweiher« bei Hammereisenbach. Hier finden wir auf einem aufgetürmten Felsgebilde von fast 20 Metern Höhe einen prominent vorgelagerten Schalenstein mit einer kreisrunden Schale, deren Durchmesser etwa 50 Zentimeter beträgt, und dann, kreisförmig auf dem Felsgebilde angeordnet, auf weiteren Riesenfindlingen insgesamt noch sechs weitere Schalen von ähnlicher Größe. An einigen dieser tonnenschweren Steine befinden sich die Schalen auch auf der Seite, teilweise an Stellen, wo sie keinesfalls der Verwitterung durch Regen ausgesetzt gewesen sein können. So ist anzunehmen, dass diese Steine früher vielleicht einmal standen und irgendwann umgestürzt sind (oder wurden).

Es gibt über diesen Kuckucksweiher nicht viel Literatur. Die ganze Anlage ist nur wenigen Eingeweihten bekannt[15] und gilt dort unstrittig als keltischer Kultplatz.

Wenn Verwitterung und Erosion die Ursachen für solche Schalen wären, dann müsste man sie erstens viel häufiger an vergleichbaren Steinen antreffen und zweitens auch in unterschiedlichen Stadien – in Form sehr kleiner Schälchen oder Näpfe, solche von mittlerer Größe und eben den beschriebenen ganz großen. Das Gleiche gilt auch für eine Schalenbildung durch Humussäure oder Mineralienauflösung. Da wir es aber nur mit großen Schalen zu tun haben, auch noch ausgestattet mit Abflussrinnen, sollten wir die Möglichkeit einer Bearbeitung durch Menschenhand nicht ins Lächerliche ziehen, wie etwa Manfred Haderer, der spottet: »S'stoht halt Wasser im Stei«,[16] sondern uns sorgfältig mit dem beschäftigen, was andernorts in Europa – wo es überall von Menschen geschaffene Schalensteine gibt – über diese Steine bereits an Wissen vorliegt.[17] Für die Nachbar-

---

15 Vgl. Doris Benz/Ben Schreger: Kelten, Kulte, Anderswelten, Linz 2003, S. 71.

16 Manfred Haderer: Spurensuche, S. 132.

17 Vgl. Hanns Bächthold-Stäubli: Handwörterbuch des Deutschen Aberglaubens, Stichwort »Schalensteine, Näpfchensteine«, Berlin 1932, Nachdruck 2000 (Digitalausgabe auf CD-Rom 2006 bei de Gruyter).

regionen Elsass,[18] Nordwestschweiz,[19] Schwäbische Alb und Oberschwaben[20] sowie Wiesental[21] liegen bereits aufschlussreiche Untersuchungen vor. Im Südschwarzwald müssen wir uns vorerst mit Einzelbeschreibungen zufriedengeben, wie etwa der Darstellung der Schonacher Schalensteine im Internet.[22] Im Raum Triberg/St. Georgen veranstaltet seit einiger Zeit Jürgen Ragg Exkursionen zu Fundstellen im Wald. An dieser Stelle sollte es zunächst genügen, die markantesten und bekanntesten dieser Steine im Hochschwarzwald aufzuzählen und sie, wie geschehen, knapp zu beschreiben. Der Frage, was es mit ihnen auf sich haben könnte, wollen wir uns im nächsten Kapitel widmen.

Magische Felsen

In deutlicher Unterscheidung zu den Schalensteinen sind all jene Felsungetüme zu sehen, die seit jeher in der einheimischen Bevölkerung im Rufe magischer Kräfte oder kultischer Vergangenheit stehen, denen aber eine unmittelbare menschliche Bearbeitung nicht anzusehen ist. Gemeint sind solche Plätze wie der Vögelefelsen am Hochfirst bei Neustadt, der Kreuzfelsen auf der Sommerseite bei Blasiwald, oder etwas weiter entfernt: der Kandelfelsen, der Siebenfelsen bei Yach im Elztal, der Günterfelsen in der Nähe der Bregquelle, der Solfelsen im südlichen Hotzenwald. Auch mit diesen Felsgebilden müssen wir uns noch beschäftigen und sei es nur des Namens und der Sagen wegen, die sich um diese Steinformationen ranken.

Auffällige, aufrecht stehende Steine nennt man Menhire, wenn man im megalithischen Kontext über sie als von Menschen aufgestellte Landmarken spricht. Bei der Beschreibung des Großen Grabens am Hügel über der Staumauer haben wir die Bezeichnung bereits verwendet. Korrekt wäre die Begriffsverwendung eigentlich nur für ausschließlich lange, hochkant aufgestellte und solitär in der Landschaft stehende Steine – kommt die Bezeichnung »Menhir« doch aus dem keltisch-bretonischen Sprachfundus und setzt sich zusammen aus *men* = Stein und *hir* = lang.[23] Steine mit einer solchen eindeutigen und künstlich herbeigeführten vertikalen Ausrichtung sind in unserer Region rar. Es gibt aber einige prominenten Vertreter in der näheren Umgebung, im weitesten Sinne noch im Südschwarzwald. In Waldshut-Tiengen steht, 5,5 Meter hoch, der Lange Stein – oder nach dem Volksmund: Chindlistein – direkt bei dem nach ihm benannten Langen-

---

18 Vgl. Petra van Cronenburg: Geheimnis Odilienberg, München 1998.

19 Vgl. Pier Hänni: Magisches Bernbiet, Aarau 2003.

20 Vgl. Doris Benz/Ben Schreger: Kelten, Kulte, Anderswelten.

21 Der pensionierte Lehrer Jürgen Kammerer aus Steinen im Landkreis Lörrach veranstaltet regelmäßig Exkursionen zu den megalithischen Kalendersteinen bei der Anlage auf der Hohen Stückbäume im Teilort Endenburg.

22 Zu finden unter http://schalensteine.dasferienland.de/default.asp (Stand: 06.05.2013).

23 Vgl. Hans Weigand: Einsame Steine, Freiburg i.Br. 1987, S. 18.

Zwei über zwei Meter hohe Menhire markieren den Beginn des Großen Grabens in der Nähe der Schluchsee-Staumauer.

steinstadion des FC Tiengen 08.[24] Ein weiterer markanter und von der Wissenschaft anerkannter Menhir steht in Degernau im Landkreis Waldshut, exponiert auf dem höchsten Punkt einer Berghöhe.[25] Interessant ist die Fundgeschichte: Der Lehrer Joseph Schneider entdeckte 1930 auf einem Gemarkungsplan aus dem Jahre 1700 die Gewannnamen »Beim langen Stein« und »Vorm langen Stein«. Ein Schüler Schneiders fand 20 Jahre später an eben jener Stelle in der Landschaft den knapp zwei Meter messenden Monolith. Er lag damals unter Erdreich verborgen und ragte lediglich ein paar Zentimeter an die Oberfläche. Der Stein wurde in einer fachmännischen archäologischen Ausgrabung geborgen, wieder aufgestellt und als urgeschichtlicher Menhir identifiziert. In seiner unmittelbaren Nachbarschaft förderten spätere Grabungen jungsteinzeitliche Keramik, Steinbeile und Hornsteinartefakte zutage. Etwa 400 Meter vom Fundort des Steines entfernt wurden die Reste einer Steingrabkammer geborgen. Wir sind bei Degernau in der Luftlinie nur noch knapp zehn Kilometer von Berau und 25 Kilometer von Schluchsee entfernt. Dieser Menhir von Degernau erteilt uns manche Lehre: Wir sollten alte Namen auf alten Landkarten ernst nehmen! Wir sollten nicht nur nach hoch aufgerichteten Steinen fahnden, sondern vielleicht auch nach umgefallenen oder vergrabenen! Wir sollten die Umgebung solcher Steine absuchen!

Der deutlich bearbeitete Stein neben dem weiter oben beschriebenen Sonnenstein von Blasiwald liegt flach auf dem Waldboden. Stellte man ihn auf, so ragte er etwa 2,50 Meter in die Höhe und sähe einem Menhir schon deutlich ähnlicher als einem Abfallstück aus dem missglückten Versuch eines Steinmetzen, einen Mahlstein herzustellen.

Ein Stein, der tatsächlich aufrecht steht und ungefähr 2,50 Meter in der Höhe misst, fin-

[24] Beschreibung und Deutung in: Heinz Voellner: Tiengen – Bild einer alten Stadt, Tiengen 1958, S. 8.

[25] Beschreibung und Deutung in: Egon Gersbach: Urgeschichte des Hochrheins, Freiburg i.Br. 1969, S. 167.

det sich im Bregtal, unweit von Hammereisenbach. Es handelt sich um einen Menhir, der sogar anthropomorphe Züge trägt und der auffallend hell, fast weiß, und nahezu glatt geschliffen ist. Interessant ist die Lage dieses Steines. Knapp einen Kilometer entfernt befindet sich die keltische Wallanlage Krumpenschloss und der vermutete keltische Siedlungsplatz Laubenhausen.[26] Etwa 20 Kilometer entfernt entspringt die Bregquelle. Allerdings ist dieser wunderbare Menhir mit Vorsicht zu genießen, denn er stand nicht immer so aufrecht an dieser Stelle. Er ist dort vor einigen Jahren beim Bau einer Hochwasserschutzmaßnahme erst aufgefallen, weil er im Weg lag. Alle Versuche, ihn mit dem Bagger zu bergen und abzutransportieren, scheiterten am Gewicht von über sechs Tonnen. So hat man ihn kurzerhand aufgestellt und ihm ganz neuzeitlich eine Funktion gegeben, wie schon in frühesten Zeiten der Menschheit mit solch markanten Steinen geschehen: Er fällt auf. Er markiert eine Stelle. Er weckt unser Interesse.

Menhir im Bregtal

Die größten einzeln stehenden Steine, die unser Interesse verdienen, stehen wieder am Schluchsee, und zwar dicht beieinander. Es handelt sich um zwei jeweils über drei Meter hohe und vier oder fünf Meter breite Megalithen, die an einem Wanderweg im Gewann Jägergut am Fuße wieder jenes Staumauerhügels stehen, über den unser Großer Graben führt. Die Einheimischen kennen diese beiden großen Steine links und rechts des Weges. Es sind beliebte Fotomotive und Kletterplätze für Kinder. Einer der Steine steht etwas versteckt im Wald, der andere frei auf einer Lichtung. Dieser frei stehende Megalith ist gespalten, und zwar so exakt und kerzengerade, als hätte eine himmlische Axt ihn entzweigehauen. Darüber hinaus trägt er allerlei Bearbeitungsspuren, die von Sprengversuchen, Ritzungen, Metallbefestigungen und vielen anderen menschlichen Eingriffen

---

26 Einzelheiten dazu bei Heribert Saldik: Die Geschichte des Oberen Bregtals, Furtwangen, überarbeitete Fassung 2011: http://www.freidok.uni-freiburg.de/volltexte/4724/pdf/Geschichte_des_Oberen_Bregtales.pdf (Stand: 20.06. 2013), S. 8.

Der gespaltene Riesenfindling beim Flurnamen »Am Grabsteyn« am Schluchsee

künden, die aber allesamt der gewaltigen Ausstrahlung dieses steinernen Riesen nichts anhaben konnten. Im Gegenteil: Wie ein vielfach harpunierter aber niemals besiegter Walfisch beherrscht der Stein noch immer diesen Platz, so wie er es vielleicht seit Jahrhunderten und Jahrtausenden schon getan hat. Warum diese lange Rede um einen einzelnen Steinklotz? Weil auch er unser größtes Interesse verdient, vorerst noch nicht wegen der Bezeichnung »Wächterstein«, die ihm Adolphe Landspurg und andere verliehen haben, sondern wegen einer alten Landkarte von 1847.[27] Auf dieser Karte trägt das Gewann, das heute Jägergut heißt, noch einen anderen Namen. Hier heißt es noch Grabsteyn. Warum dieser alte Name auf allen modernen Karten verschwunden ist, ist ein Rätsel. Aber da es ihn nun einmal in früheren Zeiten gegeben hat, muss er eine Bedeutung haben, der wir an passender Stelle noch weiter nachspüren wollen.

[27] Topografische Karte über das »Großherzogthum Baden«, Blatt Schluchsee.

c. Gräber, Hügel und Wälle

Grabhügel der Bronzezeit

Am zweiten Weihnachtsfeiertag 1999 erfasste der Orkan Lothar ein Waldstück auf einem Hügel bei Bräunlingen und entwurzelte eine größere Anzahl Bäume. Welch ein Glück im Unglück! Die umgestürzten Bäume begruben nämlich eine Reihe von Steinhügeln unter sich, die bei den forstlichen Aufräumarbeiten überhaupt erst als Besonderheit auffiel. Das alarmierte Landesdenkmalamt setzte eine Sicherungsgrabung an und wählte dafür vier besonders auffällige dieser Steinhügel aus. Die mit Moos und Pflanzen bewachsenen Steinpackungen wurden freigelegt und die folgende Öffnung der Hügel minutiös dokumentiert. Im Grabungsprotokoll heißt es: »In den Steinpackungen waren außer den Wurzellöchern auch Spuren älterer Zerstörungen zu erkennen. In Hügel 1 zum Beispiel weisen Reste von menschlichen Skeletten und bronzezeitlichen (2. Jahrtausend vor Christus) Keramikreste zwischen den lockeren Steinen auf eine gestörte Bestattung hin. [...] In Hügel 3 sind deutliche Anbauten am Hügelfuß zu beobachten. Es handelt sich um die leider fundleer angetroffenen, in den Fels eingetieften Grabgruben von Nachbestattungen.«[28] Am Ende der Ausgrabung kommt die Grabungsleiterin zu dem Fazit: »Die Befunde, Strukturen und Eintiefungen [...] sowie die wenigen Funde wie Skelettreste und Keramikscherben weisen diese Steinhügel eindeutig als Grabhügel aus.«[29] Das ist besonders bemerkenswert aus zweierlei Gründen: Wir haben erstens eine zeitliche Zuordnung in das 2. Jahrtausend v.Chr., und wir haben zweitens ein Déjà-vu. Denn solche Steinhügelgräber kennen wir doch. Sie kommen uns bekannt vor. Es wimmelt von ihnen im ganzen Hochschwarzwald.

Vor allem auf Löffinger und Titisee-Neustädter Gemarkung finden wir solche Steingrabhügelfelder in großer Zahl. Gerhard Wesselkamp hat im gesamten Hochschwarzwald rund 4300 solcher Grabhügel erfasst und als archäologische Fundstellen katalogisiert.[30] Alleine für die Gemarkung Titisee-Neustadt zählt er über 1300 solcher Steingrabhügel auf. In der Regel sind sie ein bis maximal

---

[28] Jutta Klug-Treppe: Steingrabhügel auf Gemarkung Bräunlingen, Schwarzwald-Baar-Kreis, in: Archäologische Ausgrabungen in Baden-Württemberg 2000 (2001), S. 49–51.

[29] Ebd., S. 50f.

[30] Vgl. Gerhard Wesselkamp: Die bronze- und hallstattzeitlichen Grabhügel von Oberlauchringen, Kreis Waldshut, Stuttgart 1993, S. 98–103.

Steinhügelgrab im Wald auf dem Höhenrücken der Fehrn bei Neustadt

zwei Meter hoch, manchmal auch etwas flacher, und haben Durchmesser von zwei bis acht Metern. Die Mehrzahl der über 2000 Grabhügel auf Löffinger Gemarkung ist kreisrund mit einem Durchmesser zwischen zwei und zehn Metern.[31] Sie alle sind nach der Datierung des Landesdenkmalamtes Grabhügel der sogenannten Hügelgräberbronzezeit, stammen also aus der Zeit zwischen 1700 und 1250 v.Chr. Diese Zeit ist nach der charakteristischen Begräbnisart benannt, wonach die Menschen unter Grabhügeln aus Erde oder Steinen bestattet wurden. Der gleiche Befund muss wohl auch für die umfangreichen Grabhügelfelder auf dem Schottenbühl und der Fehrn bei Neustadt, auf der Heizmannshöhe bei Hinterzarten, auf dem Hirschbühl bei Titisee und weiteren Kuppen angenommen werden, zusammen rund 2500 Grabhügel in über 60 Gräberfeldern. Auch diese Fundstellen hat das Landesdenkmalamt inzwischen bestätigt und kartiert. Diese Grabhügel, sollte man sie je archäologisch öffnen, werden im Hochschwarzwald noch weniger Fundmaterial preisgeben als jene Hügel im benachbarten Bräunlingen. Das liegt an der Beschaffenheit des Untergrundes. Die sauren und kalkarmen Humusböden des Hochschwarzwaldes bieten für den Erhalt von organischem Material oder von Metallgegenständen die denkbar ungünstigsten Bedingungen. Was auch immer einst an Grabbeigaben in diesen Steinhügelgräbern gelegen haben mag, es dürfte sich inzwischen längst in seine Bestandteile aufgelöst haben. Ein Übriges hat inzwischen auch die Forstwirtschaft geleistet seit sie mit modernem Großgerät die heimischen Wälder bewirtschaftet. Viele Steinhügelfelder weisen bereits beträchtliche Zerstörungen auf. Forstwege führen mitten hindurch oder Hügel sind vom Gewicht der schweren Vollernter platt gedrückt und aufgerissen worden. Am Gräberfeld auf dem Schottenbühl bei Neustadt (ca. 25 Hügel) sind die Spuren forstwirtschaftlicher Beeinträchtigung besonders anschaulich zu besichtigen. An der Fehrn ist ein Hügelfeld mit etwa 20 Grabhügeln, die größten davon mit sechs Metern Durchmes-

[31] Vom Verfasser bereits ausführlich dargestellt in: Roland Weis/Harald Riesterer: Der Hochschwarzwald. Von der Eiszeit bis heute, Stuttgart 2009, S. 23–26.

ser, durch den erst kürzlich erfolgten Neubau eines Forstweges angeschnitten worden. Auch auf dem Hirschbühl bei Titisee haben die dort vorhandenen Steinhügelgräber neuerdings einen schweren Stand. Hier sind es die Freizeitanlagen eines Kletterparks, die die letzten Reste dieser Steinhügelgräber noch einmal dezimiert haben. Alleine aber die große Zahl und die breite Verteilung dieser Grabhügelfelder, die man von Löffingen über Eisenbach und Neustadt bis Breitnau, Hinterzarten, Feldberg und Schluchsee überall findet – vorzugsweise auf den Anhöhen und Bergrücken, jeweils knapp unterhalb der Gipfel –, sind ein klarer Beleg für eine lang anhaltende und systematische vorchristliche Besiedlung des Hochschwarzwaldes. Die letzten zwei großen Erhebungen auf dem Horn von Berau sind auf Gemarkung Schluchsee der Wagnersberg und der Hochstaufen. Über Grabhügel auf diesen Bergen hat die Monatszeitschrift *PAN* bereits 1985 berichtet.[32] Es ist dort die Rede von rund 5000 Erdhügeln. Es ist also längst nicht mehr die Frage, »ob« Menschen in der frühen Bronzezeit hier gelebt haben, es geht höchstens noch um die Fragen »Wo?« und »Unter welchen Umständen?«.

Steinhügelreste unter den Anlagen beim »Black-Forest-Kletterpark« am Hirschbühl in Titisee

Keltische Wallburgen

Nachdem auf diese Weise für den Hochschwarzwald ein ganzes vorchristliches Jahrtausend alleine durch das Vorhandensein dieser Steinhügelfelder als von Menschen bevölkert angenommen werden darf, wenden wir uns der Frage zu, ob es nicht noch weitere steinerne Zeugnisse gibt, die gegebenenfalls ein bislang noch menschenleeres Jahrtausend ebenfalls mit Leben füllen könnten? Ja, die gibt es!

Auf Gemarkung Reiselfingen ragt in den Winkel zwischen Rosengraben und Wutach ein Ausläufer der Hochebene, der nach drei Sei-

[32] Vgl. Jacob Kurz: Archäologie: Die Geheimnisse des Schwarzwaldes, in: PAN 11 (1985), S. 70–71.

Wie eine Trutzburg im Wald wirken noch heute die haushohen Wallmauern des Krumpenschlosses bei Hammereisenbach.

ten jäh abfällt und Schellenfrauenbuck heißt. Im F.F. Archiv in Donaueschingen hat der Reiselfinger Lehrer Theodor Laubenberger, der 1912 eine ›Chronik Reiselfingen‹[33] verfasst hat, eine alte Gemarkungsurkunde ausfindig gemacht, auf der an eben jener Stelle das bunte Bildchen einer Burg eingetragen ist. Er äußert, weil er zu seiner Zeit an Ort und Stelle auch noch Wall und Graben erkennen konnte, die Vermutung, dass hier einst eine Volksburg der Kelten gestanden habe. Emil Ketterer, der ebenfalls diese These vertritt, hat zusammen mit Verena Nübling vom Landesdenkmalamt auf dem Plateau einen cha-

33 Theodor Laubenberger: Chronik Reiselfingen (ohne Titel), Reiselfingen 1912, Original im Rathaus Löffingen, Abschrift beim Verfasser, 180 Schreibmaschinenseiten.

rakteristischen Doppelwall identifiziert wie er für keltische Fliehburgen typisch ist. »Vermutlich«, so spekulierte Ketterer 1991 in einem Zeitungsinterview, »bestand die Fliehburg aus einer Erde-Holz-Pallisade«.[34] Auf dem Schellenfrauenbuck fand sich auch eine natürliche Quelle, unabdingbare Voraussetzung für jeden belagerten Verteidiger. Die hier anzunehmende Fliehburg muss allerdings nicht zwingend je bewohnt gewesen sein. Derartige Anlagen wurden meist von den Bewohnern mehrerer Siedlungen gemeinsam errichtet. Drohte Gefahr, so floh die Bevölkerung in das sichere Refugium. Es war

[34] »Hunderte von frühgeschichtlichen Gräbern rings ums Marktstädtle«, in: Südkurier, Lokalausgabe NE vom 30.07.1991.

bereits die Rede vom Krumpenschloss bei Hammereisenbach. Die Herkunft des Namens, »Krumpenschloss«, ist unklar, eindeutig hingegen ist, um was es sich bei der Anlage handelt: eine keltische Wallburg. Man erreicht das Krumpenschloss über einen steilen Waldweg, der vom Fischerhof bei Hammereisenbach auf den Höhenkamm ins Brändgebiet (Richtung Oberbränd, Mistelbrunn) führt. Auf der ersten Höhe, die nach Südost steil in den Krumpendobel abfällt, nach Nordost ins Bregtal, sitzt diese Wallburg. Die Anlage bildet ein Oval und dehnt sich mit einer Länge von 150 Metern nach Westen und einer Breite von 80 Metern nach Norden und Süden aus. Zum westlichen Bergrücken hin bildet der Wall mit einer

Zehn Meter hoch und von mächtigen Baumriesen bewachsen: der äußere Berauer Wall

Höhe von zehn Metern und einer Breite von fünf bis acht Metern seine mächtigste Ausdehnung. Außerdem sitzt hier noch ein weiterer, mit Erdreich aufgeschütteter Schutzwall einige Meter vor dem eigentlichen Hauptwall. Zu den Steilabhängen hin sind die Dimensionen etwas bescheidener, die Wallhöhe liegt hier vom Innenraum aus gesehen bei zwei bis drei Metern. Der gesamte Ringwall, wie auch der vorgelagerte Schutzwall, war einst, wie an einzelnen Stellen noch unschwer zu erkennen ist, mit zum Teil behauenen Steinbrocken verblendet, die ohne Mörtel zur Mauer aufgesetzt waren. Der Innenbereich dieser Ringwallanlage ist flach nivelliert, fundleer und leicht abfallend. Die zeitliche Einordnung dieser Anlage und der in der unmittelbaren Nachbarschaft vermuteten abgegangenen Siedlung Laubhausen in die keltische Hallstattzeit (Eisenzeit, ca. 800–450 v.Chr.) gilt als gesichert.[35]

Durchqueren wir vom Krumpenschloss aus den gesamten Hochschwarzwald und verlassen ihn auf der Schluchseer Seite wieder, so erreichen wir hinter Schluchsee-Schönenbach und dem Berg Hochstaufen das Berauer Horn. Das ist jene lang gestreckte Bergnase, die bis zum Zusammenfluss von Mettma und Alb reicht und steil in die beiden Flusstäler hinunter abfällt. Am äußersten Ende dieser Felsnase, auf einer mächtigen, dreieckigen Bergzunge (596 m) liegt eine dreigliedrige Wehranlage mit hintereinander gestaffelten Befestigungswällen. Der Volksmund kennt

---

[35] Vgl. Heribert Saldik: Bregtal, S. 8ff.

diesen Berauer Wall als Heidentor.[36] Was sieht man hier? Ein mächtiger Steinwall, ca. 150 Meter lang, sieben bis zehn Meter hoch und an seiner Basis bis zu 20 Meter breit, riegelt die komplette Bergzunge auf ihrer ganzen Breite ab.

Dem Wall vorgelagert sind drei parallel verlaufende unterschiedlich breite und einen halben bis zwei Meter tiefe Gräben mit Zwischenrippen. Hinter diesem Wall liegt zur Spitze der Bergzunge hin ein mehrere Hektar großes, flach abfallendes Gelände, ehe nach ungefähr 160 Metern ein zweiter Wall erneut den kompletten Bergrücken abriegelt, jetzt noch etwa 130 Meter lang. Dieser zweite Wall ist nicht ganz so breit und auch nicht so hoch wie der erste Steinwall, aber auch hier sind erneut drei Gräben mit Zwischenrippen vorgelagert. Zwei dieser Gräben queren vollständig den Bergrücken, der dritte wirkt unvollendet, von ihm sind nur Teilstücke vorhanden. Etwa 40 Meter südlich dieses zweiten Sperrriegels queren erneut drei gestaffelte Gräben und ein weiterer, leicht gebogener Erdwall den Bergrücken. Dazwischen liegt der stärker als der erste nach Süden abfallende Innenraum als flaches Gelände. Auch diesem dritten Wall sind wiederum drei Gräben vorgelagert. Der Wall selbst ist zehn Meter hoch und an seiner Basis etwa 15 Meter breit, unterscheidet sich als Erdwall aber äußerlich von den beiden anderen Wällen, bei denen es sich um reine Steinwälle handelt. Hinter diesem dritten und letzten Wall liegt ein noch knapp 40 Meter langes Gelände, ehe die Bergnase endgültig steil nach allen Seiten hin abfällt. An die Innenböschung dieses letzten Walles schließen zwei podienartige, künstlich aufgeschüttete Verebnungen an. Die gesamte Anlage ist als Ganzes gut erhalten, weist aber an einigen Stellen neuzeitliche Zerstörungen auf. So ist durch den Bau der Kreisstraße K6594 Witznau-Berau ein im 19. Jahrhundert noch vorhandenes Tor und damit der gesamte Eingangsbereich in die Wallburg abhandengekommen, eine in jüngerer Zeit angelegte Erdaushubdeponie hat einen Teil der äußeren Gräben verfüllt und zu guter Letzt sind in das Gelände hinein drei Hochspannungsmasten des Versorgers »Energiedienst« »gepflanzt« worden, von denen einer ausgerechnet das vorgebaute Podium am südlichsten Zipfel der Anlage zerstört hat, also den für eventuelle archäologische Ausgrabungen mutmaßlich interessantesten Punkt.

Nichtsdestotrotz hat es bereits archäologische Funde auf dem Areal gegeben: eine neolithische Feuersteinspitze (5000–2000 v.Chr.), Keramikscherben aus der Urnenfelderzeit (1200–750 v.Chr.) und aus der Hallstattzeit (800–450 v.Chr.) sowie Glasperlen aus der Merowingerzeit (500–750 n.Chr.) und einige frühmittelalterliche Scherben.[37]

---

[36] Beschreibung und Deutung in: Egon Gersbach: Urgeschichte des Hochrheins, S. 214f.

[37] Alle Funde stammen vom Kirchzartener Archäologen Heiko Wagner von einer Begehung im Jahre 2009, nachdem das Gelände zum Schutz der Starkstromleitungen durch den Energiedienst von Gehölz gesäubert wurde.

Der dritte und kleinste Wall in der Berauer Wallanlage ist durch den Bau eines Hochspannungsmastes massiv gestört.

Wenngleich die exakte Datierung dieser Wallanlage noch aussteht, so ist in der Forschung unstrittig, dass sie aus vorchristlicher Zeit stammt. Heinz Voellner hält sie für einen keltischen Fürstensitz und ordnet sie in einen Zusammenhang mit dem keltischen »Oppidum« von Altenburg am Hochrhein ein, ebenso mit einem Wall auf dem Hornbuck bei Riedern, mit einer Wallanlage auf dem Semperbuck bei Schwerzen (Wutöschingen) und insgesamt mit der keltischen Vergangenheit am Westabhang des Hotzenwaldes.[38]

Für Graben- und Erdwerke dieser Art ist das Fehlen von einzelnen Hausgrundrissen typisch, weshalb die Wissenschaft davon ausgeht, dass es sich im Allgemeinen nicht um Siedlungsbefestigungen, sondern eher um Wehr- oder Fluchtburgen handelte, jedenfalls aber um Bauwerke aus der späten Jungsteinzeit.[39]

Auf dem Ballenberg bei Wittenschwand in unmittelbarer Nachbarschaft der neuen Dachsberghalle fällt eine wallähnliche Geländeerhöhung ins Auge, die sich über den zur Alb hin vorspringenden Bergsporn zieht. Dieser Wall ist von einem Weg durchbrochen, ansonsten aber im Gelände rekonstruierbar. Er ist in der einschlägigen Literatur noch unerwähnt, so als gäbe es ihn gar nicht. Doch welcher Zufall hat dann dafür gesorgt, dass auf alten Gemarkungskarten ein nur wenige Kilometer Richtung Wolpatingen liegendes Gelände die Bezeichnung »Bei der Ringmauer« trägt?

Wiederum Heinz Voellner ist es, der auf zwei weitere Anlagen aufmerksam macht, die in das von Berau und Hammereisenbach her bekannte Muster fallen könnten. Das Heidenschloss am Hochrand des Schwarzatals nördlich Strittberg (Höchenschwand) sowie ein weitgehend unbekannter Burgplatz Siegnau bei Grafenhausen, bei dem Voellner einen vorgeschichtlichen Vorgängerbau vermutet.[40]

---

38 Vgl. Heinz Voellner: Die Burgen und Schlösser zwischen Wutachschlucht und Hochrhein, Waldshut 1975, S. 3.

39 Vgl. Irenäus Matuschik: Grabenwerke des Spätneolithikums in Süddeutschland, in: Fundberichte aus Baden-Württemberg 16 (1991), S. 27–55.

40 Vgl. Heinz Voellner: Zwei unbekannte Burgplätze bei Grafenhausen, in: Heimat am Hochrhein 11 (1986), S. 142–146.

row

Die Große Muur bei Schwand/Urberg

Im nicht weit entfernten Urberg sticht der Flurname »Große Mauer« oder im Volksmund »Große Muur« ins Auge. Man findet sie noch. Sie sitzt östlich des Ortsteils Schwand auf dem Trauf zum Albtal und kann über mehrere Kilometer verfolgt werden.
Obwohl die offizielle Geschichte Urbergs erst mit dem Auftreten des Klosters St. Blasien im 10. Jahrhundert beginnt, leitet Franz Josef Mone (1796–1871), der Altmeister der badischen Urgeschichtsforschung, den Namen »Urberc« mit der Bedeutung »Neuburg« aus dem Keltischen ab.[41] Wenn aber die Kelten etwas Neuburg tauften, dann stellt sich die Frage, was wohl die »Altburg« an dieser Stelle gewesen sein mag. Für die Große Mauer fehlen dennoch plausible Erklärungen. Wir haben anlässlich einer Ortsbegehung eine zufällig vorbeikommende einheimische Spaziergängerin gefragt, was ihrer Ansicht nach diese Mauer darstelle. »Wahrscheinlich noch von den Römern«, lautete die achselzuckende Antwort. Die römische Spekulation wurde bereits 1864 in der Zeitschrift *Badenia* von Johann Vetter, dem damaligen Sekretär des »Vereins für Badische Ortskunde« angestellt: »Die Römer hatten [...] eine besondere Festungslinie im südlichen Schwarzwald mit vermehrten Kastellen angelegt. Der Hauptwall verband von Westen nach Osten das Wehra-, Murg-, Alb- und Schwarzatal, den Höhenzügen folgend. [...] Im Kreise auf den umgebenden Höhen standen weitere Kastelle.«[42]

Das Fürstengrab Magdalenenberg

Will man bei der Aufzählung keltischer archäologischer Hinterlassenschaften auf Nummer sicher und dem spöttischen Stirnrunzeln der etablierten Wissenschaft aus dem Wege gehen, so nennt man das Keltengrab vom Magdalenenberg bei Villingen. Dieser keltische Fürstengrabhügel, kreisrund, nahezu symmetrisch, acht Meter hoch und 100 Meter im Durchmesser, stammt als Bauwerk aus dem 7. vorchristlichen Jahrhundert und ist wissenschaftlich unstrittig, schließlich hat man in seinem Inneren eine prunkvoll ausge-

---

[41] Vgl. Franz Josef Mone: Urgeschichte des badischen Landes, Bd. 2, Karlsruhe 1845, S. 131.

[42] Zit. nach Mathias Schlegel: Geschichte der Gemeinde Urberg und ihrer Beziehungen zur Umgebung, in: Zeitschrift des Freiburger Geschichtsvereins 41 (1928), S. 23–52, hier S. 31.

stattete Grabkammer gefunden.[43] Dass hier hinsichtlich Datierung, Zweck und Zuordnung zu den Kelten keine Fragezeichen mehr stehen, erleichtert manche daraus abgeleitete Spekulation. In der Nähe des Magdalenenberges ragt eine Bergzunge namens Kapf hoch über das Tal der Brigach, dort, wo die Kirnach einmündet.

Auf dem Kapf befindet sich ein keltischer Ringwall, der ein Areal von etwa zwei Hektar Größe umfasst – das ist der keltische Siedlungsplatz, der nach Ansicht der älteren Forschung zum Magdalenenberg gehörte. Neuerdings wird dies wieder in Zweifel gezogen. Die Entfernung zwischen beiden Plätzen (knapp vier Kilometer) sowie die Tatsache, dass zwischen beiden Plätzen Sichtkontakt besteht, gilt jedoch als typisches, spezifisches Merkmal solcher vorgeschichtlicher Plätze. Das sollten wir uns merken, ebenso wie den Namen »Kapf« und noch einige weitere Geländebezeichnungen in der Nähe des Magdalenenberges: Laible – von Keltisch *hlaiw* = Grab/Grabhügel –, der Guggenbühl, das Drachenloch, Kirnegg, Meleck. Wir kommen in einem späteren Kapitel darauf zurück. Wenn die verblüffende Symmetrie des Magdalenenberges und seine Ausmaße Merkmale sein sollten, die bei keltischen Fürstengräbern wiederkehrend anzutreffen sind, dann hätten wir in der näheren Umgebung noch weitere solche Hügel anzubieten – allerdings bislang noch unerforscht.

Der Magdalenenberg

Weitere Fürstengräber?

Bei der Fahrt durch das Rohrbachtal, einem Seitental des Bregtals, fällt oberhalb Rohrbachs von der Straße aus ein kreisrunder, vollkommen symmetrischer Hügel auf, von Fichten bewachsen, der auf der einen Seite vom Rohrbach umflossen wird, auf seiner anderen Seite von einem feuchten Sumpf eingeschlossen ist. Dieser Hügel liegt mehr oder weniger mitten im Wasser und er bietet einige vielversprechende Indizien. Der Volksmund kennt ihn als »Hünengrab« oder als »Hunnengrab«, in der Nähe benennt die Heimatforschung einen »Heidenhof, wo die so-

[43] Vgl. Konrad Spindler: Der Magdalenenberg bei Villingen, Stuttgart 1999.

genannten Heidengräber liegen«,[44] und der Augenschein ergibt am Fuße dieses Hügels auch noch Spuren von typischen Steingrabhügeln.

Ein anderer auffallend symmetrischer Hügel liegt unweit der Bregquelle, und zwar an der Stelle, wo die Straße zur Martinskapelle von der Katzensteig-Kreisstraße K5730 abzweigt. Auf diesem Hügel, 25 Meter hoch und sicher mehr als 100 Meter im Durchmesser, steht seit einigen Jahrzehnten die Piuskapelle, davor soll aber schon lange ein Holzkreuz den Hügel geziert haben.

Eine Kapelle steht auch auf einem Hügel namens Rüttebühl in Häusern. Wir befinden uns also jetzt wieder auf der südlichen Seite des Hochschwarzwaldes. Auch dieser Hügel ist wunderbar symmetrisch. Er trug schon Vorgängerkapellen, war also stets christlich besetzt, was ebenfalls noch ein Thema werden wird. Hier ist auffällig, dass der Rüttebühl unmittelbar am Ende des historischen Aufstiegs Steige liegt, die vom Albtal auf die Höhe Richtung Schluchsee führte und die uns als Bestandteil des Hotzenweges noch gesondert interessieren wird. Außerdem finden wir in unmittelbarer Nähe dieses auffälligen Hügels noch den Goldebühl, den Goldeweg und die Gewannnamen »In der Golde« und »Heidenschloß«. Am unteren Ende der Steige, also unten im Albtal, findet sich ein ebenfalls merkwürdig symmetrischer Hügel, ebenfalls mit dem verräterischen Namen »Goldebühl«.

Dieser Hügel im Rohrbachtal heißt im Volksmund Hunnengrab.

Bei Faulenfürst führt ein Feldweg ins Quellgebiet der Mettma. Dort, mitten im Wald, abseits jeglicher Besiedlung und jenseits aller heutigen Verkehrsbeziehungen, treffen wir auf ein rätselhaft mit Steinquadern gepflastertes Wegstück, das, zwei Meter breit und rund 200 Meter lang, in Richtung einer sumpfigen Moorfläche führt. Auf diesem kleinen Abschnitt verblüfft vor allem eine kunstvoll aus großen Steinquadern gefügte kleine Brücke, unter der das Sumpf- und Quellwasser abfließt. Nennen wir diesen Weg Mettmasumpfweg, um uns später mit der Frage zu beschäftigen, aus welcher Zeit er stammen und welchem Zweck er gedient haben könnte. Verlängert man diesen Weg um eine gedachte gerade Linie, so stößt man nach etwa

44 Heribert Saldik: Bregtal, S. 11.

Solche Steinstrukturen tauchen unter dem mit Moos, Heidekraut und Flugtännchen bewachsenen Hügel im Quellgebiet der Mettma auf.

500 Metern mitten im Hochmoor auf einen länglichen, ovalen Steinhügel, etwa 30 Meter lang, vier Meter breit und bis zu zwei Meter hoch.

Er ist gänzlich mit Heidelbeerkraut, kleinen Flugtännchen und anderen Pflanzen überwachsen, sodass er zunächst wie ein Erdhügel erscheint. Wenn man aber an einer beliebigen Stelle den Bewuchs entfernt, so offenbart sich darunter die künstliche Steinstruktur, wobei auch Steinquader von beträchtlicher Größe verbaut wurden, die ein einzelner erwachsener Mann nicht mehr alleine bewegen kann.

Zwei nahezu identische Steinhügel befinden sich in der Nachbarschaft. Einer liegt am Wanderweg nach Hinterhäuser im Ortsteil Schluchsee-Fischbach. Die Einheimischen nennen ihn Franzosengrab, weil unter dem auffälligen Steinwall angeblich französische Soldaten begraben sind, die beim Durchzug 1799/1800 hier an einer Epidemie gestorben sein sollen. Der andere liegt am Wagnersberg bei Seebrugg, verborgen im Wald, unterhalb von Karlisgut. Er trägt an einer Kopfseite eine auffällige Steinkonfiguration. Es handelt sich dabei um drei Steine, die aus dem Hügel herausragen, so als wären sie tief und fest in ihm verankert. Einer dieser Steine, etwa einen halben Meter hoch, hat annähernd die Form einer Pyramide mit klar behauenen Kanten. Der zweite Stein liegt als flache Platte auf dem Hügel, der dritte als harmonisch gerundete Halbkugel. Diese Trinität aus spitzem Kegel, flacher Scheibe und Kugelform begegnet uns an mehreren Fundstellen, so etwa beim Sonnenstein, aber auch bei den weiter oben bereits beschriebenen Steinmauern von Brenden. Dort steht direkt neben den Steinmauern auf einem leicht erhabenen Platz ein mit den drei Steinen vom Wagnersberg-Steinhügel nahezu identisches Objekt, nämlich drei Steine, einer pyramiden-, einer kugelförmig und einer als liegende, flache Scheibe.

Monumentalbauten

Es gibt sogar im Fundgebiet rund um die Schwarza noch größere Steinhügel als diese drei beschriebenen. Von ihrer Größe und der Art ihres Aufbaus müssen wir für sie aber eine neue Kategorie anführen. Der Einfachheit halber nennen wir sie Stierkopfgräber, weil dieser Terminus bereits vom anonymen

Eine rätselhafte Steinpyramide auf einem ebenso rätselhaften Großhügel im Wald am Wagnersberg bei Seebrugg

Verfasser eines Manuskriptes verwendet wurde, das im Gemeindearchiv von Schluchsee den Akten über das Baugebiet von Blasiwald-Eisenbreche beigefügt ist.[45] Ein solches Stierkopfgrab liegt bei Blasiwald im Gewann Loch unweit der Lochmühle. Die ganze Lochmühlen-Wiese, die von der Kreisstraße K4966 zur Schwarza hin abfällt, ist übersät von einzelnen Findlingen und einer ganzen Reihe von größeren und kleineren Steinformationen. Die größte dieser Steinformationen ist aus riesigen Steinquadern aufgetürmt, manche groß wie ein Mittelklassewagen, manche von der Dimension eines Kühlschrankes, die kleinsten immer noch im Bereich eines Reisekoffers. Insgesamt ist das Bauwerk, denn um ein solches handelt es sich, etwa 40 Meter lang, drei bis vier Meter hoch, an der bergwärtigen Stirnseite acht bis zehn Meter und talseits noch etwa vier Meter breit. Aus der Vogelperspektive sieht das Ganze tatsächlich aus wie ein stilisierter Stierkopf, sodass dem

45 Vgl. Anonymus: Buch aus Stein, Steinzeit im Schwarzen Wald, 20 Seiten fotokopiert, Gemeindeverwaltung Schluchsee, Akte »Baugebiet Eisenbreche«, Eingangsdatum 29.04.2004.

Das Stiergrab auf der Lochwiese Blasiwald (Detailansicht). Die größten Quader sind mehr als zwei auf zwei Meter groß.

Namen eine gewisse Berechtigung zukommt. An diesem Monument haben sich bereits die Archäologen die Zähne ausgebissen.

1985 haben der bereits mit den Steinkreisen befasste Edward Sangmeister, dessen Kollege Gerhard Fingerlin vom Institut für Archäologische Wissenschaften der Universität Freiburg, Peter Schmidt-Thomé von der Abteilung für Mittelalterliche Archäologie des Instituts für Ur- und Frühgeschichte der Universität Freiburg sowie Rolf Dehn vom Landesdenkmalamt auf Drängen des Hobbyforschers Helmut Frings und in Absprache mit der Gemeinde Schluchsee das ganze Areal besichtigt. Nur in einem bestand Einigkeit: Die Hügel »sind sicher von Menschen angelegt und bestehen aus teils gesetzten großen Steinen.«[46] Ansonsten gibt es von der Wissenschaft nicht wirklich eine Antwort, um was es sich bei diesen Riesensteinbauten handeln könnte. Edward Sangmeister macht es sich leicht, wenn er in einem Schreiben an

---

[46] Edward Sangmeister: Betr. Kulturdenkmale im Bereich Schluchsee-Blasiwald, Schreiben an die Gemeinde Schluchsee vom 27.11.1985, Gemeindearchiv, Akte »Baugebiet Eisenbreche«.

die Gemeinde Schluchsee mutmaßt, »dass es sich um Aufmauerungen handeln könnte, wie man sie für die Dacheinfahrt bei Höfen findet.«[47] Wenn man diesen Einfall ernst nehmen wollte, so müsste man fragen: Wieso gibt es dann auf der Lochmühlen-Wiese auf einer Fläche von weniger als einem Hektar gleich ein halbes Dutzend solcher »Hof-Hochzufahrten«? Haben hier dicht bei dicht einst sechs Höfe gestanden? Und wenn ja, wo sind sie geblieben? Wieso tauchen sie in keinen Akten, auf keinen Karten, in keinen Kirchenbüchern und in keiner dörflichen Erinnerung auf? Und welcher unglaubliche Zufall hat dafür gesorgt, dass von all diesen komplett in Vergessenheit geratenen Höfen nichts, aber auch gar nichts übrig geblieben ist bis in allen sechs Fällen die Auffahrt ins Dach? Und schließlich bliebe zu fragen, wieso ausgerechnet der einzige Hof, der auf dieser Wiese heute noch steht, nämlich die Lochmühle, keiner solchen Hochzufahrt bedarf. Die Wiese ist nämlich abschüssig und es wäre bauökonomisch ziemlich undurchdacht gewesen, Hochzufahrten anzulegen, wo doch über das natürliche Gefälle des Geländes der Zugang in die Tenne eines Hofes viel naheliegender gewesen wäre.

Alles in allem, und dies zieht sich die Schluchseefunde betreffend leider durch viele scheinbar wissenschaftliche Expertisen, wurde hier mit schneller Feder eine saloppe Erklärung hingeworfen, die unter der ersten gründlichen Hinterfragung als gänzlich unhaltbar in sich zusammenbricht. Da es sich bei Edward Sangmeister seinerzeit um immerhin den Leiter des Instituts für Ur- und Frühgeschichte der Albert-Ludwigs-Universität Freiburg handelte, hat sein schnelles Verdikt dazu geführt, dass sich fast 30 Jahre lang kein ernst zu nehmender Wissenschaftler mehr mit den Funden in Schluchsee-Blasiwald beschäftigt hat. Stattdessen blieb das Feld okkulten Sterndeutern und Esoterikern überlassen, die freilich nicht zur Seriosität der Diskussion beigetragen haben.

Vor diesem Hintergrund war nicht zu erwarten, dass der Mitarbeiter des Denkmalamtes, der überzeugt von den Sangmeister-Erklärungen erschien, sich auf neue Interpretationen einlassen würde, als er zusammen mit dem Verfasser im Herbst 2012 die Steinbauten

Reste einer Hofzufahrt?
Diese Erklärung überzeugt nicht.

[47] Ebd.

der Lochmühle besichtigte. Doch schon nach dem ersten Rundgang war es für diesen Experten, es handelte sich um einen promovierten Archäologen, einleuchtend, dass es sich auf keinen Fall um Hofzufahrten handeln könne. Denn erstens bilden sämtliche Steinbauwerke in der Lochmühlenwiesen keine Rampen, zweitens weisen sie auch keine Fahrfläche auf und drittens ermangelt es ihnen an der für solche Rampenbauwerke üblichen Feinfüllung – sie bestehen nur aus großen Steinquadern.
Allerdings erwies sich bei dieser gemeinsamen Begehung auch dieser Mitarbeiter der Landesdenkmalpflege als Gefangener des Impulses, sofortige, einfache und ins herkömmliche Geschichtsbild passende Antworten parat haben zu müssen. Er vertrat die Ansicht, es handele sich um die über viele Generationen hinweg nach und nach von der Wiese

Mehr als ein halbes Dutzend solcher monströsen Bauwerke befinden sich auf wenigen Hektar nebeneinander auf der Lochwiese in Blasiwald.

fortgeschafften Steine, um die Wiese als Weidfeld oder Acker nutzbar zu machen.
Gegenfrage dazu: Wieso haben diese vielen Generationen dann die weggeräumten Steine zu jeweils solch monströsen Bauwerken inmitten dieser Wiese aufgesetzt, die sie doch eigentlich freiräumen wollten? Wieso haben sie nicht eine Mauer rund um diese Wiese aufgebaut? Schnellantwort: Dafür waren es viel zu viele Steine.
Nächste Gegenfrage: Und wieso gibt es auf der Lochmühlenwiese auch heute noch immer so viele einzelne Steinbrocken und Findlinge, wo doch Generationen von Bauern sie angeblich freigeräumt haben? Schnellantwort diesmal: Es müssen eben vorher noch viel mehr Steine gewesen sein; was heute noch herumliegt, das sei »nur« noch der Rest. Man ist geneigt, die vielen früheren Generationen, die sich an das Freiräumen auf dieser Wiese gemacht haben, für ihren grenzenlosen Optimismus zu bewundern, es je zu schaffen; oder man wundert sich über ihre Torheit, je damit begonnen zu haben, da es doch links und rechts wesentlich steinfreieres Gelände zuhauf im Angebot gab.
Wieso aber haben diese fleißigen Urgenerationen von Blasiwalder Bauern dann in ihre Steinsetzungen regelrechte Kammern und Räume eingebaut, und wieso haben sie nicht alles auf einen einzigen großen Haufen geworfen? Schnellantwort jetzt: Um die Stabilität der Steinhaufen sicherzustellen.
Nächste Gegenfrage: Wieso liegen bei diesen bis zu fünf Meter hohen Steinbauwerken die größten der tonnenschweren Steine – wahre Riesenfindlinge – obenauf, da es doch am

mühsamsten gewesen sein muss, sie hinaufzubefördern? Schnellantwort: Weil erst spätere Generationen der Bauern die nötige Technik hatten, um auch die größten Steinbrocken zu bewegen. Die ersten Steinsammler hätten nur die kleineren Findlinge aufgeschichtet.

Noch eine Gegenfrage: Wenn es nur darum ging, Steine aus dem Weg zu räumen, wieso haben die Steinhügel dann spezifische Formen, Einbuchtungen oder Kammern? Schnellantwort: Weil vielleicht ein interessanter Baum oder ein Busch im Weg stand, den der Bauer wegen des Viehs nicht entfernen oder unter den Steinen begraben wollte. Deswegen hat er die Steine darum herum aufgehäuft.

In einem späteren Gespräch mit einer inzwischen pensionierten Wissenschaftlerin, die das Areal Lochwiese in den 1980er Jahren ebenfalls schon in Augenschein genommen hatte, wurde zur Häufung der Steinbauwerke auf engstem Raum die Erklärung gegeben, es könnten doch Hofzufahrten gewesen sein, weil die jeweilige Kinder- oder Enkelgeneration sich jeweils einen neuen, eigenen Hof gebaut habe, solange die Eltern noch lebten. Das ist, neben dem absurden Nebeneinander mehrere Höfe auf einer kleinen Wiese, auch

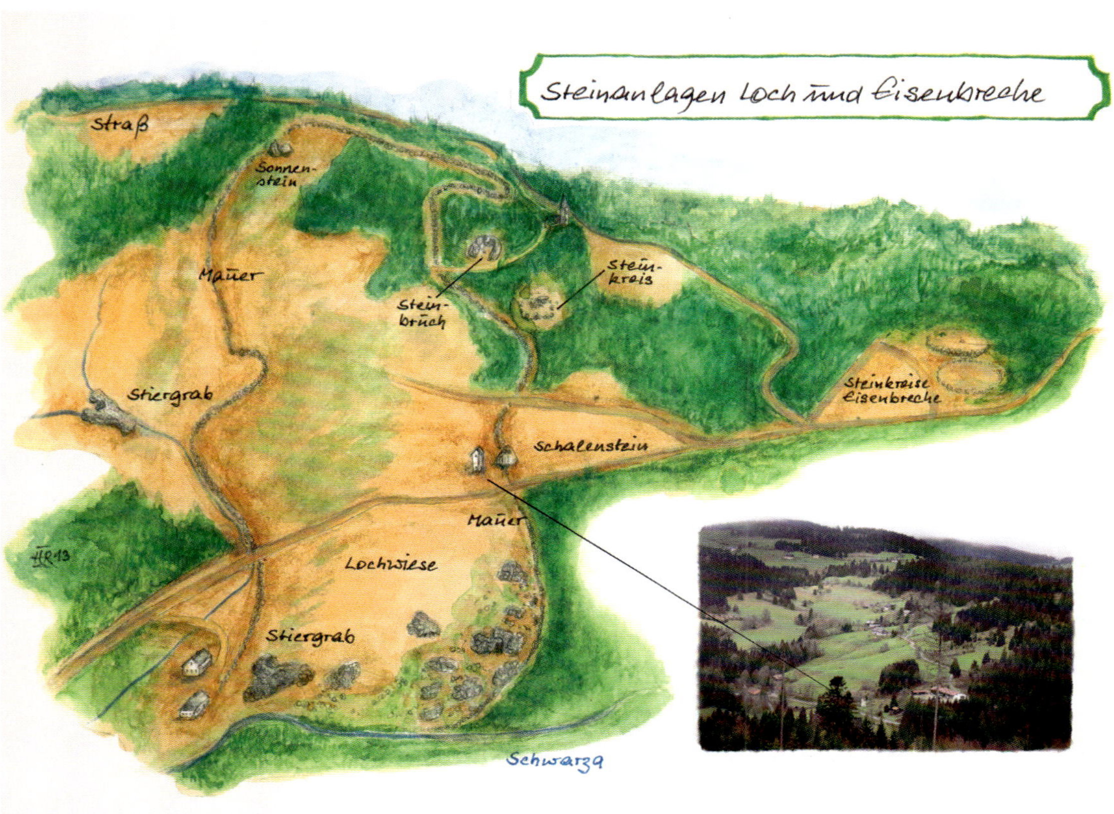

Dieses Panorama von der Lochwiese macht anschaulich, wie dicht die einzelnen Steinbauwerke aneinander sitzen.

deswegen völlig abwegig, weil im Hochschwarzwald das ›Anerbenrecht‹ galt, bei dem, anders als in den meisten anderen Gegenden Deutschlands, das Prinzip der Realteilung nicht griff. Es erhielt also nicht jeder männliche Erbe den gleichen Teil des Besitzes, sondern immer nur ein einziger Sohn, in der Regel der jüngste und letzte, bekam den ganzen Hof. So setzte sich bereits ab dem 15. Jahrhundert die Praxis der geschlossenen Hofübergabe durch.[48]

So viel zur Wissenschaft und ihren Erklärungen, mit denen sich kein unbefangener Beobachter zufriedengeben kann. Abgesehen von der in diesen Erklärungen zum Ausdruck kommenden Beleidigung der Intelligenz unserer bäuerlichen Vorfahren sprechen der pure Augenschein sowie das völlige Fehlen

[48] Vgl. Roland Weis/Harald Riesterer: Hochschwarzwald, S. 225.

von analogen Situationen in der Landwirtschaft des Schwarzwaldes eine gänzlich andere Sprache. Wir müssen deshalb auf den Eingangsbefund der oben zitierten Wissenschaftlerriege zurückkommen, der da lautet: Die Hügel »sind sicher von Menschen angelegt und bestehen aus teils gesetzten großen Steinen.« Und mehr wissen wir fürs Erste einfach nicht darüber.

Das Fragezeichen hinter den »Spuren im Wald« wird nicht kleiner, wenn wir hier noch zwei weitere Fundstellen aufsuchen und beschreiben. Zunächst kehren wir an den Wagnersberg zurück und dort an die Stelle, an der mutmaßlich der abgegangene Bübleshof gestanden haben könnte. Die dortige große Mauer und den mit einem christlichen Steinkreuz »bepflanzten« Schalenstein haben wir bereits beschrieben. Wenn man die kleine Lichtung unterhalb dieser Mauer quert und auf der gegenüberliegenden Seite in den Wald eindringt, steht man am Hang unvermittelt auf einer eingeebneten Fläche, die den Anschein erweckt, als gehörte sie zu einem einstigen Forst- oder Wirtschaftsweg. Nur dass es für einen solchermaßen angenommenen Weg keinen Anfang und keine Fortsetzung gibt. Diese in den Hang hineinmodellierte Fläche sitzt wie eine Terrasse im Wald, fällt aber dem flüchtigen Auge vielleicht überhaupt nicht richtig auf. Die Überraschung kommt erst, wenn man talseitig um diese Terrasse herumklettert. Denn im steilen Gelände sieht man nur von unten, dass diese Terrasse aus riesigen, tonnenschweren Findlingen aufeinandergetürmt wurde, etwa auf einer Länge von acht bis zehn Metern und mit einer Höhe von drei bis vier Metern. Die länglichen Findlinge, alle etwa von der Form eines Obelix-Hinkelsteines, mit einem Durchmesser von gut ein bis zwei Metern, liegen aufeinander wie die Stämme eines forstwirtschaftlichen Baumstapels. Nur dass sie nicht quer zum Hang liegen, sondern mehrere Meter tief in den Berghang hinein. Ihre exakte Länge ist gar nicht abzuschätzen, denn sie verschwinden gewissermaßen im Berg. Aber alleine jener Teil, der herausragt, fünf bis sechs Meter lang, löst staunende Verblüffung aus. Diese tonnenschweren Brocken müssen bearbeitet sein, denn eine derartige Sammlung von nahezu identischen, länglichen Steinobelisken, in dieser Weise aufeinandergelegt, ist auch mit dem tollkühnsten Zufall der Natur nicht mehr zu erklären. Wer aber hat solche meterlangen Steinbalken aufeinandergetürmt? Und wie? Selbst mit modernsten Baumaschinen wäre es eine enorme Herausforderung, zumal in dem vorliegenden steilen Waldgelände. Als der Heimatforscher

Dieses über drei Meter hohe und rund 20 Meter lange Bauwerk sitzt mitten im Wald und bildet dort eine mehr als zehn Meter breite Terrasse. So tief müssen die Findlinge mindestens in der Erde stecken.

Helmut Frings in den 1980er Jahren erstmals einen örtlichen Förster zu diesem imposanten Bauwerk führte, verschwand der kleine Dackel des Försters unversehens zwischen den Steinen, um einer aufregenden Duftspur zu folgen. Wenig später vernahmen die Besucher rund 30 Meter oberhalb der Terrasse ein gedämpftes Bellen, das tief aus dem Berginneren kam. Selbstverständlich kann dies mit unterirdischen Verwerfungen oder dem weit in den Berg führenden Bau eines Dachses erklärt werden. Es kann aber auch bedeuten, dass die äußerlich sichtbare Hinkelstein-Terrasse eine weit in den Berg hineinführende Fortsetzung erfährt und unterirdische Hohlräume verbirgt. Beim Versuch, mit einer mehrere Meter langen Eisenstange solchen Hohlräumen auf die Spur zu kommen, ließ sich die Eisenstange bis zum Anschlag zwischen den großen Steinen in den Berg einführen, ohne dass sie auf Widerstand stieß. Sie war schlicht zu kurz, um auf ein wie auch immer geartetes Ende des Bauwerkes aufzutreffen.

Geheimnisvolle Kammern

Am gleichen Wagnersberg, allerdings einige Kilometer näher am Schluchsee gelegen, findet sich im Steilhang zur Schwarza hinunter ein weiteres, beinahe noch größeres Rätsel. Wir befinden uns jetzt an einer nach unten ins Tal fast senkrecht abfallenden Felspartie unterhalb der Straße Seebrugg-Schönenbach. Von der Straße aus sieht man ein hoch aufragendes Kreuz auf einem der obersten Felsblöcke. Es handelt sich um ein etwa 100 Jahre altes Gedenkkreuz, das zum einstigen Ganzmanngut gehörte, einem weiteren Hof des abgegangenen Dorfes Schwarzhalden. Um zu kontrollieren, ob dieses Kreuz vielleicht, ähnlich wie jenes beim Bübleshof, in einen ehemaligen Schalenstein gesetzt wurde, erkletterten Harald Riesterer, von dem die Skizzen in diesem Buch stammen, und ich selbst im Herbst 2012 diese Felspartie. Wir fanden keinen Schalenstein, dafür aber eine ungleich größere Überraschung. Die steile Felswand scheint aus wild aufeinandergetürmten gewaltigen Findlingen zu bestehen, manche groß wie Einfamilienhäuser. Die Felspartie reicht gut 50 bis 70 Meter ins Schwarzatal hinunter. Auf der steil abfallenden Seite, etwa zehn bis 15 Meter unterhalb des Kreuzes, entdeckten wir plötzlich eine geordnete Form, eine rechteckige Fassung, knapp zwei Meter lang und etwa einen Meter breit. Neugierig geworden durch diese auffällige Vertiefung, die mit ihren klaren und kerzengeraden Kanten so wirkt, als sei sie in den Fels hineingemeißelt, sind wir die Felswand weiter hinuntergeklettert. Nach einem Abstieg um weitere zehn Meter tat sich vor uns plötzlich eine knapp drei Meter tiefe Kluft auf, sechs Meter lang und nicht mehr als 1,50 Meter breit. Diese Kluft ist akkurat aus dem Fels geschnitten, mit kerzengeraden und glatten Wänden. Die sechs Meter langen Längsseiten bestehen bergseits aus einem einzigen Stück glatten Felsens, vier bis fünf Meter hoch, talseitig aus zwei millimetergenau nebeneinandergesetzten Riesenfelsen, noch ungefähr

Kammer 1

Kammer 2

drei bis vier Meter hoch. An den Stirnseiten schließt jeweils wie ein Pfropf ein sorgsam eingepasster vier Meter langer und 1,50 Meter breiter Schlussstein die Kammer ab. Während diese Felsen nach innen, zur Kammer hin, glatt und wie ausgesägt wirken, zeigen sie nach außen ihre völlig natürlichen, schrundigen und verwitterten Formen. Als wäre dies alles noch nicht genug, fanden wir auf der nächsten Etage unserer Felspartie, weitere zehn Meter tiefer, noch einmal zwei nahezu identische Kammern, ebenfalls je vier Meter tief und sechs Meter lang, genauso exakt in die Felsen gestanzt.

Das Rätsel dieser Kammern wird noch größer. Zu allen Kammern entdeckten wir den Eingang. Bei der oberen Kammer handelt es sich um einen zwei Meter langen und höhlenartigen Zugang, etwa 1,50 auf 1,50 Meter groß, der halbschräg von unten in die Kammer hineinführt. Diese Höhle wird dolmenartig von zwei Seitensteinen und einem Deckstein gebildet, wobei der Deckstein so abgerutscht ist, dass er schräg in die Eingangshöhle hineinragt, die demnach ursprünglich wohl geräumiger gewesen sein muss. Dennoch kann ein erwachsener Mensch bequem durch diesen Eingang in die eigentliche Kammer hineinklettern, wo ihn dann die nächste Überraschung erwartet. Zur Talseite hin besitzt die Kammer zwei Öffnungen, einen fast seitenhohen Schlitz an

Kammer 3

Wie eine Gewölbekonstruktion mutet dieser Sehschlitz an, der von der ersten Kammer ins Freie führt.

der hinteren Stirnwand, einen ebensolchen an der vorderen Stirnwand. Beide Schlitze haben glatte, exakt bearbeitete Wände.
Die dritte Öffnung, nämlich der Eingang, befindet sich an der Stirnseite der Kammer und ist eindeutig künstlich hergestellt, erkennbar an einer exakten Setzung mehrerer länglicher, identischer Steinbalken, die gemeinsam die Rundung bilden. Die Konstruktion erinnert fast an den Bau eines gotischen Gewölbes.
Die zwei tiefer liegenden Kammern befinden sich hinter- bzw. nebeneinander. Sie sind voneinander durch einen exakt eingepassten, vier Meter hohen Schlussstein getrennt. Bei der westlichen Kammer fehlt der Eingang, man kann ihn aber unter einer Steinsetzung vermuten, die ihr vorgelagert ist und den Blick in eine halb verschüttete Höhlung freigibt. Diese Kammer hat in der Mitte einen breiten Schlitz, der aber auch durch eine Felsrutschung entstanden sein könnte, denn einer der beiden drei Meter hohen und drei Meter breiten Wandsteine scheint um etwa einen halben Meter talwärts verrutscht zu sein. Der Eingang zur östlichen der beiden unteren Kammern ist keine Höhle wie bei der oberen Kammer, sondern ein menschenbreiter Spalt an der Kopfseite, wobei nicht auszuschließen ist, dass einst ein Deckstein auf diesem Spalt gelegen hat. Denn auch die Kammern selbst sehen aus, als wären sie

▲ *Zwei längliche Riesensteine, etwa sechs Meter lang und zwei Meter breit, liegen unterhalb der Felskammern im Hang.*

▼ *Und so sieht die gesamte Felspartie in Schwarzhalden/Ganzmanngut von unten aus. Es ist den verwitterten Felsen nicht anzusehen, welche Geheimnisse sie bergen.*

einst geschlossen gewesen. An ihren oberen Rändern haben beide Kammern ringsum eine kantige Fassung, eine Aufliegefläche, als habe einst ein riesiger Deckstein obenauf gelegen. Ein solcher Deckstein müsste dann aber etwa sechs Meter lang und fast zwei Meter breit gewesen sein. Undenkbar?

Weitere 20 bis 30 Meter tiefer, schon am Fuße der beschriebenen Felspartie, liegen übereinandergetürmt genau zwei solcher Riesensteine, jeweils sechs Meter lang und zwei Meter breit. Sie sehen aus wie zwei längliche, überdimensionale steinerne Bausteine. Wer mag da noch an Zufälle glauben? Apropos Zufall! Die schnelle Kontrolle per Kompass ergab: Alle drei megalithischen Kammern liegen exakt in Ost-West-Ausrichtung. Die Klettertour in diesem Ganzmanns-

felsen ergab noch weitere Auffälligkeiten: mindestens zwei dolmenartige Felskonfigurationen, wobei die Findlinge, die diese Dolmen-Formationen bilden, jeweils mehrere tausend Tonnen wiegen müssen; eine weitere kammerartige Steinfassung; ein symmetrisches Felsenpaar, zwei Meter breit und drei Meter hoch, das im Berg sitzt, als habe ein Meistersteinmetz Hand angelegt und als verberge es ein dahinterliegendes Etwas; und schließlich noch ein mannshoher Abri (Felsüberhang), über dem sich im Gestein in drei Metern Höhe eine rätselhafte, kopfgroße Öffnung befindet. Unterhalb dieser Öffnung ist der Fels zugehauen und bildet einen zungenartigen Abfluss.

Dies alles ist auch mit viel Fantasie nicht plausibel zu erklären, schon gar nicht als ›Laune der Natur‹ oder als bäuerliche Fleißarbeit. Vielmehr sollte zu denken geben, dass der Ganzmannsfelsen am Hang oberhalb der Schwarza sich an einer Stelle befindet, die exakt den Steinformationen der Lochwiese am anderen Ufer der Schwarza gegenüberliegt. In der Luftlinie sind die beiden Fundstellen keine 500 Meter voneinander entfernt. Denkt man sich den heutigen Fichtenbewuchs weg, so waren die fleißigen Bäuerlein, die so emsig über Generationen hinweg auf der Lochwiese Hofzufahrten anlegten, in der Lage, über das Schwarzatal hinweg auf der anderen Talseite ihre Zeitgenossen beim Ausmeißeln von großen Steinkammern zu sehen.

II. Teil: Stimmen aus der Vergangenheit

Ringsum, da wiegen sich die alten Haine ...
Und manches Fürstengrab – es schlummert fort ...
Die Priester mit geweihtem Honigweine,
sie opferten die Göttergabe dort ...

[...]

Man spürt die Weihe dieses alten Ortes
und Schwindel faßt dich ob der Steine Kraft...

Vorhergehende Seite: Lichter, parkähnlicher Hochwald bestimmte in früher das Bild des Südschwarzwaldes.
Diese Seite: Heißt der Titisee nach Titin, einem Alamannenfürsten aus Titinshausen (Dittishausen)?
Nächste Seite: Versteckt im Wald bei Schönenbach: Grabhügel aus der Bronzezeit

a. Was wir bereits wissen

Die Welt von Ötzi

Der Gletschermann Ötzi war ungefähr 45 Jahre alt, als er starb. Er starb in den Ötztaler Alpen oberhalb des Niederjochferners in 3210 Metern Höhe. Das war ungefähr zwischen 3350 und 3100 v.Chr., also vor mehr als 5000 Jahren. Seine Ausrüstungsgegenstände und Bekleidung weisen ihn aus als einen Menschen aus der späten Jungsteinzeit und beginnenden Kupferzeit.[1] Ötzi trug eine Mütze aus Wolfsfell, eine Jacke aus Schafsfell, Leggins aus zusammengenähten Fellstücken, einen Gürtel aus Kalbsleder und einen Lendenschurz. Seine Schuhe bestanden aus Rindsleder und einer Sohle aus Bärenfell. Außerdem trug er einen aus Gras geflochtenen Innenschuh. Bewaffnet war Ötzi mit einem Beil aus Kupfer, das nach den einschlägigen Analysen aus dem Salzburger Land stammte, sowie mit einem nur halb fertig gestellten Eibenbogen, zu dem 14 Pfeile mit Feuersteinspitzen gehörten. Zu Ötzis Ausrüstung zählten des Weiteren eine Rückentrage aus Hasel- und Lärchenholz, Behälter aus Birkenrinde, darunter auch ein Glut- und Holzkohlebehälter, eine lederne Gürteltasche mit Klingenkratzer, Bohrer, Ahle und Steinklinge, Zunder, Pyrit und eine gelochte Marmorscheibe. Die letzten Lebenstage des Gletschermannes haben Botaniker der Universität Innsbruck erhellt, und zwar aufgrund der Analyse des Darminhaltes. Anhand der mit der Nahrung aufgenommenen Pollen haben die Wissenschaftler nachgewiesen, dass Ötzi in den letzten Tagen vor seinem Tod ausgedehnte Strecken zwischen verschiedenen Vegetationszonen zurücklegte. Demnach hielt er sich zunächst im Bereich der Baumgrenze auf, die damals bei ungefähr 2400 Metern lag, also 500 bis 700 Meter höher als heute. Er stieg dann bis auf 600 oder 700 Meter in das Schnals- oder Etschtal ab und knapp sechs Stunden vor seinem Tod wieder hinauf Richtung Tisenjoch in 3280 Metern, das er offenbar zu übersteigen beabsichtigte. Etwa eine Stunde vor seinem Tod aß Ötzi noch Fleisch vom Alpensteinbock. Art und Um-

---

[1] Die Literatur zu Ötzi ist derart umfangreich, dass hier nur exemplarisch auf die Schriftenreihe des Südtiroler Archäologiemuseums verwiesen wird, herausgegeben von Angelika Fleckinger: Die Gletschermumie aus der Kupferzeit. Neue Forschungsergebnisse zum Mann aus dem Eis, Bozen 1992/2003.

stände seines Todes müssen uns hier nicht weiter interessieren, vielleicht lediglich der Hinweis, dass der Gletschermann die beschriebenen Wege offensichtlich mit schweren Verletzungen zurückgelegt hat, denn an seinem Leichnam hat die durch verschiedene Wissenschaftsgruppen vorgenommene mehrfache Obduktion zweifelsfrei eine Pfeilwunde und eine Schädelfraktur ergeben. Noch ein paar interessante Details aus diesen Obduktionen: Ötzi war tätowiert (Kohlenstaub in punktierten Wunden), unter anderem mit einem Kreuz hinter dem rechten Knie. Einige der Punktierungen sitzen exakt auf bekannten Akupunkturpunkten, weshalb die Wissenschaft auch über therapeutische und medizinische Funktionen dieser Tätowierungen spekuliert. Genetisch gehörte Ötzi einer DNA-Gruppe an, die mit der DNA bäuerlicher Populationen des Spätneolithikums übereinstimmt, von denen man wiederum weiß, dass sie aus dem Vorderen Orient und aus Südeuropa in den Alpenraum zugewandert sind.

Diese ganze ausführliche Ötzi-Beschreibung soll uns Folgendes klarmachen: Um 3200 v. Chr. herrschten in unseren Breiten wesentlich

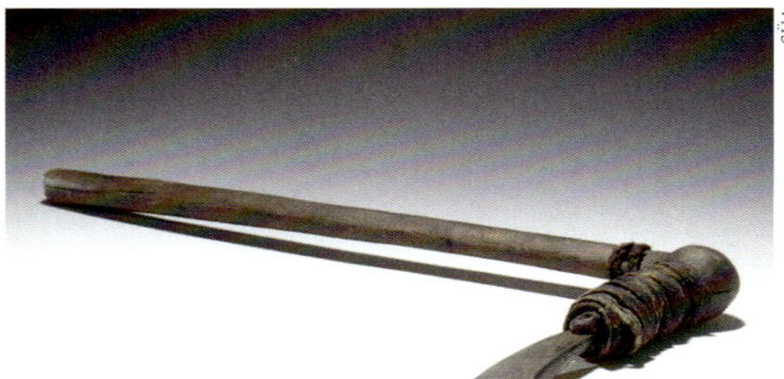

SÜA

Ötzis Kupferaxt

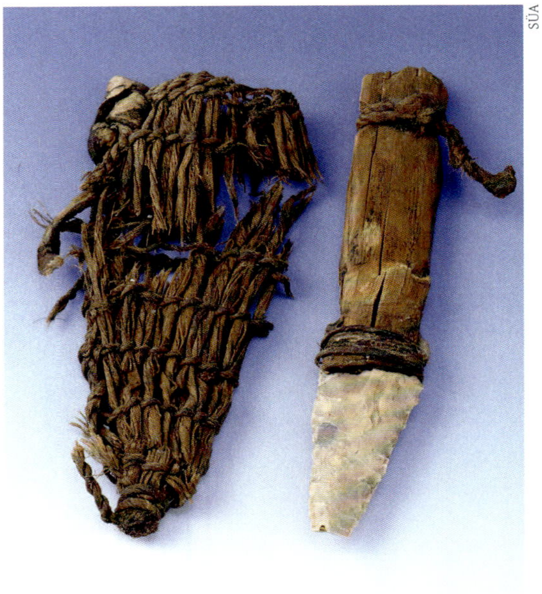

SÜA

Ötzis Steinmesser

komfortablere Klimaverhältnisse als heute, denn die Baumgrenze lag 500 Meter über dem heutigen Niveau. Ein Bewohner der völlig abgelegenen und unzugänglichen Ötztaler Alpenregion besaß Kupfer aus dem mehr als 150 Kilometer entfernten Salzburger Land und Marmor aus den 80 Kilometer entfernten Dolomiten, eine Silex-Messerklinge aus den 100 Kilometer entfernten Bergen von Verona.

Dieser Mensch wanderte binnen 24 Stunden in unwirtlichstem Alpengelände mehrere Kilometer bergauf und bergab und überwand dabei rund 3000 Höhenmeter. Seine Absicht, im beschriebenen Zustand das Tisenjoch Richtung Norden zu übersteigen, zeugt von regelmäßiger Übung und nährt die Vermutung, dass für Ötzi und seine Zeitgenossen regelmäßige Alpenüberquerungen wohl keine Be-

sonderheiten darstellten. Was haben all diese Feststellungen mit dem Südschwarzwald und unserem Untersuchungsgegenstand zu tun?
Auf jeden Fall dies: Wenn vor 5000 Jahren im ungleich menschenfeindlicheren Alpenland Leben und Überleben, Durchwandern, Überqueren und Fernhandeln so möglich war, wie es Ötzis Biografie nahelegt, dann sollten wir uns hüten, ähnliche Optionen für den Süd- und Hochschwarzwald gänzlich auszuschließen.
Wir tasten uns deshalb rückwärts in die Vergangenheit unserer Region zurück. Beginnend bei den mittelalterlichen Siedlern, Mönchen und Missionaren dringen wir suchend, kombinierend und spekulierend immer tiefer in immer entferntere Jahrhunderte und Jahrtausende vor. Und wir werden uns dabei wundern, was wir alles bereits wissen und überdies nicht mehr bewiesen werden muss. Unsere Zeitreise führt uns bis in die Lebenswelt des jungsteinzeitlichen Gletschermannes Ötzi und sogar darüber hinaus in die Megalithkulturen des Mesolithikums, bis uns schließlich wirklich nur noch Dunkelheit umgibt.

Vor den Mönchen

Schon die Behauptung, vor den christlichen Missionaren und ersten mittelalterlichen Siedlern, die zwischen 800 und 1000 n.Chr. den Süd- und Hochschwarzwald erschlossen hätten, habe es hier keine geordnete und kontinuierliche Besiedlung gegeben, ist längst nicht mehr haltbar. Bewiesen ist lediglich, dass es ein fundamentales Interesse der katholischen Kirche gab, eine solche Erschließungsgeschichte zu konstruieren, um damit ein Bild von der Erhellung und lichtbringenden Missionierung für eine bis dahin im dunkelsten Aberglauben versunkenen Region zu zeichnen.[2]
Im Jahre 1840 stieß der Pflug des Hermeshofbauern Lorenz Winterhalter, dem die besten Äcker am Ufer des Titisees gehörten, beim Pflügen eines etwa zehn Meter umfassenden kleinen Hügels am Auslauf der Gutach aus dem Titisee auf einen harten Widerstand. Der Landwirt nahm sich die Zeit, das Hindernis genauer zu untersuchen. Er legte mehrere große, bearbeitete Tuffsteine frei und barg schließlich aus nicht einmal einem halben Meter Tiefe zwei trapezförmige, im Innern sorgfältig dem menschlichen Körper nachgeformte Tuffsteinsarkophage. Einer war 2,4 Meter lang und am Kopfende 0,72 Meter breit, am Fußende noch 0,48 Meter; der kleinere hatte die Maße 2,1 Meter auf 0,69 und 0,60 Meter. Der Freiburger Professor Heinrich Schreiber datierte den Fund seinerzeit in das 11. Jahrhundert, übereignete den Fund der Fürstenbergischen Sammlung (wo er heute verschollen ist) und klappte die Akte zu. Erst mehr als 160 Jahre später ging den Archäologen die wahre Bedeutung dieser Sarkophage auf. Andreas Haasis-Berner von

2 Anschaulich beschrieben bei: Ingeborg Meyer-Sickendiek: Gottes gelehrte Vaganten, Düsseldorf 2000.

der Archäologischen Denkmalpflege des Regierungspräsidiums Freiburg hat die wichtigsten Erkenntnisse dazu 2010 zusammengefasst.[3] Die Form und Art der Bearbeitung kennzeichnet die Sarkophage als Zeitgenossen ähnlicher Sarkophage, die man aus dem 7. und 8. Jahrhundert im Elsass geborgen hat. So etwa auf dem Odilienberg den trapezförmigen Sarkophag mit Kopfnische der Eltern der heiligen Odilia (Ende 7. Jahrhundert), der trapezförmige Sarkophag der heiligen Odilia selbst (frühes 8. Jahrhundert) oder weitere

An den Ufern des Titisees fand man Gräber und darin Sarkophage aus dem 8. Jahrhundert. Sie ähnelten jenen, die bei Stühlingen ausgegraben wurden (Bild) und in die Merowingerzeit datiert werden.

identische Sarkophage von Breuschwickersheim im Département Bas-Rhin. Auch die offenkundige Zentralbestattung in einem Hügel spricht für eine Datierung zwischen dem 7. und der Mitte des 8. Jahrhunderts, denn diese Fundlage erinnert laut Haasis-Berner »sehr an Bestattungen in Grabhügeln, die ab der späten Merowingerzeit als Separatbestattungen von Adligen vereinzelt nachzuweisen sind.«[4] Haasis-Berner geht noch weiter. Er hält es nicht für ausgeschlossen, dass der erwähnte Hügel bereits in vorgeschichtlicher Zeit als Grabhügel genutzt wurde und die aufgefundenen Sarkophage lediglich die letzte Bestattung in diesem Hügel darstellen.

Eine weitere interessante Spur bietet das Material, aus dem die Sarkophage bestehen. Tuffgestein kommt im Hochschwarzwald gar nicht vor. Die nächsten Lagerstätten dieses Gesteins stehen am Unterlauf der Wutach an. In merowingischen Gräberfeldern (6. bis 7. Jahrhundert n.Chr.) bei Stühlingen und Grimmelshofen, die anlässlich des Baus einer Gasleitung freigelegt wurden, fand man Tuffsteinkisten und Tuffsteinplatten aus diesen Vorkommen. Zusammengefasst bedeutet der Fund vom Titisee, dass hier um 700 v.Chr. bereits eine Adelssippe hauste, was immer auch Untertanen, Landwirtschaft, Handel, Straßen und längere Siedlungskontinuität voraussetzt. Die Fernbezüge zum Elsass und zum unteren Wutachtal geben dieser Besie-

[3] Andreas Haasis-Berner: Das Rätsel vom Titisee – ein Beitrag zur frühmittelalterlichen Besiedlung des Hochschwarzwaldes, in: Archäologische Nachrichten aus Baden 80/81 (2010), S. 45–51.

[4] Ebd., S. 48.

delung zudem einen weit über den lokalen Zufall hinausreichenden Kontext.
Funde aus der Merowingerzeit belegen die Besiedlung des Hochschwarzwaldes auch an seinen Rändern zur Westbaar. Am bekanntesten ist die Bronzeriemenzunge von Dittishausen, die gleichzeitig auch einen deutlichen Hinweis auf die lange infrage gestellte Römerstraße über den Südschwarzwald liefert.[5]
Dass Römer und Merowinger sehr häufig einen Hinweis auf noch ältere mesolithische Siedlungsplätze liefern, zeigt sich immer wieder in der Regionalarchäologie. So haben Ausgrabungen auf einem Hinterhofgelände in Ettlingen (Kreis Karlsruhe), von denen man sich frühmittelalterliche und römische Funde erhoffte, in tieferen Schichten auf die Spur einer steinzeitlichen Freilandstation an genau dieser Stelle geführt.[6] Ein ähnliches Beispiel aus dem Kreis Lörrach führte zum Fund eines steinzeitlichen Großsteingrabes nahe Wiechs bei Schopfheim.[7]
Die typische alamannische Namensgebung für fast sämtliche Siedlungen der Westbaar rund um Löffingen und Hüfingen ist an anderer Stelle ausführlich beleuchtet worden.[8] Die Endungen »-ingen«, »-heim«, »-hofen«, »-hausen« und »-weiler« bei Ortsnamen sind

DRP

Riemenzunge aus der Merowingerzeit, die bei Dittishausen gefunden wurde

der Ortsnamensforschung zufolge zweifelsfrei alamannische Gründungen. Wir müssen uns dabei stets vor Augen halten, dass diese Siedlungen keine 15 Kilometer Luftlinie vom Titisee und – getrennt durch die Wutachschlucht – keine 25 Kilometer Luftlinie vom Schluchsee entfernt liegen. Unter den alamannischen Siedlungen gelten die »-ingen«-Orte als die ältere Gruppe, etwa dem 5. und 6. nachchristlichen Jahrhundert zuzuordnen.

---

5 Vgl. Gerhard Fingerlin: Ein interessanter Einzelfund der späten Merowingerzeit aus Dittishausen, Gemeinde Löffingen, Kreis Breisgau-Hochschwarzwald, in: Archäologische Ausgrabungen in Baden-Württemberg 1991 (1992), S. 227–229.

6 Vgl. Egon Schallmayer: Eine mesolithische Freilandstation in Ettlingen, Kreis Karlsruhe, in: Archäologische Ausgrabungen in Baden-Württemberg 1990 (1991), S. 22–24.

7 Vgl. Gerhard Fingerlin: Frühmittelalterliche Bestattungen bei einem neolithischen Großsteingrab nahe Wiechs, Stadt Schopfheim, Kreis Lörrach, in: Archäologische Ausgrabungen in Baden-Württemberg 1990 (1991), S. 187–190.

8 Vgl. Hans Brüstle: Ortsnamen der Region Schwarzwald-Baar-Heuberg, in: Schriften des Vereins für Geschichte und Naturgeschichte der Baar 30 (1974), S. 94–135.

Die Endung »-ingen« stellt einen Mehrzahldativ dar und meint in Verbindung mit einem Eigennamen den Ort, an dem die Leute (oder Nachfahren) des namentlich Genannten wohnen. Im Falle von Löffingen ist es der Ort des Leffo oder Laffo, ein alamannischer Adliger oder Sippenanführer. Nach den »-ingen«-Orten markieren auch die »-heim«-Orte frühe alamannische Niederlassungen. So kann auch Bachheim nicht viel später als Löffingen entstanden sein. Der Name »Bachheim« bedeutet Wohnort, Dorf oder Siedlung am Bach. Die »-ingen«- und die »-heim«-Orte liegen in der Regel in den leicht bebaubaren und gut erreichbaren Landstrichen und in der Nähe des Wassers. Untersuchungen aus dem Breisgau haben ergeben, dass die »-ingen«-Orte meist die landwirtschaftlich attraktivsten Flächen in Besitz nahmen, während die »-heim«-Orte eher an strategisch wichtigen Verkehrsachsen angelegt wurden.[9]

Wenn aus den bestehenden Siedlungen heraus ein Nachfahre so stark und wohlhabend wurde, dass er sich mit seiner Sippe selbst irgendwo neu niederlassen konnte, dann erfolgten aus einem Hauptort heraus weitere Trabantensiedlungen in der näheren Umgebung. Die typische Namensgebung für diese zweite Siedlungswelle im 7. Jahrhundert brachte die »-hofen«- und »-hausen«-Orte hervor. Seppenhofen ist da, wo Seppo seinen Hof hat. Dittishausen ist da, wo Ditto sein

Bei Löffingen geborgenes Skelett aus einem Alamannengrab

Haus hat. Falsch! Er hieß nicht Ditto, er hieß laut Hans Brüstle, dem Baaremer Ortsnamensforscher, nämlich Titin. Und der Ort hieß ursprünglich Titinhusen. Bei Titin, dem Namensgeber für den Ort Dittishausen, lohnt es, kurz zu verweilen; ich habe darauf an anderer Stelle bereits hingewiesen.[10] Denn der Name »Titin« ist so auffällig, dass man eigentlich stutzig werden muss, wenn man ihn in unmittelbarer Nachbarschaft mehrfach an-

---

[9] Vgl. Michael Hoeper: Alamannische Besiedlungsgeschichte im Breisgau, Reihengräberfelder und Gemarkungsgrenzen, in: H.U. Nuber u.a. (Hg.): Römer und Alamannen im Breisgau. Archäologie und Geschichte, Sigmaringen 1994, S. 9–124.

[10] Vgl. Roland Weis/Harald Riesterer: Hochschwarzwald, S. 44.

trifft. Die Annahme, dass Titin so stark, einflussreich und wohlhabend war, dass er aus dem Siedlungsverbund seiner Vorfahren in Löffingen oder Unadingen ausbrechen konnte, um eine eigene Siedlung zu begründen, legt nahe, dass dieser Titin Macht und Einfluss ausübte. Ist vielleicht der nur knapp 20 Kilometer entfernte See Titins See? Der Titisee? Die erste urkundliche Erwähnung des Titisees aus dem Jahre 1111 lautete auf *lacu titunse.* 1150 las man »Titinsee«. Die bisher völlig unbefriedigenden Theorien zur Namensherkunft des Titisees sollten zumindest eine alamannische Herkunft nicht ausschließen.

Die Tatsache, dass die alamannischen Sippen, die in all den oben genannten Orten der Westbaar siedelten, keine Dörfer oder Weiler im tieferen Hochschwarzwald gegründet haben, schließt noch lange nicht aus, dass sie diese Gegend durchforscht, als Jagdgebiet genutzt oder mit Namen versehen haben. Im Gegenteil: Es scheint geradezu zwingend, dass ein starker und konkurrenzloser Alamannenführer doch mindestens im Umkreis von zehn bis 20 Kilometern um seinen Wohnsitz herum das herrenlose Land erkundet und teilweise beansprucht hat.

Östlich von Staufen bei Schluchsee-Schönenbach fließt ein kleiner, heute namenloser Bach in die Mettma. Er trug einst den Namen

Haben vielleicht schon vor der ersten urkundliche Erwähnung 1111 als lacun titunse Menschen an diesem Strand ihre Boote an Land gezogen?

Der Einbaum, der aus dem Schlick am Schluchseeufer geborgen wurde

»Fustenbach«, eine alamannische Bezeichnung, wie Bernhard Steinert in seiner Schluchsee-Chronik feststellt.[11] Es handelte sich um den Bach des Fusto, den Fustenbach. Wenn Fusto ein Alamanne war, dann müsste der Namensursprung für den Fustenbach in der Alamannenzeit zu suchen sein, also 800 n.Chr. oder sogar noch früher.

Hierzu ein weiterer Beleg: 1929, während der Bauarbeiten zur Schluchsee-Staumauer, entdeckten Anlieger einen fast sieben Meter langen Einbaum, der am Südost-Ende des Sees, links des Schwarzaausflusses aus dem Schlick ragte. Die Einheimischen vermuteten, dass der Einbaum zusammen mit aufgeschwemmten Moosinseln vom oberen Ende des Sees herabgetrieben wurde, also ursprünglich eher aus der Ecke Aha/Fischbachzufluss stammte. Der Einbaum wurde konserviert und kam ins Freiburger Augustinermuseum, wo er in Vergessenheit geriet und erst beim Umbau 1997 wieder aus der Asservatenkammer geholt wurde. Nun erst nahmen Experten eine gründliche Untersuchung vor.[12] Demnach wurde der Einbaum aus mitteleuropäischer Tanne gefertigt, und zwar, wie die C14-Messung ergab, irgendwann zwischen 550 bis 593 n.Chr. Ob ein solcher sieben Meter langer Einbaum eine sesshafte Bevölkerung oder lediglich einen gelegentlichen Jagd- oder Fischfangausflug belegt, ist in der einschlägigen Forschung zwar noch umstritten, zusammen mit allen anderen Indizien bringt er aber das alte Gebäude vom erst spät im Mittelalter besiedelten Schwarzwald endgültig zum Einsturz.

Die Heiden

Auf dieser Spur befindet sich inzwischen erfolgversprechend auch die Wissenschaft. Sie hält inzwischen eine galloromanische Bevölkerung im Schwarzwald – zumindest in seinen wichtigsten Tälern – für nachgewiesen.[13] Galloromanisch – das meint, es habe sich eine Mischung aus vorher einheimischen gal-

---

11 Bernhard Steinert: Schluchsee – Kurzchronik der Gesamtgemeinde Schluchsee mit den Ortsteilen Blasiwald, Faulenfürst, Fischbach und Schönenbach, Schluchsee 1983, S. 109.

12 Die Ergebnisse sind dargestellt bei Rolf Dehn: Ein merowingerzeitlicher Einbaum vom Schluchsee im Schwarzwald, in: Archäologische Nachrichten aus Baden 80/81 (2010), S. 41–44.

13 Vgl. Heiko Wagner: Römische Besiedlung im Schwarzwald. Von der Auffindung des Undenkbaren, in: Archäologische Nachrichten aus Baden 82 (2011), S. 10–27; sowie Wolfgang Kleiber (Hg.): Tarodunum/Zarten – Brigobannis/Hüfingen. Kelten, Galloromanen und frühe Alemannen im Schwarzwald in interdisziplinärer Sicht, Stuttgart 2009.

lischen (keltischen) Bewohnern und neu hinzugekommenen römischen Siedlern gebildet und auch nach Abzug der Römer einvernehmlich weiterhin den Schwarzwald bevölkert. Diese Theorie wird sowohl durch archäologische als auch durch namenkundliche und botanische Funde und Erkenntnisse gestützt, auf die wir später noch ausführlicher eingehen werden.

Für unsere mit all den aufgezählten Indizien untermauerte Vermutung, dass es bereits eine intensive gallorömische und alamannische Durchdringung des Hochschwarzwaldes und des gesamten Südschwarzwaldes gegeben hat, lassen wir mit St. Blasiens Fürstabt Martin Gerbert einen ganz und gar unverdächtigen Zeugen sprechen. Im Hinblick auf eine vorchristliche Besiedelung des Südschwarzwaldes hat er 1783 in seiner *Geschichte des Schwarzwaldes* folgenden Satz formuliert: »Und so ist es kaum verwunderlich, dass die Alemannen, die möglicherweise von den Römern vertrieben worden waren, sich in diese Wälder zurückzogen, weil ja diese damals von den ursprünglichen Siedlern verlassen waren.«[14]

Und wenige Absätze weiter: »Im übrigen hatten die Schluchten und die Einsamkeit des Schwarzwaldes oder auch marzianischen Waldes ein vorzügliches Bollwerk der Alemannen gegen die Römer abgegeben, und dies ist auch zugleich der Grund dafür, dass sie von diesen niemals vollständig unterworfen und in die römische Provinz verschleppt werden konnten.«[15]

In diesen beiden kurzen Zitaten stecken zwei wichtige Informationen. Erstens: Alamannen sind vor den Römern in den unzugänglichen Schwarzwald geflohen, haben sich hier verschanzt und hier gelebt und entgingen so der Unterwerfung und Verschleppung. Das betrifft also schon die Zeit zwischen etwa 100 v.Chr. bis 400 n.Chr. Und zweitens: Diese Wälder waren zur Zeit der Römerherrschaft »von den ursprünglichen Siedlern verlassen«. Das heißt, es gab nicht nur die alamannische Besiedelung während und nach der Römerzeit, sondern davor noch »ursprüngliche« Siedler. Dieses »Davor« kann eigentlich nur die Keltenzeit meinen und damit die Zeit zwischen dem 8. und 1. vorchristlichen Jahrhundert.

Spuren der Kelten

Auch beim Eindringen in diese Zeit halten wir uns streng an die unumstößlichen und wissenschaftlich unstrittigen Sachverhalte. Wir kennen rund um den Hochschwarzwald mehrere Themen- und Fundkomplexe, die wir eindeutig den Kelten zuordnen können: das Fürstengrab Magdalenenberg bei Villingen, die Siedlung Tarodunum im Dreisamtal,

14 Martin Gerbert: Geschichte des Schwarzwaldes, Bd. 1, lat. Originaltext übersetzt von Adalbert Weh, Freiburg i.Br. 1993, S. 44.

15 Ebd.

KSB

Fürstabt Martin Gerbert (1720–1793)

die Wallanlage Krumpenschloss mit der Siedlung Laubhausen im Bregtal, die Wallanlage Heidenschloss bei Berau. Nimmt man den Hochrhein hinzu, dessen Besiedelung seit den Tagen der Neandertaler und der frühen Steinzeit nachgewiesen ist und der bis weit in den Südschwarzwald hinein zahlreiche bronze- und eisenzeitliche Fundstellen entlang der Unterläufe von Wehra, Murg, Alb, Schwarza, Schlücht und Wutach aufweist, so finden wir den Hochschwarzwald eingekreist von Zeugnissen aus der Latènezeit (500–100 v.Chr.), der Hallstattzeit (800–450 v.Chr.) und der Urnenfelderzeit (1200–750 v.Chr.), also jenen drei Kulturepochen, die gemeinhin als Repräsentanten der späten Bronze- und Eisenzeit gelten. Die Kelten selbst, da, wo sie als Volk oder Volksgruppe angesprochen sind, tauchen um 700 v.Chr. erst aus dem Dunkel dieser Frühepochen auf. Für die Völkerschaften davor fehlt für unsere Region die einvernehmliche Namensgebung oder Zuordnung zu einem Volk oder Volksstamm. Das gilt auch für die Erbauer der bereits erwähnten Grabhügelfelder im Raum Löffingen/Titisee-Neustadt/Hinterzarten, soweit diese Grabhügelfelder älter als 700 v.Chr. sein sollten. Letzteres ist nicht auszuschließen, solange der eindeutige archäologische Nachweis eines keltischen Ursprungs nicht erbracht ist.

Der Villinger Magdalenenberg sitzt, wie bereits dargestellt, auf einer Anhöhe über dem Brigachtal, und zwar an einer Stelle, an der die Brigach einen markanten, beinahe rechtwinkligen Knick von Ost nach Süd beschreibt. Knapp 15 Kilometer weiter fließt die Brigach mit der Breg zusammen und bildet in Donaueschingen die Donau.

Wiederum 15 Kilometer die Breg flussaufwärts befindet sich die keltische Wallanlage Krumpenschloss im Bregtal. Die Entfernung zwischen Krumpenschloss und Magdalenenberg beträgt in der Luftlinie zehn Kilometer. Vom Magdalenenberg die Brigach flussaufwärts bis zur Brigachquelle sind es in der Luftlinie ebenfalls nur 15 Kilometer, vom Krumpenschloss bis zur Bregquelle knapp 20 Kilometer. Brigach- und Bregquelle liegen zehn Kilometer auseinander. Während es im Bregtal beim Krumpenschloss einen Flurnamen »Krumpendobel« gibt, finden wir im Brigachtal unweit der Quelle ein »Krumpenloch«. Das komplette Quellsystem von

Donau, Brigach und Breg – und jenseits der Wasserscheide auch der Elz – steht aufgrund dieser räumlichen Nähe seiner keltisch-archäologischen Stätten im Verdacht eines signifikanten Zusammenhangs. Wir werden diesem Zusammenhang später über den Umweg der Namensforschung noch näher auf den Leib rücken und auch im Kapitel, das sich mit der Bedeutung heiliger Quellen und Haine beschäftigt. An dieser Stelle beschränken wir uns jedoch auf die simple Geografie. Wollte jemand bestreiten, dass der Wirkungsradius eines bronzezeitlichen Kelten nicht mit Leichtigkeit den skizzierten geografischen Raum umfasst haben könnte? Erinnern wir uns an Ötzi und seine Wege. Der Gletschermann lebte mindestens 2500 Jahre vor den Kelten des Magdalenenberges. Was er zu seiner Zeit zu Fuß in den Alpen geschafft hat, das dürfte zwei Jahrtausende später den gut berittenen keltischen Stämmen im Südschwarzwald wohl kaum ein Problem bereitet haben.

Direkt bei der Brigachquelle, um genau zu sein: direkt auf ihr, steht der Hirzbauernhof. Als in diesem Hof 1888 ein Küchengewölbe erneuert wurde, kam eine Steinplatte zum Vorschein, die von den Erbauern des Hofes in das Backofengewölbe eingebaut worden war. Diese Steinplatte zeigt die eingemeißelten Figuren von Hirsch, Hase und Vogel sowie drei Köpfe. Als »Dreigötterstein« oder »Dreigötterrelief« ist diese Steinplatte heute im Stadtmuseum von St. Georgen aufbewahrt. Eine Nachbildung ist in die Quellfassung am Hirzbauernhof eingearbeitet. In der Literatur ist von der Darstellung einer Quellgottheit oder der Jagdgöttin Diana die Rede, jedenfalls ist aber unstrittig, dass es sich um ein keltisches Artefakt handelt, mehr als 2000 Jahre alt, in engem Zusammenhang mit der Brigachquelle stehend, möglicherweise dieser gewidmet.[16]

Der Magdalenenberg bei Villingen auf einer Höhe über dem Brigachtal

In allen historischen Quellen, in denen die Kelten als Volksstamm dingfest gemacht werden, sind Süddeutschland und die Alpenregion als Kern- und Ursprungsgebiet dieses Stammes unstrittig.[17] Ja, genauer noch, es

[16] Vgl. Konrad Spindler: Aus der Geschichte, in: Rainer Gutknecht (Hg.): Der Schwarzwald-Baar-Kreis, Stuttgart/Aalen 1977, S. 56–84.

[17] Ausführlich in: Archäologisches Landesmuseum u.a. (Hg.): Die Welt der Kelten. Zentren der Macht – Kostbarkeiten der Kunst, Ostfildern 2012, S. 94ff.

Die Brigachquelle mit der Nachbildung des keltischen Quellsteines

sind der Oberlauf von Donau und Neckar, das Quellgebiet dieser beiden Flüsse sowie der Breisgau, wo sich die zentralen Siedlungsplätze, Fürstengräber, Prunkgräber und andere archäologische Fundplätze konzentrieren. Am Oberlauf der Donau erreichen wir mit dem Magdalenenberg, dem Krumpenschloss und der Brigachquelle die westlichsten Fundplätze. Im Westen des Schwarzwaldes sind der Breisacher Berg und Tarodunum im Dreisamtal die prominentesten Keltenplätze, am Hochrhein das Oppidum Altenburg[18] und Richtung Südschwarzwald die Wallanlage von Berau. Besieht man sich dies alles aus der Vogelperspektive, so findet man den Hochschwarzwald regelrecht eingekreist von keltischen Metropolen und Handelsplätzen und steht vor zwei Fragen. Erstens: Haben die Bewohner dieser Zentren jeweils einen großen Bogen um den Hoch- und Südschwarzwald geschlagen, wenn sie untereinander Kontakt hielten? Zweitens: Waren die zwischen diesen Zentren liegenden Höhen und Täler des Hoch- und Südschwarzwaldes unbezwingbar, undurchdringlich, menschenfeindlich, siedlungsungeeignet? Ötzi belehrt uns eines Besseren. Was 2000 Jahre früher in den Alpen möglich war, kann 700 v.Chr. im Hochschwarzwald nicht völlig unmöglich gewesen sein.

Die Wallanlagen von Berau und von Hammereisenbach sind in vielen Details identisch, jedenfalls in der Konzeption und Dimension auffallend übereinstimmend mit der Wallanlage auf dem Kapf beim Villinger Keltengrab Magdalenenberg. In der Beschreibung dieser Wallanlagen auf dem Kapf heißt es: »Diese zieht in weitem Bogen von Hangkante zu Hangkante und sichert ein Areal von etwa zwei Hektar Größe [...]. Der ursprünglich durch ein Holzrahmenwerk stabilisierte Wall ist [...] noch deutlich als Erhebung zu erkennen. Davor liegt ein seichter Sohlgraben, der einmal der Materialgewinnung diente, gleichzeitig natürlich die Fortifikation weiter verbesserte.«[19] Ohne an den Formulierungen

---

18 Ludwig Schnitzler: Der Raum des Kreises Waldshut in ur- und frühgeschichtlicher Zeit, in: Landkreis Waldshut (Hg.): Der Kreis Waldshut, Stuttgart 1975, S. 59–75, hier S. 66ff.

19 Konrad Spindler: Magdalenenberg, S. 35f.

auch nur ein Wort verändern zu müssen, könnte man den Text auch auf die Wallanlagen bei Berau und bei Hammereisenbach beziehen. Wir reden offensichtlich von ein und denselben Baumeistern.

Die Wälder zwischen Bregtal und Schluchsee sind voll von solchen Grabhügelfeldern. Hier eine Aufnahme vom Wagnersberg bei Schluchsee

Tausende von Grabhügeln

Unser Verbindungsglied zwischen den Standorten Villingen, Hammereisenbach, Zarten und Berau sind aber nicht weitere Wallanlagen ähnlicher Bauart, sondern die zahlreichen bereits beschriebenen Grabhügelfelder, die sich überall auf den Höhen zwischen diesen Standorten befinden.

Diese Grabhügelfelder sind ausführlich beschrieben und katalogisiert bei Gerhard Wesselkamp[20] und ergänzt durch neuere Beschreibungen aus dem Schwarzwald-Baar-Kreis,[21] die vor allem auch das gesamte Bregtal miteinbeziehen, ebenso das Brigachtal.[22] Die Zählungen differieren zwar im Detail, aber in der Summe kommen dabei für das Bregtal mindestens vier Fundplätze mit zusammen rund 100 Grabhügeln zusammen, für den Raum St. Märgen/St. Peter/Wagensteig drei Fundplätze mit zusammen 70 Grabhügeln, für Eisenbach-Oberbränd rund 440 Grabhügel an den zwei Fundplätzen Höchst/Wagnereckle und Oberbränd/Heidenloch, für Hinterzarten-Breitnau verteilt auf zehn Fundplätze rund 340 Grabhügel, für Lenzkirch mit Ortsteilen zwölf Fundplätze mit über 300 Grabhügeln, für Titisee-Neustadt mit Ortsteilen an 25 Fundplätzen (nahezu alle Hügel über dem Ort und den Tälern) über 1300 Grabhügel, im Großraum Schluchsee weit über 3000 Grabhügel und in Löffingen mit Ortsteilen weitere 2000 Grabhügel an etwa 20 Fundplätzen.

Wesselkamps Schlussfolgerung ist deshalb nur zuzustimmen, wenn er konstatiert: »Das massierte Auftreten von Steinhügeln in die-

---

20 Siehe Gerhard Wesselkamp: Grabhügel, S. 95ff.

21 Siehe Heribert Saldik: Bregtal, S. 8ff.

22 Siehe Verena Nübling: Untersuchungen an Steingrabhügeln bei Überauchen, Gemeinde Brigachtal, Schwarzwald-Baar-Kreis, in: Archäologische Ausgrabungen in Baden-Württemberg 1986 (1987), S. 63–65.

Oft nur für das geübte Auge zu erkennen: Steingrabhügel im Wald bei Wittenschwand

ser Region kann eigentlich nur in Zusammenhang mit relativ kontinuierlicher Besiedlung gesehen werden [...] dann hätte die Besiedlung des Hochschwarzwaldes durch den Menschen bedeutend eher begonnen als bisher angenommen.«[23]

Eine systematische archäologische Erkundung dieser Grabhügelfelder steht noch aus. Dies liegt auch daran, dass sich die Archäologie von einer Öffnung der Grabhügel wenig erhofft, wie sie insgesamt die engen Schwarzwaldtäler und Höhen für unergiebig hält.[24] Der Kirchzartener Archäologe Heiko Wagner hat dies wie folgt begründet: Weiden und Wiesen fallen für die archäologische Begehung weitgehend aus. Eventuell besiedlungsgünstige Stellen sind bereits von Bauernhöfen oder den auf alten Trassen immer weiter ver-

[23] Gerhard Wesselkamp: Grabhügel, S. 95.

[24] Vgl. Heiko Wagner: Tarodunum und das Zartener Becken in der keltischen Zeit (Latènezeit) und in der Römerzeit, in: Wolfgang Kleiber (Hg.): Tarodunum/Zarten – Brigobannis/Hüfingen, S. 21–53, hier S. 25.

breiterten Verkehrswegen überbaut. Hinzu kommt die Reliefdynamik mit Erosion und Sedimentation. Allgemein verbreitet sind saure Böden, in denen sich Bodenverfärbungen, die neben Mauerresten und Scherbenfunden die wichtigste Befundgattung der Archäologie darstellen, nur undeutlich abzeichnen. Da die sauren Böden des Schwarzwaldes für eine schnelle Verwitterung und damit Vernichtung allen organischen Materials sorgen, sind auch Zufallsfunde höchst unwahrscheinlich.[25]

In der mittleren und späten Bronzezeit (also zwischen 1500 und 500 v.Chr.), der die süddeutschen Hügelgräber zugeordnet werden, herrschte die Sitte der Brandbestattung. Die typische Brandbestattung hat jeweils an Ort und Stelle stattgefunden. Aus Untersuchungen an einem geöffneten Grabhügel bei

[25] Vgl. ebd.

row

Durch Forstarbeiten zerstörter Grabhügel auf dem Schottenbühl bei Neustadt

Lauchringen am Hochrhein hat sich folgender Befund ergeben: Der Scheiterhaufen, auf dem der Leichnam verbrannt wurde, bestand aus Eichenholz. Der Brand war vollständig und das Feuer muss eine Temperatur von über 800 Grad Celsius erreicht haben. Die Archäologen fanden in Lauchringen nur sehr kleinflächige Scheiterhaufen und spekulierten, dass entweder nur ein kleines Feuer geschürt wurde oder aber die Toten in Hockstellung verbrannt wurden. Zum Verbrennungsritus gehörte die Verwendung mindestens eines Gefäßes, das sich zerschlagen und auf der Grabsohle verstreut vorfand. Nach der Verbrennung lasen die Angehörigen (oder zeremonielle Priester) den Leichenbrand mitsamt Holzkohleresten auf und deponierten ihn in einer körpergroßen Kammer aus aufgesetzten Steinen, die dann mit Lehm verfüllt und später mit einer Packung aus Geröllsteinen überdeckt wurde.

Diese Hügel erreichten eine Größe von ma ximal vier Metern Länge und maximal ein bis zwei Metern Höhe. Die inwendig verbauten Grabkammern waren 1,6 Meter lang und 0,4 Meter breit.[26] Das Wenige an archäologischen Funden, das in Oberlauchringen aus solchen Gräbern geborgen wurde, Keramikscherben, bronzene Armreifen, Bronzenadeln, Fragmente eines Bronzedolches, Eisenring aus

[26] Vgl. Gerhard Wesselkamp: Grabhügel, S. 39f.

gebogenem Draht, Knochenreste, deutet alles in die Spät- und Mittelbronzezeit. Auch ohne solche Funde in den Grabhügeln im Hochschwarzwald lässt ihre frappierende Ähnlichkeit mit diesen Grabhügeln vom Hochrhein aber nur den einen Schluss zu: Sie stammen aus der gleichen Zeit.

Spuren der Steinzeit

Wenn wir damit schon bis weit in das 2. vorchristliche Jahrtausend in die Vergangenheit des Hochschwarzwaldes zurückgewandert sind, so ist das immer noch nicht das Ende unserer Reise. Denn auch die Steinzeit hinterließ bereits ihre Spuren im Hochschwarzwald. Wieder einmal lieferte der Bau der Schluchsee-Staumauer den interessantesten Fund. Zur Vorbereitung der Baumaßnahmen senkte die Schluchseewerk AG den Spiegel des eiszeitlichen Schluchsees um 16 Meter ab. Meterhohe Torfwände erschienen dabei überall am Ufer, jene Torfwände, die unter anderem auch den oben vorgestellten alamannischen Einbaum freigaben. Der Botaniker Erich Oberdorfer nutzte diese einmalige Gelegenheit, um die im Torf konservierten Tausende Jahre alten Blütenpollen zu untersuchen. Dabei fand er in der Torfwand der Erosionsschlucht, die der Fischbach infolge der künstlichen Absenkung in sein altes Delta gerissen hatte, einen 4,7 Zentimeter langen Feuersteinsplitter mit deutlichen Spuren menschlicher Bearbeitung.[27]

Es handelt sich um einen Dreikant, der aus einem Feuersteinknollen herausgeschlagen wurde. Dieser Fund ist besonders gründlich untersucht worden, denn Oberdorfer beschäftigte sich mit der paläolithischen (altsteinzeitlichen) und mesolithischen (mittelsteinzeitlichen) Botanik der Schluchseeregion. Oberdorfer hat seinen Fund in einer Schicht gemacht, die laut Pollenanalyse vornehmlich Birkenbewuchs, 20 Prozent Haselsträucher und ansonsten Erle und Eiche auswies, dem typischen Schwarzwaldbewuchs der Mittel-

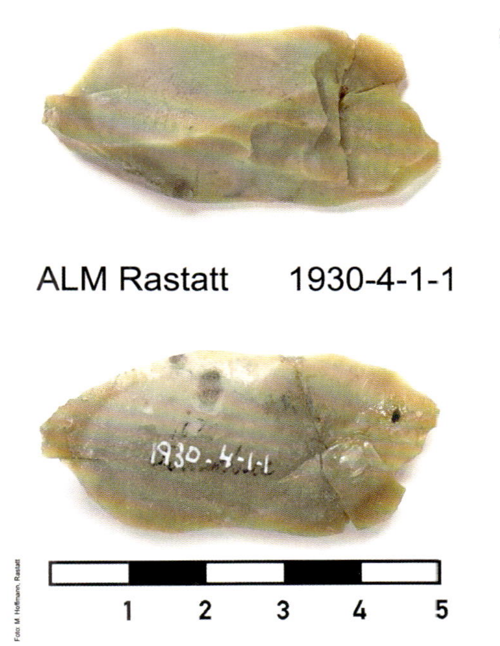

Der Feuersteinsplitter aus dem Schluchseetorf

[27] Vgl. Robert Lais: Die Steinzeit im Schwarzwald, in: Badische Fundberichte 13 (1937), S. 29–66, hier S. 35.

steinzeit (8000–5000 v.Chr.). Seine Schlussfolgerung: »Die Paläolithiker selbst mögen einerseits am Ufer des Sees, andererseits am Ufer des Fischbachs gesessen sein.«[28] Der Geologe Wilhelm Deecke nahm den Feuerstein von Aha später nochmals genau unter die Lupe. Die nächstgelegenen Feuersteinvorkommen befinden sich im Markgräflerland oder auf der Schwäbischen Alb. Feuersteinmaterial dieser Art ist für den Hochschwarzwald auf jeden Fall ortsfremd. Deecke fasste seine Erkenntnisse wie folgt zusammen: »Aber er [der Feuerstein] ist immerhin sehr wichtig dafür, dass viel früher, als wir bisher annahmen, auch die höchsten Teile des Gebirges von Bewohnern der Niederungen durchstreift worden sind. Die Ähnlichkeit des Gesteins mit den schwäbischen Hornsteinen lässt weiter vermuten, dass von Osten her auf der Abdachung zur Baar und Alb diese Wanderungen als auf dem bequemsten Weg erfolgten.«[29]

Skeptiker mögen einwenden, ein solcher einzelner Fund beweise nicht viel. Aber bei diesem einen Fund ist es bis heute nicht geblieben.

In seinem Forschungsbericht *Steinzeit im Schwarzwald* hat der Freiburger Frühgeschichtler Robert Lais schon 1937 auf steinzeitliche Funde am Felsenweg am Rinken bei Hinterzarten hingewiesen und die These vertreten, dass Jägersippen oder einzelne Jäger von ihren Siedlungsplätzen im Zartener Becken aus auch Streifzüge auf die umliegenden Kammhöhen unternommen haben. Selbst eine erste Begehung der höchsten Passübergänge am Feldberg hält er nicht für ausgeschlossen.[30] Beim Bau des Karl-Egon-Weges im Bärental kam 1887 eine Feuersteinpfeilspitze zum Vorschein, die den F.F. Sammlungen in Donaueschingen einverleibt wurde. Über den Fund einer weiteren steinzeitlichen Feuersteinspitze 1926 in einem kleinen Moor auf der Passhöhe berichtet August Vetter 1968 in seiner Feldbergchronik, weiß aber nichts über den Verbleib dieses Fundes zu sagen. Auf dem Weg von der Todtnauer Hütte zum Feldberggipfel wurde 1994 eine bearbeitete Feuersteinklinge gefunden.[31]

Von weiteren steinzeitlichen Funden beim Hochwarter Hof bei Breitnau sowie am Stübenwasen und am Radschert bei Todtnauberg im Oberen Wiesental lesen wir bei Robert Lais. Die Feuersteinklinge, die auf dem Nordwestkamm des Stübenwasen in 1200 Metern Höhe gefunden wurde, bezeichnet Lais als das »wohl höchstgelegene Artefakt auf primärer Lagerstätte in Deutschland«.[32] Es befindet sich heute im Besitz des Museums für Ur- und Frühgeschichte in Freiburg. Auf dem Schauinsland in der Nähe des Haldenwirtshauses tauchte eine steinzeitliche Messer-

---

28 Zit. nach ebd.

29 Wilhelm Deecke: Badische Fundberichte 2 (1932), S. 366, zit. nach Robert Lais: Steinzeit im Schwarzwald, S. 35.

30 Vgl. Robert Lais: Steinzeit im Schwarzwald, S. 50f.

31 Vgl. Fundberichte aus Baden-Württemberg 19/2 (1994), S. 10.

32 Robert Lais: Steinzeit im Schwarzwald, S. 36.

Feuersteinklinge vom Stübenwasen

klinge auf. Im Jahre 1995 fand man in 1000 Metern Höhe an einem Saumpfad am Belchen ein mesolithisches Steinartefakt, nämlich einen Hornsteinkern, der genutzt wurde, um davon steinzeitliche Pfeilspitzen und Messerklingen abzuschlagen. Das Fundstück wird ins Frühmesolithikum datiert, das grob etwa von 10 000 bis 7000 v.Chr. dauerte.[33]
Über einen Fund, den Heiko Wagner 1990 bei St. Peter gemacht hat, heißt es in den Fundberichten des Landesdenkmalamtes: »Bei einer Begehung östlich des Hornhofes [wurde] in einer Höhe von etwa 780 m. ü.NN ein kleiner mesolithischer Fundplatz lokalisiert. Wenn man von Einzelfunden absieht, dürfte diese Stelle derzeit einer der höchstgelegenen steinzeitlichen Lagerplätze im Schwarzwald sein. Es wurden vier Mikrolithen, zwei Klingen und 16 Abschläge aus sehr unterschiedlichen, lokal nicht vorkommenden Rohmaterialien gefunden.«[34]
Weitere Einzelfunde von einer Pfeilspitze bei Schönwald oder einer Steinaxt bei Schonach belegen steinzeitliche Aktivitäten auch in diesen Höhenlagen.[35]
Am Bahnhof in Titisee unterhält der örtliche städtische Bauhof eine kleine Bauaushubdeponie, auf der immer wieder einmal Aushub aus städtischen Baustellen zwischengelagert wird. In diesem Erdhaufen fand im Sommer 2012 der Kirchzartener Archäologe Heiko Wagner steinzeitliche Feuersteinabschläge, Splitter und Pfeilspitzen sowie Keramikscherben ungewisser zeitlicher Herkunft. Die Wahrscheinlichkeit eines steinzeitlichen Siedlungsplatzes irgendwo am Titiseeufer ist damit stark erhärtet. Der Frage, wo dieser Siedlungsplatz gewesen sein könnte, nähern wir uns im nächsten Kapitel. Immer offener räumen jedenfalls in jüngerer Zeit etablierte Frühgeschichtler die Möglichkeit ein, dass wir unser Geschichtsbild hinsichtlich des Süd- und Hochschwarzwaldes revidieren und um ein vorgeschichtliches Kapitel erweitern müssen – auch dann, wenn es weiterhin an zweifelsfreien archäologischen Hinterlassenschaften mangelt.

---

33 Vgl. Frank Baum/Clemens Pasda: Ein Steinartefakt vom Belchen, in: Archäologische Nachrichten aus Baden 64 (2001), S. 3–8.

34 Fundberichte aus Baden-Württemberg 22/2 (1998), S. 13.

35 Vgl. Konrad Spindler: Aus der Geschichte, S. 60.

Immer mehr Funde belegen: Am Titisee-Ufer haben bereits in der Steinzeit Menschen gesiedelt.

So formuliert etwa Gerhard Fingerlin (zwar auf keltische Funde bezogen, aber genauso auf neolithische Funde anwendbar): »Auch bei den Siedlungen muss man sich vor Augen führen, womit gerechnet werden kann: Mit hoher Wahrscheinlichkeit nur flach fundamentierte Holzbauten mit Schindeldächern (keine Ziegel!), ein geringer Fundanfall, nicht einmal unbedingt an jedem Platz Keramik, da vieles, auch Gefäße, aus Holz hergestellt wurde [...] Spuren eines solchen Lebens in dieser Landschaft zu finden ist äußerst schwierig, ja fast unmöglich, jedenfalls in hohem Maß von Zufällen abhängig.«[36]
Konrad Spindler formuliert ähnlich: Trotz des negativen Befunds »darf man aber auf keinen Fall annehmen, die Höhen seien wirtschaftlich bedeutungslos gewesen. Sicher ist der Wald [...] in der Steinzeit auch [...] begangen worden; [...] doch hinterlassen z. B. Waldweide, Eichelmast, Jagd, Fallenstellerei, Pechsammeln und Zeidlerei (Wildhonigsammeln) in der Regel keine archäologischen Spuren.«[37]
Letztlich sei auch noch verwiesen auf eine altsteinzeitliche Fundstelle bei Altensteig im Nordschwarzwald. Dort haben Forscher Anfang der 1990er Jahre rund 400 steinzeitliche Artefakte geborgen, darunter Rückenmesser, Kratzer, Klingen, vielleicht eine Säge, Kernsteine und Abschläge, also den klaren Beweis erbracht, dass Steinzeitmenschen das Mittelgebirge nicht nur durchstreiften, sondern tatsächlich auch dort siedelten.[38]

Nur Steine überdauern die Zeit. Hoffnung auf archäologische Spuren darf man sich im Hochschwarzwald kaum machen.

---

36 Gerhard Fingerlin: Der Beitrag der Archäologie zur Frage einer »Romania submersa« im mittleren und südlichen Schwarzwald, in: Wolfgang Kleiber (Hg.): Tarodunum/Zarten – Brigobannis/Hüfingen, S. 13–19, hier S. 18.

37 Konrad Spindler: Aus der Geschichte, S. 63.

38 Vgl. Egon Schallmayer: Die endpaläolithisch-mesolithische Fundstelle »Nonnenwiese« bei Altensteig, Kreis Freudenstadt, in: Archäologische Ausgrabungen in Baden-Württemberg 1991 (1992), S. 40–45.

b. Was die Natur uns sagt

Eiszeit und Warmzeit

Über die Klimaentwicklung auf unserer Nordhalbkugel wissen wir aufgrund von Bohrkernuntersuchungen, Pollenanalysen, Sedimentablagerungen und Baumringbestimmungen recht präzise Bescheid, insbesondere was die erdgeschichtlich jüngste Vergangenheit der letzten 50 000 Jahre betrifft.[39] Versuchen wir eine kurze Zusammenfassung: Ab etwa 45 000 v.Chr. änderten sich die Klimaverhältnisse auf der Nordhalbkugel schnell und nachhaltig. Das kontinentale Eisschild auf Nordamerika zerbrach binnen weniger Jahrhunderte. Riesige Eisberge drifteten bis vor das heutige Portugal. Schmelzwasser kühlte den gesamten Nordatlantik ab. Für Europa hieß das: Ausbleiben der Niederschlag bringenden Tiefdruckfronten, kühle Nordwestwinde und der vermehrte Einfluss von extrem kalten Ostwinden. Die Lebensbedingungen wurden deutlich härter. Es war kälter, trockener und es gab jedes Jahr im Frühjahr oder Sommer großräumige Lössstürme. Etwa ab 23 000 v.Chr. hatte das Eiszeitklima dann Mitteleuropa vollständig erfasst. Für mehrere Jahrtausende war Mitteleuropa hauptsächlich eine Kältewüste.

Um 14 500 v.Chr. gab es dann einen deutlichen Erwärmungssprung im Klimasystem, der im Wesentlichen dem Wiedereinsetzen der Golfstromsystematik im Nordatlantik zugeschrieben wird.[40] Das war das Ende der letzten Eiszeit, der sogenannten Würmeiszeit. Nach den Analysen vom Schluchsee und von Hinterzarten, die der weiter oben bereits erwähnte Botaniker Oberdorfer vorgenommen hat, bestand die spätglaziale Vegetation dieser Jahrtausende zuerst aus arktisch-alpinen Gras- und Zwergstrauchheiden abwechselnd mit Schneeböden, wie die Funde von Seggen, Zwergweiden, Zwergbirken, Silberwurz, Knöterich und andere, beweisen. Noch heute wachsen auf dem Feldberg

---

39 Hier und für die nachfolgenden Ausführungen: Frank Sirocko (Hg.): Wetter, Klima, Menschheitsentwicklung. Von der Eiszeit bis ins 21. Jahrhundert, Darmstadt 2009.

40 Vgl. ebd., S. 183.

Die Schluchseelandschaft bot in den Jahrhunderten nach der Eiszeit attraktive Lebensbedingungen.

Schneebodenpflanzen wie bestimmte Moose *(Nardia scalaris)*, Kräuter *(Gnaphalium supinum)* und Orchideen (Nigritella), die möglicherweise in jener Zeit eingewandert sind und sich seither dort gehalten haben. Später sind Krummholz, Sanddorn sowie Beifuß hinzugekommen. In diese frühen nachglazialen Jahrtausende fällt das Aussterben von Großsäugetieren wie Mammut und Riesenhirsch, gleichzeitig aber auch die Ausbreitung des Pferdes und mit ihm der berittenen Jäger.[41] Mit Schwankungen und von zwischenzeitli-

[41] Vgl. Thomas Terberger/Gerd-Christian Weniger: 20 000 Jahre Klimawandel: Leben zwischen Kalt und Warm, in: Archäologie in Deutschland 5 (2011), S. 18–22.

chen Kälteeinbrüchen gestört, deren Ursachen wir hier nicht näher zu erläutern brauchen, ergab sich bis etwa 8000 v.Chr. ein zwar gemäßigtes, aber unstetes und typisch nachglaziales Klima. Zwischen 8000 und 5000 v.Chr. hob sich dann das Klima der gesamten Nordhemisphäre auf ein deutlich wärmeres Niveau an als wir es heute kennen. Bester Beweis hierfür ist die weltweit zu beobachtende Verschiebung der Schnee- und Baumgrenzen in den Hochgebirgen. Die Baumgrenze lag etwa 200 bis 300 Höhenmeter über dem heutigen Niveau. Was bedeutet eine solche Höhenverschiebung von Baum- und Schneefallgrenze? Selbst im hohen Norwegen herrschte eine üppige Vegetation mit Laubmischwäldern. In jener Zeit waren die Voraussetzungen gegeben, dass diejenigen Pflanzen und Tiere die Rhône und Donau aufwärts einwanderten, die wir heute als natürliche Arten ansehen. Birken und Kiefern wurden in den meisten Regionen von Eiche, Ulme, Linde, Esche und Haselnuss verdrängt. Lichter, hoher Laubwald breitete sich aus, während Rentiere und andere Steppenbewohner verschwanden.

Hirsch und Auerochse wurden zum dominierenden Großwild. In diesen Warmphasen setzte sich auch der Anbau von Flachs und Getreide durch, die aus dem Mittelmeerraum schon ab 7000 v.Chr. eingeführt wurden.[42]

Etwa um diese Zeit breitete sich der Haselnussstrauch aus, wodurch sich die Nahrungsgrundlage der damaligen Menschen erheblich erweiterte. Nach 6000 v.Chr. kamen Ziegen und Schafe als Haustiere hinzu. Für Botaniker ist längst klar: »Für die Floren- und Vegetationsgeschichte aller Gebirge Mittel- und Nordeuropas ist die längst bewiesene, aber immer noch zu wenig beachtete Tatsache von allergrößter Bedeutung, dass vor 10 000 bis 3000 Jahren vor der Gegenwart die mittleren Temperaturen und alle Höhengrenzen erheblich höher als heute waren.«[43]

Laubwälder dominierten das Mittelgebirge, das Klima war wesentlich milder und siedlungsfreundlicher als heute.

---

42 Die Darstellung folgt hier Werner Brogli/Christian Maise: Landschaftsgeschichte seit dem ersten Auftreten der Menschen, in: Fricktalisch-Badische Vereinigung für Heimatkunde (Hg.): Nachbarn am Hochrhein, Bd. 1, Möhlin 2002, S. 75–90, hier S. 83f.

43 Helmut Gams: Floren- und Vegetationsgeschichte des südlichen Schwarzwaldes, Freiburg i.Br. 1948, S. 391.

Ist es allzu verwegen, hinzuzufügen, dass diese »allergrößte Bedeutung« nicht nur auf die Floren- und Vegetationsgeschichte zutrifft, sondern ebenso auf die menschliche Besiedelungsgeschichte?

Einer ersten Abkühlungswelle um 5000 v.Chr. folgte eine zweite, kräftigere Abkühlung um 3600 v.Chr., die zu einer grundlegenden Veränderung in der Lebensweise aller jungsteinzeitlichen Kulturen zwischen Bodensee und Dänemark führte. Für den süddeutschen Raum ist in dieser Phase der vollständige Zusammenbruch der Michelsberger Kultur[44] dokumentiert. Klimaforscher schreiben diese Veränderung einer kräftigen Abkühlung der Meeresoberflächentemperatur im Nordatlantik und einer gleichzeitig verringerten Energieproduktion der Sonne zu.[45] In jener Zeit datiert das Ende von Ötzi, dessen Leichnam damals eingeschneit und tiefgefroren wurde und den der Gletscher erst in unserer Gegenwart wieder freigegeben hat. Das bedeutet im Umkehrschluss, dass heute im Rahmen der derzeit zu beobachtenden Erderwärmung wieder Temperaturen erreicht werden, wie sie damals geherrscht haben müssen. Ab 3500 v.Chr. wurde es nicht mehr wärmer, sondern es wurde deutlich trockener und die Kurve der durchschnittlichen Lufttemperatur weist immer wieder heftige Ausschläge aus, die auf Sondereinflüsse hindeuten, vielleicht auf globale Katastrophen. Weitere Phasen schwacher Sonne um 3300 v.Chr. und 2850 v.Chr. kennzeichnen die späte Jungsteinzeit, die insgesamt noch in einer Zeit des Klimaoptimums fiel und in ganz Nordeuropa von den Megalithkulturen dominiert wurde.

Die Bronzezeit gilt als klimatisch ausgeglichen, wenngleich auch hier extreme Wettersituationen nachgewiesen werden konnten, so zum Beispiel um das Jahr 2140 v.Chr. ein Jahrhunderthochwasser. In vielen Flüssen der Mittelgebirge wurden in dieser Zeit verstärkt große Baumstämme eingeschottert.

Ein anderes, europaweit rekonstruierbares Hochwasserereignis, ebenfalls ablesbar aus Baumringchronologien, muss um 1600 v.Chr. stattgefunden haben. In diese Zeit fällt der Ausbruch des Santorin-Vulkans im Mittelmeer. Um 1200 v.Chr. trat eine kleine Eiszeit auf, die in der einschlägigen Forschung für die Züge der ›Seevölker‹ mitverantwortlich gemacht wird.[46] In der Eisenzeit markieren die Klimaforscher zwei Anomalien: Um 800 v.Chr. herrschte eine Phase mit sehr schwacher Sonne bei außerordentlich hohem Wasserspiegel. In diese Zeit fällt das Ende vieler Seeufersiedlungen der Hallstattkultur am Bodensee. Um 380 v.Chr. herrschte ebenfalls eine extrem niedrige Sonnenaktivität. Diesmal ist die Reaktion der Menschen auf dieses

---

44 Jungsteinzeitliche Kultur 4400 bis 3500 v.Chr., benannt nach dem Fundort Michelsberg in der Nähe von Bruchsal.

45 Vgl. Frank Sirocko: Zusammenfassung und Bewertung des Einflusses von Klima und Wetter auf die Menschheitsentwicklung, in: ders. (Hg.): Wetter, Klima, Menschheitsentwicklung, S. 181–192, hier S. 185.

46 Vgl. Klaus Otto Schmich: Hünen – Die Entdeckung eines vergessenen deutschen Stammesvolkes, Viöl 1999, S. 49.

Klimaereignis sogar historisch belegt: Zahlreiche Gruppen der mitteleuropäischen und speziell der südwestdeutschen Kelten gaben ihre angestammte Heimat auf und zogen plötzlich nach Süden. In mehreren Auswanderungswellen bis 270 v.Chr. erreichten die keltischen Stämme den Balkan und Italien. Die nachfolgenden Jahrhunderte bis zur Zeitenwende waren dann wieder geprägt von weitgehend stabilen klimatischen Verhältnissen.

Das Gedächtnis der Wälder

Dieser Schnelldurchlauf durch die Klimageschichte macht vor allem eines deutlich: Wir können nicht bedingungslos von heute auf gestern und vorgestern schließen, denn die Verhältnisse waren jeweils andere. Dies gilt nicht nur für Temperatur, Niederschläge und Sonnenscheindauer, sondern in direkter Abhängigkeit davon noch vielmehr für die Vege-

In diesem Wald oberhalb von Egg haben nachweislich Menschen während der Steinzeit gesiedelt.

Jahrhundertelang war die Buche der dominierende Laubbaum des Südschwarzwaldes.

tation. Bezogen auf unsere Region hat den jüngsten Stand der Forschung hierzu unlängst Arne Friedmann zusammengefasst.[47] Demnach herrschte im Schwarzwald im Präboreal (bis ca. 9000 v.Chr.) ein Kiefern-Birkenwald vor, in den bereits die Hasel einwanderte, ebenso Eiche, Ulme und Linde, indem sie nach und nach Kiefer und Birke verdrängten. Im Boreal (ca. 8700–7200 v.Chr.) herrschten dann Haselwälder mit Anteilen von Kiefer, Eiche und Ulme vor. Die Laubbäume mit hinzukommender Linde breiteten sich aus, während die Kiefer nach und nach verschwand. Im Atlantikum (7200–3500 v. Chr.) wanderten auch Buche und Tanne ein, die dann im Subboreal (3500–500 v.Chr.) zu den dominierenden Waldbäumen wurden. Eiche, Linde und Ulme gab es nach wie vor, aber sie verloren an Bedeutung.

Die Fichte, unser heutiger dominierender Schwarzwaldbaum, wanderte erst ab dem späten Subboreal von der Baar kommend in den zentralen Hochschwarzwald ein. Zuerst jedoch ergriff in der Eisen- und Römerzeit (beginnendes Subatlantikum, ab 700 v.Chr.) die Buche die absolute Herrschaft über unsere Wälder und gab sie bis ins Mittelalter nicht mehr ab. Was die Wälder des Schwarzwaldes seit 3500 v.Chr. bis ins Mittelalter betrifft, so ist im Hinblick auf die Frage nach menschlicher Besiedlung und Erschließung zusammenfassend die Erkenntnis festzuhalten: »Der Tannen- und Fichtenwald, der Buchenwald und der aus diesen Laub- und Nadelholzarten gebildete Mischbestand pflegt auch in seiner natürlichen unbeeinflussten Wuchsform hohe Hallen zu bilden, in denen der Unterwuchs sehr zurücktritt [...]. Der Buchenwald zählt zu den durchweg am besten wegsamen Waldformen in der mitteleuropäischen Urlandschaft.«[48]

Von diesem zwischen 3500 v.Chr. bis etwa 500 n.Chr. vorherrschenden Waldbild sind bis in die heutige Zeit Reste erhalten, und zwar überall da, wo auf schroffem und unwegsamem Gelände eine menschliche Bewirtschaftung unmöglich oder unwirtschaft-

47 Arne Friedmann: Die spät- und postglaziale Landschafts- und Vegetationsgeschichte des südlichen Oberrheintieflands und Schwarzwalds, Freiburg i.Br. 2000.

48 Robert Lais: Steinzeit im Schwarzwald, S. 57.

lich gewesen ist. Ein ursprüngliches Waldbild befindet sich beispielsweise noch am Hirschsprung im Höllental.

Dort herrscht an steiler Felswand und zwischen Felsblöcken am Nordhang ein Tannen-Buchenwald vor, in dem Ulmen sowie einzelne Bergahorne und Fichten eingemischt sind. Wechselt die Hanglage und Sonnenausrichtung, so finden sich Eichen, Kiefern und Linden neben den Tannen und Buchen ein.[49] Einen ähnlich unberührten Urzeitwald findet man auch im Feldseekar mit seinen Fichten- und Buchenbergwäldern (wobei hier die Fichte die Tanne abgelöst hat). Im Napf zwischen Stübenwasen und Hüttenwasen an der Westflanke des Feldberges wächst ein Urwald aus Buchen, Weißtannen, Fichten, Bergahornen, Vogelbeeren und Mehlbeeren. Im Bärental liegt unterhalb des Steierthofes ein drei Hektar großer Urwald, der aus Fichten, Kiefern, Birken, Aspen, Vogelbeeren, Weiden, Erlen und Bergahornen besteht. Solche ursprünglichen Wälder geben ein Zeugnis vom Aussehen des Hochschwarzwaldes, bevor die planmäßige Holzwirtschaft einsetzte.

Entscheidend für diese Erkenntnisse sind Pollenanalysen, wie sie in den 1930er Jahren bereits der mehrfach erwähnte Botaniker Erich Oberdorfer vorgenommen hat. In den 1940er und 1950er Jahren hat der Forstwissenschaftler Franz Firbas die Untersuchungen fortgesetzt und verfeinert, aber erst in

Waldbild am Hirschsprung im Höllental

jüngerer Zeit sind auch die Ur- und Frühgeschichtler auf die Beweiskraft und den Informationswert solcher Pollenanalysen gestoßen. So hat die archäologische Denkmalpflege im Rahmen eines Forschungsprojektes im Nordschwarzwald eisenzeitliche Besiedlung und Nutzung ausschließlich über vegetationsgeschichtliche Untersuchungen in den dortigen Karseen nachgewiesen.[50]

Die aus den Tiefen dieser Seen geborgenen Bohrkerne erlaubten Pollenanalysen bis 10 000 Jahre zurück und förderten kleine Sensationen zutage: Zumindest in der Spätsteinzeit, auf jeden Fall in der Bronze- und Eisenzeit muss der Mensch in der untersuchten Region gewirkt haben. Schwarzwaldbesiedlung also bereits

---

[49] Vgl. Johannes Brückner: Der Wald im Feldberggebiet, Bühl 1970, S. 22.

[50] Vgl. Manfred Rösch/Gegeensuvd Tserendorj: Der Nordschwarzwald – früher besiedelt als gedacht?, in: Denkmalpflege in Baden-Württemberg 40/2 (2011), S. 66–73.

Die ursprüngliche Fischbachmündung in den Urschluchsee tauchte auch bei der Seeabsenkung 1983 wieder auf.

4000 Jahre v.Chr.? Und was für den Nordschwarzwald gilt, warum sollte es im Südschwarzwald anders gewesen sein? Die Antwort werden demnächst Auswertungen von Pollenuntersuchungen liefern, die derzeit anhand von Proben aus dem Schluchsee, dem Mettmaquellgebiet, dem Windgfällweiher, Feldsee- und Mathisleweiher und weiteren vielversprechenden Hochmooren und Seen des Hochschwarzwaldes vorgenommen werden. Es ist nicht gewagt, ähnliche Ergebnisse vorauszusagen, wie man sie für den Nordschwarzwald ermittelt hat.

Um diese Prognose zu erhärten, kehren wir noch einmal zum Botaniker Oberdorfer und seinen Untersuchungen von 1930 am Schluchsee zurück. Am Fischbachdelta im Schluchsee stellte Oberdorfer drei Brandschichten fest, die unteren in der Hasel- und Eichenmischwaldzeit (8000–6000 v.Chr.) Diese Brandschichten weisen darauf hin, dass auch im höheren Schwarzwald menschliche Eingriffe schon sehr früh eingesetzt haben. Denn diese Holzkohlen können nicht als Spuren natürlicher Waldbrände abgetan werden, weil mitteleuropäische Laub- und auch Tannenmischwälder von Natur aus kaum flächig abbrennen, auch nicht nach Blitzschlägen.[51] Als Ackerbauer und vor allem als Viehzüchter musste der steinzeitliche Mensch dort, wo er siedelte, den Wald roden und reuten, denn die gesamte Viehzucht gründete sich auf eine ausgedehnte Waldweide.

Diese war aber nur möglich, wenn der Wald genügend Gras und andere Kräuter bot, was wiederum sehr lichte und hohe Wälder voraussetzt. Mit der bis ins Mittelalter weit verbreiteten ›Waldweide‹ in engstem Zusammenhang stand die Praxis des ›Weidbrennens‹. Um frisches Gras zu erzeugen, wurde in der

[51] Vgl. ebd., S.69.

Der Wald gibt seine Geheimnisse nicht jedermann preis.

trockenen Zeit einfach der Waldboden angezündet. Die Ascheschichten im Schluchseetorf sind deshalb als frühe Zeugen einer solchen Praxis anzusehen.

So viel uns die Natur des Schwarzwaldes auch über frühe menschliche Eingriffe verrät, sie trägt andererseits auch zur Verdunkelung bei. Denn was andernorts – zum Beispiel in den Lössböden des Rheintals oder in den Kalkböden der Schwäbischen Alb – an Ton- und Keramikscherben, Knochenfunden und metallenen Grabbeigaben lange erhalten bleibt, das hat in den mageren Böden des Schwarzwaldes kaum Überlebenschancen. Vorgeschichtliche Scherben, Knochen oder Artefakte wird man deshalb nur schwerlich finden können, wie schon Robert Lais konstatierte: »Die Ursache ist wohl darin zu suchen, dass im kristallinen Gebirge das den Boden durchsickernde Niederschlagswasser in stärkerem Maße die Fähigkeit hat, Silikate und vielleicht auch Eisenverbindungen aufzulösen als das Bodenwasser des Kalkgebietes. In diesem sind das Kohlendioxid und die Humussäuren, die wohl vor allem als Lösungsmittel in Frage kommen, durch den Kalk neutralisiert.

[...] Bei den im allgemeinen nur schlecht gebrannten neolithischen Gefäßen, bei denen der Beginn einer Sinterung noch lange nicht erreicht ist, die zudem von mageren Gesteinskörnern in allen Größen durchsetzt sind, kann das Wasser sehr leicht eindringen und die Scherben zersetzen. [...] Dazu kommt noch die Tatsache, dass auf den Höhen des Schwarzwaldes die steinzeitlichen Reste nur in ganz geringer Tiefe, also im Bereich der unmittelbaren Humusverwitterung liegen.«[52]

Ton- und Keramikscherben halten sich in den Schwarzwaldböden nicht lange, sodass dieser Scherbenfund beim abgegangenen Bübleshof in Schwarzhalden auf eine eher neuzeitliche Herkunft schließen lässt.

[52] Robert Lais: Steinzeit im Schwarzwald, S. 46.

c. Was die Steine uns sagen

Jedem Menschen sein Findling

Wenn man heute in Schluchsee, Blasiwald, Faulenfürst oder einem anderen Ortsteil der Seegemeinde mit offenen Augen spazieren geht, dann fällt auf, wie häufig auf Hausgrundstücken, im Eingangsbereich der Grundstücke große, alleinstehende Steinfindlinge aufgesetzt sind. Da stehen oder liegen sie, dekorativ in den Vorgärten oder demonstrativ vor einer Torzufahrt. Diese Sitte (oder Praxis) des Steinaufstellens ist verbreitet über Häusern bis auf die Höhen von Höchenschwand und über Schönenbach bis nach Brenden und Berau. Ja selbstverständlich, wird jetzt jedermann einwerfen, das habe ganz einfach damit zu tun, dass es in der beschriebenen Landschaft von großen Steinfindlingen nur so wimmele. Das ist aber nur die Erklärung für die relative Häufigkeit. Die Praxis als solche ist damit noch nicht erklärt. Es wimmelt in der gleichen Landschaft ja auch von Steinhaufen und von Geröllhalden, niemand kommt deshalb aber auf die Idee, solche Landschaftsbilder in seinem Vorgarten nachzubauen. Der einzelne Findling, der markante Stein, der Solitär, er ist es, der die Menschen fasziniert. Der große Findlingsbrocken im Vorgarten eines Einfamilienhauses ist das eine. Vielleicht ist er beim Aushub der Baugrube übrig geblieben, vielleicht stammt er aus dem Straßenbau, vielleicht lag er schon zuvor auf dem Grundstück. Es spielt keine Rolle. Entscheidend ist, dass er es dem Eigentümer wert war, so prominent aufgestellt zu werden, dass er nunmehr jedermann ins Auge fällt. Was ist die Funktion eines solchen Steines? Zierde? Dekoration des Gartens? Oft markiert er eine Grundstücksgrenze, eine bestimmte Ecke des Grundstücks, manchmal auch die Einfahrt, wo es dann sogar zwei sich gegenübersitzende Steine sein können. Manchmal dienen diese Steine also – eher beiläufig – einem Zweck, manchmal sind sie nur optischer Blickfang.

In den letzten Jahren hat sich, von Frankreich kommend, im Straßenbau die Anlage von Kreisverkehren durchgesetzt, auch bei uns

Die Faszination des Findlings – seit der Steinzeit ungebrochen

im Südschwarzwald. Nahezu jeder Kreisverkehr wird optisch aufgewertet, indem im mittleren Rund eine Skulptur, ein Wahrzeichen, eine prägende Pflanze oder aber – die wohl häufigste Lösung – ein markanter großer Stein (oder mehrere) platziert wird.
Forschen wir in unserer kulturgeschichtlichen Asservatenkammer, so finden wir sofort eine ganze Reihe weiterer ›Großer-Einzelstein-Anwendungen‹: Wir schmücken unsere Gräber traditionell mit ›Grabsteinen‹, Skulpturen und Denkmäler für den öffentlichen Raum bestehen oft aus steinernen Stelen oder Findlingen; der ›Brunnenstein‹ ist eine weit verbreitete Anwendung, ebenso der ›Grenzstein‹ und der ›Gedenkstein‹. Sind unsere heutigen steinernen Pfosten am Gartentor etwas anderes als verfeinerte und kultivierte Formen des Marksteines?
Wir haben es hier mit einem tief im Unterbewussten verhafteten Erbe unserer steinzeitlichen Vergangenheit zu tun. Und wenn wir heute aus archäologischer und kulturhistorischer Sicht die Frage stellen, zu welchem Zweck und zu welchem Nutzen unsere steinzeitlichen Vorfahren wohl Menhire, Wächtersteine und markante Findlinge exponiert aufgestellt haben, so antworten wir einfach aus der Gegenwart heraus. Denn bei den Anlässen und Zwecken stehen wir in einer bis heute nicht unterbrochenen Tradition. Steinzeitliche Menhire waren: a.) Grenzmarkierungen, b.) Totengedenksteine, c.) Weg- und Landmarken, d.) Denkmale, e.) Eingangsmarkierungen (für Reviere und Grundstücke), f.) schöne Zierde für Wohnstätten. Fassen wir den Menhir- oder Findlingsbegriff noch etwas weiter und denken uns auch die sogenannten Schalensteine dazu, so finden wir ihre moderne Entsprechung in steinernen Altären, im Taufstein, in Weihwasserbecken und in ähnlichem Zeremonialzubehör. Der Ursprungszweck ist immer noch der gleiche. Solche Steine dienen ritualisierten Zeremonien aus dem Umfeld von Glaube, Religion, Spiritualität und Seelenheil. Opferstein, Kultstein, Schalenstein, Altarstein – wo ist der Unterschied? Legte nicht 2000 v.Chr. unser biblischer Abraham seinen Sohn Isaak auf einen steinernen Altar, um ihn Gott zum Opfer zu bringen? Und dies an einem »Ort, den ihm Gott gesagt hatte«?[53]

Erinnert eklatant an einen Altar: Dieser Stein liegt in einem Waldstück bei Blasiwald-Straß.

[53] Gen 22 1–19.

Dieses Beispiel ist bewusst gewählt, um zu verdeutlichen, wie nah, wie verwandt Vergangenheit und Gegenwart sich sind, wenn es um die rituellen und spirituellen Funktionen von exponierten Steinen geht. Und wir können uns schlecht davon distanzieren, indem wir auf archaische, heidnische Bräuche aus dunkelsten Zeiten verweisen, denn es sind eins zu eins auch unsere Bräuche, wenngleich etwas freundlicher lackiert und für den Gegenwartsgebrauch nett dekoriert.

Menhiren, also hohen, aufrecht stehenden Steinen, manchmal auch Doppelsteinen, werden in der einschlägigen Literatur eine Reihe von Funktionen zugeschrieben: Totenkultstein, Maßstein, Seelensitze (Verstorbener) oder aber Wegmarke, Messinstrument und Visierstein für astronomische Beobachtungen.[54] In England und in der Bretagne sehen die Menschen in solchen Steinen verwandelte Menschen oder göttliche Kräfte,[55] beispielsweise für Fruchtbarkeit.

Wer hat's gemacht?

Die wenigen Menhire, die wir im Hochschwarzwald als solche identifizieren können, scheinen entweder zu Grabanlagen (im Bregtal) zu gehören oder als Weg- bzw. Grenzmarkierung (Blasiwald am Großen Graben) gedient zu haben.

Während die beiden über zwei Meter hohen Findlinge am Fuße des Großen Grabens bis auf eine neuzeitliche Einmeißelung (Jahreszahl 1842 und badisch-großherzogliches Wappen) unbearbeitet scheinen, sind einige der Bearbeitungsspuren an den Schalensteinen unserer Gegend schnell erklärt. Im ersten Kapitel haben wir den großen Schalenstein auf der Lochwiese von Blasiwald

Hier dient der Menhir als Grenzstein des Großherzogtums.

[54] Vgl. Gert Meier/Hermann Zschweigert: Die Hochkultur der Megalithzeit, Tübingen 1997, S. 61.

[55] Vgl. Frank Teichmann: Der Mensch und sein Tempel. Megalithkultur in Irland, England und der Bretagne, Stuttgart 1983, S. 26ff.

Der vordere dieser beiden auffälligen Menhire bei der Schluchsee-Staumauer trägt die Meißelspuren des Großherzogtums.

Typische Meißelspuren am Schalenstein in der Lochwiese

erwähnt, einen Schalenstein am Hirschbühl bei Titisee, den Schalenstein an der Umfassungsmauer des abgegangenen Bübleshofes in Schwarzhalden und die Schalensteine in Schonach. Neben den Schalen haben die Steine an allen vier Örtlichkeiten eine weitere Gemeinsamkeit: Sie weisen Spreng- bzw. Zerstörungsspuren auf. Von der Antike bis ins frühe 20. Jahrhundert verwendete man Holzkeile (Treibkeile) zum Spalten von Stein. Hierzu werden Löcher in den Stein geschlagen und mit trockenem Holz ausgekeilt. Durch Nässen des Holzes entsteht ein hoher Aufquelldruck, wodurch der Stein an der gewünschten Sollbruchstelle gespalten wird. Das gelingt nicht immer. Wenn der Stein zu stark, zu fest ist oder das verwendete Holz ungeeignet (man verwendete gut quellende Rotbuche und Weidenholz) oder wenn der Aufquelldruck des nassen Holzes einfach nicht ausreichte, dann konnte es passieren, dass eine geplante Steinsprengung misslang. Dann behielt aber der Stein die Spuren dieses misslungenen Versuchs auf ewig an seiner Oberfläche, nämlich eine reißverschlussartige Kette von sechs bis zehn Zentimeter tiefen Keillöchern, in denen einst die Holzkeile steckten. Den Schalenstein in der Lochwiese

In zwei Teile gesprengter Schalenstein am Hirschbühl bei Titisee

zieren gleich zwei solcher Zahnreihen, eine vertikale und eine horizontale. Beide Reihen belegen, dass hier der Versuch unternommen wurde, von diesem Stein einzelne Stücke abzusprengen bzw. ihn gänzlich zu zerstören. Ein etwas abseits liegender Brocken sieht sogar so aus, als sei er tatsächlich vom großen Schalenstein abgesprengt worden. Das ist bei seiner Ortsbesichtigung selbst Edward Sangmeister aufgefallen: »So fand ich bei Eisenbreche [...] einen Felsblock, in dem mit dem Meißel eine Reihe von Löchern eingearbeitet waren, wie man sie anbrachte, um Felsblöcke ohne Sprengung zu spalten. Die Spaltung wurde nicht zu Ende geführt. Neben dem Block liegen gespaltene Blöcke mit den Meißelspuren, die nicht abtransportiert wurden.«[56]

Sangmeisters Schlussfolgerung, »die Spaltung wurde nicht zu Ende geführt«, schließt ein »der Spaltversuch misslang« aus, unterstellt stattdessen den freiwilligen Abbruch des Spaltversuchs und verzichtet auf ein »Warum?«. Das ist unbefriedigend. Wenn man eine zumindest zum Teil erfolgreiche Abspaltung besichtigen will, begebe man sich zum Schalenstein am Hirschbühl bei Titisee. Auch dieser Stein weist die typischen Meißelspuren auf. Gleichzeitig liegt ein bereits abgesprengter großer Brocken, etwa ein Drittel des ursprünglichen Steines, direkt daneben. Wie in Schluchsee ist das abgespaltene Stück liegengeblieben. Auch hier erweckt die Fundsituation nicht den Eindruck, es sei darum gegangen, aus einem großen Felsfindling ein paar kleinere Stücke für eine bestimmte Nutzung zu gewinnen, sondern lediglich darum, den

row

Der Schonacher Wildsaustein, wie der Wanderer ihn von der Straße aus sieht

[56] Edward Sangmeister: Akte »Eisenbreche« der Gemeinde Schluchsee.

Und das ist die talseitige Ansicht des Wildsausteins. Man sieht, dass er künstlich aufgebockt wurde, und an den Meißelspuren links unten erkannt man, dass versucht wurde, das Fundament zu zerstören.

großen Findling zu zerstören. Warum auch immer. Möglichen Gründen für dieses Zerstörungsbemühen wollen wir im nächsten Kapitel nachgehen.

Es ist auch durchaus kein Zufall, dass ausgerechnet Schalensteine solche Zerstörungsspuren aufweisen, fast scheint es sich sogar um ein Muster zu handeln. Auch der berühmte Siebenstein bei Yach, das Motiv unseres Titelbildes, trägt deutlich sichtbar solche Meißelspuren. Jenseits der Quellen von Brigach und Breg stößt man in Schonach auf eine ungewöhnliche Häufung von Schalen- und Näpfchensteinen, um deren Entstehung und Bedeutung noch heftig diskutiert wird. Natürliche Verwitterung oder eiszeitliche Einflüsse als Ursache schließen ja eine spätere Funktionalität zu rituellen oder anderen Zwecken nicht aus. Was stutzig macht, das sind auch hier wieder Zerstörungsversuche, wie wir sie bereits aus dem Hochschwarzwald kennen. Ein besonders markantes Exemplar der Schonacher Schalensteine trägt den Namen »Wildsaustein«. Tatsächlich gleicht er auch von dem Sträßchen aus gesehen, an dessen Rand er liegt, einem Wildschwein. An seiner Oberseite ist eine 65 Zentimeter große Schale mit breitem östlichen Auslauf zu finden. Umrundet man den Stein, der unmittelbar an einer abfallenden Böschung sitzt, und untersucht seine Rückseite, so findet man auch hier wieder die typische Naht aus Keilspuren, die auf einen missglückten Spaltversuch hindeutet.

Auch der schon mehrfach erwähnte Schalenstein in der Mauer am einstigen Bübleshof von Schwarzhalden trägt solche Spuren. Auch bei diesem Stein ist ein gutes Drittel bereits abgesprengt, eine weitere Spaltnaht ist bereits eingemeißelt, aber auch hier ist das Zerstörungswerk nicht vollendet worden.

Deutlich zu erkennen, dass bei diesem Schalenstein bereits links ein Drittel abgesprengt wurde. In die Schale ist ein christliches Kreuz eingelassen.

Meißelspuren im Siebenstein (am mittleren Turm) sind stärkstes Indiz dafür, dass dieser Stein einst heidnisch-kultischen Zwecken diente.

Die einstige Schale auf der Oberseite des noch unzerstörten Stückes ist allerdings kaum noch erkennbar, denn exakt dort hinein ist ein steinernes Kreuz gesetzt worden. Es ist bereits so alt, dass selbst Manfred Haderer über seine Herkunft nichts zu sagen weiß.[57] Es ist uns trotz tagelanger Wanderungen über die Findlingsfelder von Eisenbreche, Blasiwald und Schönenbach nicht gelungen, einen einzelnen Stein zu finden, der ähnliche Meißelspuren trägt und kein Schalenstein ist. Dieses Phänomen tritt nur an Schalensteinen auf. Bemerkenswert!

Während die Meißelspuren unstrittig von menschlicher Hand stammen, ist dies für die Schalen nicht mit Bestimmtheit zu sagen. Einiges spricht dafür. Zum Beispiel die Tatsache, dass sie immer oben auf den Steinen zu finden sind. Handelte es sich nämlich um gelöste Mineralienschichten oder um Verwitterung infolge von Humussäure, wie sie durch verrottendes Moos entsteht, so ist nicht einzusehen, wieso solche Spuren nicht auch seitlich an den Steinen auftreten sollten. In Schonach, wo es viele Steine mit seitlichen Schalen und Näpfchen gibt, wird genau dies

57 Vgl. Manfred Haderer: Spurensuche, S. 136.

als Beleg für natürlichen Ursprung ins Feld geführt. Noch verblüffender mutet es aber an, dass unsere Schalensteine klare Abflussrinnen besitzen, die dafür sorgen, dass Flüssigkeit in den Schalen jeweils bei einem bestimmten Pegelstand seitlich über den Stein abfließt. Die Schalen selbst und auch diese Abflussrinnen sind weitgehend symmetrisch und glatt, wie Menschen sie gestalten würden, wenn sie denn von Menschenhand und nicht von der Natur geschaffen wurden. In seiner Untersuchung über die Megalithkulturen in Frankreich und Großbritannien schreibt Frank Teichmann: »Man kann aber doch feststellen, dass sie [die Schalensteine] meist an Orten zu finden sind, an denen auch andere megalithische Denkmäler errichtet worden sind. [...] Daraus folgt eindeutig, dass diejenigen Menschen, die Schälchen und Ringe in Steine eingetieft haben, zur selben Kultur gehören wie diejenigen, die die megalithischen Bauten errichtet haben.«[58]

Die Kunst der Steinmetze

In einer Chronik von Blasiwald ist sachkundig aufgelistet, wo überall seit etwa 1820 die örtlichen Steinmetze den harten Blasiwälder Granit gewonnen haben, der vor allem im Brücken-, Tunnel- und Straßenbau eingesetzt wurde: »Die Steine gewann man hauptsächlich längs der Straße von der Lochmühle über die Eisenbreche nach Seebrugg, besonders aber zwischen der Lochmühle und dem heutigen Haus Reinschmidt.«[59] (Ganz nebenbei bemerkt: Das ist jene Wiese, die angeblich von früheren Landwirten über Generationen hinweg von Steinen freigeräumt wurde. Offenbar ist aber noch viel für die Steinmetze übrig geblieben.) Später habe sich die Steingewinnung mehr in die Schwarzhalde auf der anderen Talseite der Schwarza verlagert. Zwischen 1875 und 1876 seien dann für den Wiederaufbau des abgebrannten Klosters St. Blasien auf den Weidbergen der Althütte die nötigen Steine gehauen worden. Der letzte Steinbruch, aus dem Schluchsee-Granit geholt wurde, habe dann an der Straße von Ei-

Schalenstein Kuckucksweiher

58 Frank Teichmann: Megalithkultur, S. 203.
59 Rudolf Morath/Wilfgang Schnee: Heimatbuch Blasiwald, S. 229.

Künstlich geschaffene Felsnische bei Blasiwald. Der große Stein an der Stirnseite ist etwa vier Meter hoch und erkennbar bearbeitet (im rechten Drittel sieht man noch eine lange Bohrrille). An der linken Seitenwand sind metergroße Riesensteine exakt aufeinandergesetzt.

senbreche nach Straß gelegen. Das ist eine Stelle, die man sogar heute noch sieht, wenn man auf der Kreisstraße von Eisenbreche hinauf nach Straß fährt. Später habe es nur noch an einem einzelnen Felsen beim Haus Sonneck im Habsmoos Materialgewinnung für den Bau der Bärentalstraße gegeben. Beim Bau des Schluchsee-Staudamms lieferte der Steinbruch unmittelbar hinter dem heutigen Yachtclub-Areal Blasiwald die nötigen Steine. Es werden also kenntnisreich etliche Stellen aufgezählt, an denen die Steinmetze ihr Material holten, nur ein sehr auffälliger Platz fehlt: Es handelt sich um einen markanten Felsrücken, auf den man stößt, wenn man hinter der Maria-Königin-Kirche den Waldspazierweg in den unteren Lochwald einschlägt. Der Felsrücken selbst sitzt bis zu 30 Meter breit, fünf Meter hoch und über mehrere hundert Meter lang auf dem Bergkamm wie das schuppige Rückgrat eines Dinosauriers. Er weist an vielen Stellen, die man auf den ersten Blick vom Fußweg aus erkennen kann, Spuren menschlicher Bearbeitung auf. Wenn hier Granit gebrochen und Steine behauen wurden, dann auf ganz eigenwillige Art. Es gibt nämlich zahlreiche kleine Nischen und Einbuchtungen, aus denen offenbar der Fels herausgeholt wurde, und nicht eine zentrale, große Abbaustelle, wie man sie klassisch von Steinbrüchen gewohnt ist. Fast wirkt es so, als sei der große Felsrücken von allen Seiten und auch von oben entlang seiner ganzen Länge angenagt worden.

Die interessanteste dieser Felsnischen misst ungefähr sechs Meter in der Tiefe und drei Meter in der Breite. Sie ist an einer Stirnseite offen, an der gegenüberliegenden von einem fünf Meter hohen und glatt abgespaltenen Riesenfindling abgeschlossen. Diagonal über diese glatte Stirnwand zieht sich eine zwei Meter lange Bohrrille. Wie ein exakt eingepasster Keil sitzt ein nach unten spitz zulaufender dreieckiger Stein in der schmalen Lücke zwischen diesem Findling und der linken Seitenwand. Diese linke Seitenwand besteht aus zwei aufeinanderliegenden Riesensteinen, vier Meter lang und zwei Meter hoch, während die rechte Seitenwand nur halb so hoch ist und regelrecht aufgemauert oder aufgeschichtet wirkt. Von der offenen Stirnseite, von der aus man die Kammer betritt, fällt der mit Humus bedeckte Boden

Diese Seitenwand, aus der eine kleine Quelle Wasser liefert, sieht ebenfalls aus, wie mit behauenen Steinen exakt aufgesetzt.

leicht ab und wird an der tiefsten Stelle sumpfig. Wenn man sich als Besucher am Eingang zu dieser Kammer umdreht, so steht man vor einer halbrunden oder ovalen Steinformation, die den Eindruck eines künstlich geschaffenen Foyers oder Eingangsbereichs vermittelt.

An anderer Stelle in dieser Felspartie, an einer ziemlich unzugänglichen Stelle, die man erklettern muss, fehlt in einem runden und mehr als drei Meter hohen Findling ein oberes Viertel. Es ist, als hätte man aus einem Apfel horizontal ein entsprechendes Stück herausgeschnitten. Dadurch bildet die ›Schnittstelle‹ jetzt eine Art Absatz oder Altar, mit einer flachen Ablage und einer fast symmetrisch gerundeten Rückwand. Auch in dieser Rückwand sieht man deutliche Bearbeitungsspuren, sodass von einer bloßen ›Laune der Natur‹ nicht die Rede sein kann.

Bei den Bearbeitungsspuren, die man an den teilweise glatten Abbruchflächen erkennt, handelt es sich um sogenannte Orgelpfeifen, also um die Reste von Bohrlöchern, die wie Rillen auf dem Fels sitzen. Hätte das *Heimatbuch Blasiwald* diese Stelle als einen bekannten Abbauplatz der örtlichen Steinmetze genannt, wäre die Sache vielleicht klar. So aber müssen wir uns nicht nur über die seltsamen und unpraktisch über den Felsrücken verteilten Abbaunischen wundern, sondern auch über diese Bohrrillen an einem Felsen, der nach der Ortsüberlieferung niemals in größerem Umfang als Steinbruch gedient hat. Neuzeitlich, also seit dem frühen Mittelalter bis ins 20. Jahrhundert, sind solche Steinbohrungen zum Zwecke des Steinsprengens oder Spaltens wie folgt vorgenommen worden:

An der Stelle, an die das Loch gebohrt werden soll, wird zuerst eine kleine Öffnung mit Schlägel und Eisen geschlagen, um das Ab-

Wie herausgeschnitten oder herausgesägt wirkt die Lücke in dieser etwa fünf Meter langen Felspartie. Das fehlende Stück liegt unmittelbar dahinter. Rechts an der erhaltenen Wand wechseln sich seltsamerweise vertikale Bohrrillen und Meißelspuren ab, so als sei hier mit zwei Techniken aus unterschiedlichen Zeiten der Stein bearbeitet worden.

Deutlich erkennbar (hier vom Autor angezeigt) sind zwei etwa zwei Meter lange vertikale Bohrrillen, mit denen versucht wurde, einen großen, dreieckigen Block aus dem Fels zu gewinnen.

springen des Bohrers zu verhindern. Dann wird der metallene Bohrer in diese Startöffnung gesetzt und mit dem Fäustel in das Gestein getrieben. Währenddessen muss der Bohrer um ein Sechstel oder Achtel umgesetzt werden, um ein rundes Loch von ein bis zwei Zentimetern Durchmesser zu erhalten. Der Erfolg der beabsichtigten Sprengung beruht hauptsächlich auf der richtigen Ansetzung und der angemessenen Tiefe des Bohrloches. Das Loch braucht eine bestimmte Tiefe, damit Sprengpatronen und Pulver eingeführt werden können. Je nach Beschaffenheit des Gesteins waren die Granitbohrlöcher 40 bis 60 Zentimeter tief, in schwierigem Gestein bis maximal einen Meter.[60] Die Sprengpatrone wurde bis auf den Grund des Bohrlochs gestopft, darüber mit Lehm oder Gips verfüllt. Mit Sprengungen dieser Art können wir es aber nicht zu tun haben, denn die Bohrrillen an dem beschriebenen Felsrücken sind teilweise mehr als zwei Meter lang. Und sie befinden sich stellenweise an den glatten Wänden, meterhoch über dem Erdboden, sodass der ›Häuer‹, wie man die Meißler nannte, auch ein vorzüglicher Kletterer gewesen sein muss. Alternativ käme ein moderner Druckluftbohrer infrage, aber dort sind erst recht zwei Fragen ungeklärt: Wieso mussten die Bohrungen für die Sprengungen so ungewöhnlich tief sein, zwei und mehr Meter? Und wieso weiß die Ortsüberlieferung nichts von solchen modernen Abbaumethoden an dieser Stelle?

Welche Spuren moderne Druckluftbohrungen bei Steinsprengungen hinterlassen, kann man übrigens anschaulich direkt in der Nachbarschaft besichtigen. An der Kreisstraße von Seebrugg nach Schönenbach, etwa 1,5 Kilometer nach der Abzweigung von der B500, ist aus der Zeit des Straßenbaus ein großer Findlingsbrocken unmittelbar am Straßenrand stehen geblieben.

60 Alle Angaben über das historische Steinbohren sind entnommen aus: Johann Samuel Ersch u.a.: Allgemeine Encyklopädie der Wissenschaften und Künste, Bd. 2, Gleditsch 1828, (Onlineversion).

Eine Hälfte dieses drei Meter hohen Brockens wurde seinerzeit weggesprengt, vermutlich weil er der Straße im Wege war. Die Sprengspuren und Bohrlöcher sind noch deutlich zu erkennen. Sie unterscheiden sich von den bis zu zwei Meter langen Rillen an den beschriebenen Nischen signifikant. Erstens sind sie jeweils nur maximal 20 Zentimeter lang und zweitens wurde der Stein ringsum von allen Seiten angebohrt, mehr als ein Dutzend ehemalige Sprenglöcher sind zu erkennen.

Wir fügen dem allem noch ein weiteres Rätsel hinzu: Der genannte Fels am Weidberg birgt Steinpartien, bei denen sich die beschriebenen Bohrrillen mit solchen frühzeitlichen Meißellochreihen abwechseln, wie wir sie von den Schalensteinen her kennen. Und das Verblüffende dabei ist, dass das Nebeneinander der beiden unterschiedlichen Bearbeitungsmethoden eine Chronologie voraussetzt. Die Meißellöcher befinden sich nämlich an einer Stelle, an der sie erst in den Stein getrieben worden sein konnten, nachdem zuvor mittels Bohrlöchern ein Teil des Steines entfernt worden war. Das heißt, die wesentlich ältere Technik wurde zeitlich nach der vermeintlich viel moderneren Technik angewandt.

Unser Rätsel wäre freilich gelöst, wenn wir akzeptieren könnten, dass es ein viel älteres Verfahren der Kernbohrung gibt, das hier möglicherweise zur Anwendung gekommen ist. Eine solche Hypothese ist jedenfalls nicht

▲ *Exakt gebohrtes, kreisrundes Loch in einem Stein vom Schluchseegrund, der bei der Seeabsenkung 1983 zum Vorschein kam.*

◄ *Neuzeitliche Bohrspuren an einem Findling bei Seebrugg*

gänzlich unzulässig. In der Ägyptologie sind Kernbohrungen im Hartgestein längst bekannt und schon für die Zeit der Pyramidenbauer nachgewiesen. Die Spekulationen, wie die Ägypter das angestellt haben, reichen von Kupferbohrern mit Schleifsand über Diamantbohrer bis hin zu außerirdischen Technologien.

Jahrtausendealte Steinbohrungen mit erstaunlich präzisen Rundungen sind aber auch aus der nächsten Umgebung bekannt. Diesbezüglich verfügten die neolithischen Vorfahren bereits über bemerkenswerte Technologien. Im Jahre 2002 fand ein Unadinger Landwirt auf seinem Acker eine Steinaxt aus der Jungsteinzeit. Die Klinge wurde aus Hornblende-Gneis gefertigt und weist in der Mitte eine Bohrung von 2,5 Zentimetern Durchmesser auf. Nach Erkenntnissen der Archäologen ist die Bohrung mit einem Rundstab aus Eschenholz in den Stein gedrillt worden.[61] Ähnliche Steinbeilfunde sind aus Bonndorf und Bachheim dokumentiert. Diese sehr präzisen runden Löcher gleichen exakt den Löchern, die mehrere Steinklötze bei der St.-Fridolin-Kirche in Häusern aufweisen. Diese Steinklötze liegen hinter der Kirche in einem Gehölz. Wir erinnern uns: Diese Kirche steht auf einem merkwürdig symmetrischen Hügel.

Es ist hier nicht die Stelle, alle offenen Fragen final zu klären oder ihnen in Bezug auf Blasiwald eine Theorie überzustülpen. Wir fügen der langen Liste unserer Fragezeichen vorerst einfach ein weiteres hinzu.

Neuzeitliches Bohrloch an einem Geröllstein bei der Fridolinskapelle in Häusern

Perfekt gebohrtes Schaftloch in der Steinaxt von Unadingen, etwa 5000 Jahre alt

[61] Vgl. Roland Weis/Harald Riesterer: Hochschwarzwald, S. 20.

Steinbruch oder Geröllfeld?

Auf einen zweifelsfreien Steinbruch sind wir bei einer Ortsbegehung der Wallanlage in Berau gestoßen. Ralf Hindsches und Markus Wiedner vom dortigen Geschichtsverein haben uns auf einen ungewöhnlich gut befestigten Hangweg aufmerksam gemacht, der vom äußeren Wall am steilen Berg Richtung Alb hinunterführt. Schon lange hätten sie gerätselt, so teilten sie mit, warum dieser Weg mitten im Hang abrupt endet, so als wären die Bauarbeiten unvermittelt eingestellt worden. Mitnichten! Der Weg führte genau an sein Ziel, nämlich an eine Felspartie mitten in der Steilhalde, aus der erkennbar Steine herausgeschlagen wurden. Man sieht viele Meißelspuren, aber keine neuzeitlichen Bohrlöcher und auch keine Ketten von Keilsprengungen, wie wir sie von den Schalensteinen her kennen. Das lässt eigentlich nur den Schluss zu, dass dieser Steinbruch aus einer noch früheren Nutzung stammt, ebenso der Hangweg. Für den Weg ist diese Feststellung deshalb von Bedeutung, weil er an mehreren besonders steilen Passagen mit einem weit den Hang hinunterreichenden Fundament aus gesetzten Steinen unterbaut ist. Es spricht alles dafür, dass der Weg für den Transport schwerer Lasten gebaut wurde, höchstwahrscheinlich der Steine, die mit Ochsenkarren oder Pferdefuhrwerken vielleicht den Berg hinaufgeschafft wurde. Man müsste an den noch vorhandenen Restgebäuden Untersuchungen vornehmen, ob der hier gebrochene Stein vielleicht zum Bau des Klosters Berau verwendet wurde oder ob die Steine gar in der keltischen Wallanlage verbaut wurden. Mitten im Hang, direkt bei diesem ›Berau-Steinbruch‹ begegnete uns dann aber doch ein Fund, der mit dem Kloster Berau eher nicht in Einklang zu bringen ist. Wir fanden einen präzise behauenen Stein, geformt wie der Schädel eines Rindes oder eines Stieres.

har

Der Tierkopf aus Stein

har

Bearbeitungsspuren im ›Steinbruch‹ bei Berau

Meterhoch und tonnenschwer ist dieser Felskopf, der beim Kuckucksweiher in das Tal von Hammereisenbach hinunterblickt.

Deutlich durch gemeißelte Linien herausgehoben sind die stumpfe Schnauze, die Nüstern, die Augen, die Stirnpartie und die Backen. Es fehlt eigentlich nur ein Gehörn.

Verlassen wir Berau: Im ersten Kapitel haben wir in Schluchsee-Blasiwald und Schluchsee-Schönenbach eine Reihe von steinernen Bauwerken – oder nennen wir sie vorsichtshalber »Formationen« – vorgestellt, bei denen unzweifelhaft Menschenhand im Spiel gewesen sein muss. Angesichts der oft tonnenschweren und riesigen Granitungetüme, die dabei »verbaut« wurden, muss man nach der Technologie fragen, mithilfe derer dies geschehen ist. Das gilt für die monströsen Steinsetzungen im Großen Graben ebenso wie für die Bauten auf der Lochwiese und selbst für die vielen Mauern und Steinkreise dieser Gegend. In der Nähe des Kuckucksweihers bei Hammereisenbach ist im Wald ein 20 Meter hoher Steinkoloss aufgetürmt, der aussieht wie ein menschlicher Torso. Auf ihm sitzt ein tonnenschwerer steinerner Kopf, der hinunter ins Bregtal blickt. Das Gebilde kann als Wollsackverwitterung[62] erklärt werden; stünde es auf den Osterinseln, so würde man es jedoch sofort als von menschen gemacht akzeptieren.

Am verblüffendsten diesbezüglich muten die großen Quader an, die den Steinkreis am Weidberg bilden. Wie geschildert handelt es sich um Klötze von der Größe und Form jeweils eines Kühlschrankes. Eiszeitliche Findlinge an dieser Stelle wären rund und abgeschliffen, wie alle Findlinge. Diese Brocken aber sind kantig, einer fast quadratisch, sodass auch hier die Mitwirkung von Menschen eigentlich außer Frage steht. Da wir uns an einem steilen Hang abseits aller Wege befinden, müssen die Brocken, die sich sicher nicht von alleine in genau ihrer heutigen Kreisform hier eingefunden haben, mit Hilfsmitteln hierher transportiert worden sein.

Noch unglaublicher sind die flach in den Berg gelegten Obelisken, die unweit des abgegangenen Bübleshofes im Wald eine Terrasse bilden. Jeder einzelne dieser Steine wiegt zehn, 20 oder mehr Tonnen. Man kann es gar nicht abschätzen, da die länglichen Riesen noch tief in den Hang hineinragen. Im Durchmesser erreichen sie an ihrer offenen Seite bis zu zwei Meter, und sie sind aufeinandergestapelt wie ein Holzpolder. Man bräuchte heute einen veritablen Baukran, um den Stapel auseinanderzunehmen, wobei offenbleiben muss, wie ein moderner Baukran ohne befestigte Wege in diesen unwegsamen Hang gebracht werden könnte. Der Abtransport dieser Steinriesen stellte dann ein weiteres logistisches Problem dar und ebenso muss es auch ihr Antransport gewesen sein. Denn dass sie alle – bald 40 Stück – hier an Ort und Stelle von Natur aus abgelagert worden sein könnten, das würde niemand ernsthaft zu behaupten wagen.

---

62 Wollsackverwitterung nennt man eine besondere Form der Verwitterung von Gesteinen. Hierbei entstehen aus Granit- und Gneisformatierungen Gesteinsblöcke, die wie Wollsäcke übereinandergestapelt liegen. Sowohl der Siebenstein bei Yach als auch der Solfelsen im Hotzenwald gelten als besonders markante Beispiele einer Wollsackverwitterung.

Von der kompletten Steinpartie am Schwarzaabhang beim einstigen Ganzmanngut könnte man das schon eher behaupten. Diese steil abfallende Felspartie, so wie die Findlinge übereinandergetürmt sind, sieht aus, als sei sie natürlichen, eiszeitlichen Ursprungs. Es handelt sich hier aber größtenteils nicht um gewachsenen Fels. Die großen, wie ausgestanzt wirkenden Kammern mitten in diesem Felssteilhang haben einen eindeutig megalithischen Charakter. Sie sind absichtsvoll konstruiert, was natürlich sofort die Annahme stärkt, dass auch andere Gebilde in der Nachbarschaft – zum Beispiel zwei Dolmen unterhalb der Kammern – künstlichen Ursprungs sein könnten. Welche Kräfte müssten gewirkt haben, um solche Steinsetzungen künstlich herzustellen? Man kann sich mit etwas Fantasie eine Möglichkeit über Flaschenzüge und Hebekräne denken. Der exakte Bau der Kammern setzt dann aber eine unvergleichliche Präzision voraus. Die Gesteinbrocken hätten im Voraus schon auf den Millimeter genau zugehauen werden müssen. Die gesamte Konstruktion setzt einen Auftraggeber, einen Bauplan, einen Architekten und ein eingespieltes Team von Handwerkern zur Umsetzung voraus. Im ersten Kapitel

Selbst mit modernen Baumaschinen wäre es eine Herausforderung, diese über drei Meter hohe Wand aus Steinfindlingen in den Wald zu setzen.

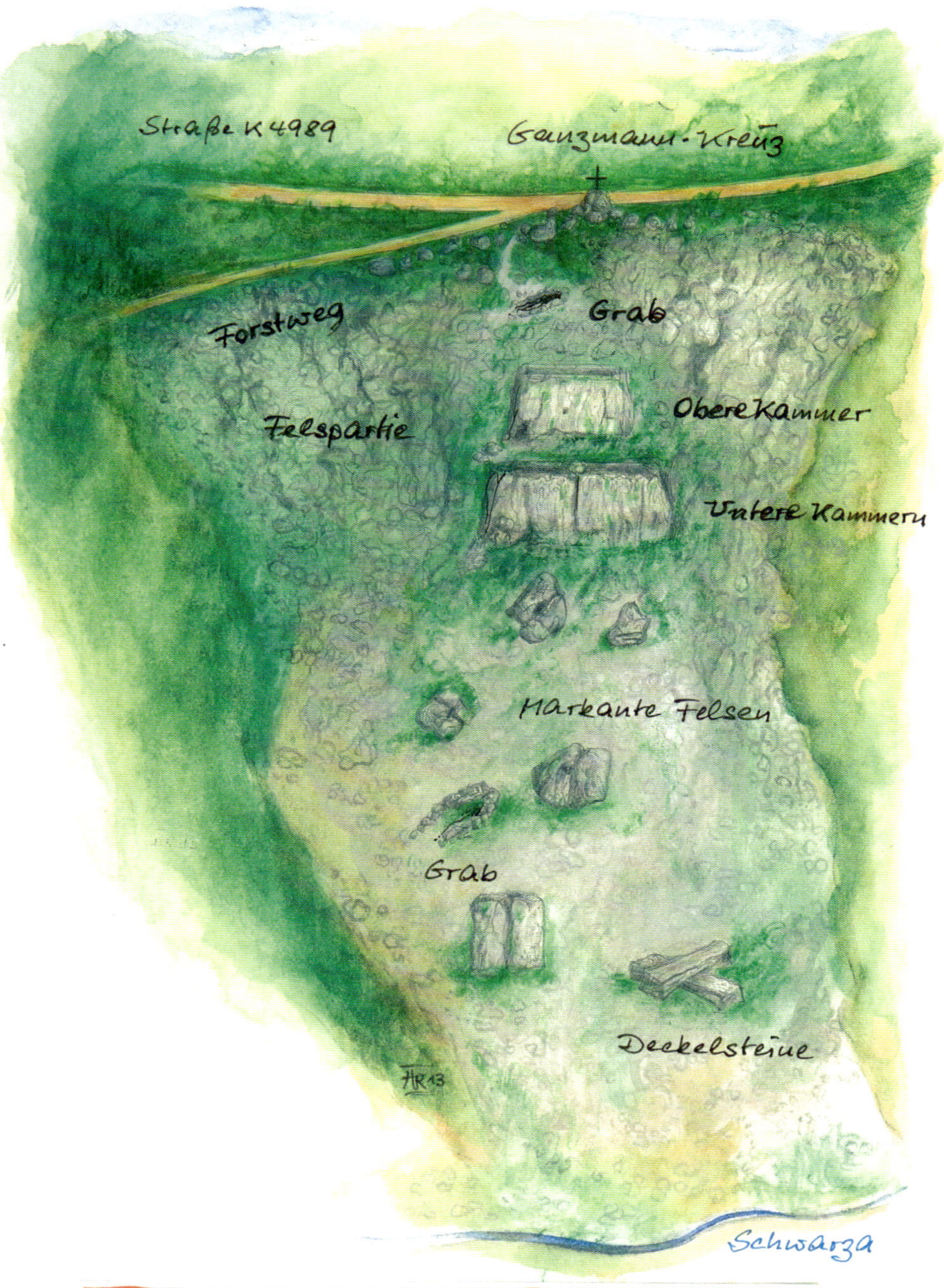

Steinkammern am Ganzmannfelsen

▲ *Eine exakte Nut im Felsen, wie als Halterung zum Transport gefertigt*

◄ *Dieses Bild zeigt den Größenvergleich und die Präzision, mit der die Steinkammer an der Stirnseite abgeschlossen ist.*

haben wir exakt die Lichtschlitze der großen Kammern beschrieben. In einem dieser Schlitze erkennt man im Fels eine Fuge, eine handbreite Einbuchtung, die fast den Eindruck eines Haltegriffes erweckt. War dies vielleicht die Nut, an der der Stein zum Transport und zur Justierung aufgehängt war? Solche Methoden zum Steintransport werden jedenfalls seit Tausenden von Jahren praktiziert.

Verena Nübling, Archäologin und frühere Referatsleiterin im Denkmalschutz des Regierungspräsidiums Freiburg interpretierte die Stelle (die sie nur von Fotos kannte) wie folgt: »Es zeigt einen für Bergbau typischen

Verhau, das heißt, an dieser Stelle hat man das abzubauende Material von der Oberfläche aus zu erreichen versucht. Sie können fast identische Verhaue bei Sulzburg bewundern [...]. Die Höhle davor dürfte Teil des untertägigen Bergbaus sein.«[63]

In Sulzburg wurde freilich nach Eisenerz und nach Silber gegraben und entsprechend durchlöchert sind dort die schlitzartigen Hohlgänge. Der gleiche Aufwand, um Granit zu gewinnen, in einer Gegend, in der es von wesentlich leichter zugänglichem Granit nur so wimmelt? Das ist auch angesichts der steilen Felspartie höchst unrealistisch, hätte man doch klettern müssen, um überhaupt an diese Stellen zu kommen. Und dann hätte es keine Logik, solche Kammern herauszuhauen, denn Granit war überall in Hülle und Fülle vorhanden.

Es bleibt am Ende die Feststellung, dass unsere spektakulärsten Fundstellen im Wald immer auch unzweifelhaft Spuren menschlicher Mitwirkung tragen und dass diese menschlichen Einwirkungen aus heutiger Sicht nicht erklärt und damit auch nicht begriffen werden können. Spricht das nicht eher für als gegen eine vorchristliche Geschichte?

---

63 Verena Nübling am 30.01.2013 in einem Schreiben an den Verfasser.

III. Teil:
Wege in die Vergangenheit

In meinem Glase, Korn für Korn
läßt mich die Stunden lesen;
ich kehr es um, es rinnt von vorn –
und jede ist gewesen ...

[...]

Das ist die Sanduhr der Natur
mit göttlichem Gebaren;
die zählt zwar auch, jedoch nicht nur,
was wir dereinstens waren!

Vorhergehende Seite: Zerstörter Kultstein
Diese Seite: Magische Atmosphäre am Hotzenweg
Nächste Seite: Der Solfelsen im südlichen Hotzenwald

a. Das Erbe der Ahnen

Karl der Große

Im Jahre 785 erließ der fränkische Kaiser Karl der Große die *Capitulatio de partibus Saxoniae,* ein Reichsgesetz, das vor allem die Ausmerzung heidnischer Bräuche und die Unterdrückung aller Nichtgläubigen zum Ziel hatte. Unter anderem bedrohte dieses Gesetz jemanden mit der Todesstrafe, der »den Körper eines verstorbenen Mannes nach dem Brauch der Heiden durch Feuer verzehren läßt und seine Gebeine zu Asche macht«, oder denjenigen, der »fürderhin versteckt und ungetauft sich verbergen will und es verschmäht, zur Taufe zu kommen, und Heide bleiben will«, oder denjenigen, der »mit den Heiden eine Verschwörung gegen die Christen eingeht oder mit ihnen in Gegnerschaft zu den Christen verharren will.«[1]
Wenn jemand bei den alten heiligen Quellen und Hainen der Heiden »seine Andacht verrichtet oder etwas nach den Sitten der Heiden darbringt und zur Ehre der Dämonen isst«,[2] wurde er zur Strafe Leibeigner der Kirche, es sei denn, er konnte sich mit 60 Schillingen freikaufen. Auch »Weissager und Zauberer« mussten den Kirchen und Pfarrern ausgeliefert werden. Spätestens mit Karl dem Großen endete nicht nur in Sachsen, sondern in allen germanischen Provinzen des Frankenreiches und damit auch im alamannischen Südwesten das frühere und oft über Jahrhunderte und Jahrtausende überlieferte und praktizierte religiöse/spirituelle Brauchtum, insbesondere alles, was an Naturreligion praktiziert wurde. Konsequenterweise ging das Verbot naturreligiöser Praktiken und Gebräuche einher mit einer Zerstörung aller Kultstätten. »Es ist anzunehmen, dass kein einziges zerstörbares Heiligtum, Denkmal oder Zeugnis des alten Glaubens, wenn es überhaupt als solches Beachtung fand und in seine Gewalt geriet, von KARL unzerstört gelassen ist. Alles, was greifbar war und für heidnisch erklärt wurde, war unrettbar dem Untergang verfallen, vor allem die Bauten und das Schriftwerk.«[3]

---

1 Zit. aus Otto Reche: Kaiser Karls Gesetz zur politischen und religiösen Unterwerfung der Sachsen, Leipzig 1935, Reprint 1992, S. 17.

2 Ebd., S. 22.

3 Wilhelm Teudt: Germanische Heiligtümer, Jena 1936, S. 320.

Welche Ausmaße die Zerstörung alter Stätten angenommen hat, kann man für den Südschwarzwald, in dem wir ja ebenfalls solche einstigen Stätten unterstellen, höchstens vermuten. Am einfachsten wäre es, das nahezu vollständige Fehlen irgendwelcher Überreste mit einer besonders gründlichen Zerstörung zu erklären. Sieht man sich andere Regionen an, in denen dieses Thema vorbehaltloser untersucht wurde als hierzulande, wo schon die bloße Existenz vorchristlicher Bewohner in Abrede gestellt wird, so ist diese These von der vollständigen Zerstörung gar nicht so abwegig. Aus der Pfalz heißt es: »Alle 234 Belegstätten, die [...] bei Untersuchungen im pfälzischen Raum allein erkannt und registriert wurden, weisen die Merkmale einer systematisch durchgeführten, gewaltsamen Zerstörung auf.«[4]

[4] Ludwig Schmidt: Felszeichen, Felsbilder und sonstige Felsbearbeitungen in der Pfalz, Kaiserslautern 1976, S. 270.

Das Quellgebiet der Mettma

Zurück zu den Quellen

Uns ist aufgefallen, dass der überwiegende Teil all unserer Fundstellen in einem deutlichen örtlichen Zusammenhang mit Quellen und Quellflüssen steht. Das Stiergrab im Loch und alle übrigen Steinsetzungen auf der Lochwiese – die berühmten Hofzufahrten – sind so ein Fall. Sie sitzen in feuchten Quellen auf moorigem Untergrund, das große Stiergrab mittendrin. Das Lochemer Bächle entspringt knapp einen Kilometer oberhalb und wird durch zwei jeweils 100 Meter lange Quellbächlein gespeist. Exakt an der Stelle, an der diese beiden Quellbächlein zusammenfließen, sitzt ein weiteres Steingebilde von ähnlicher Größe und Art wie das Stiergrab. Dass dieses beeindruckende zweite Stiergrab bisher den einschlägigen Untersuchungen entgangen ist, mag daran liegen, dass es sich in einem undurchdringlichen Gehölz befindet. Vielleicht spielt auch eine Rolle, dass der Platz erkennbar von mehreren Generationen als Müllkippe missbraucht wurde. Man findet dort Hausrat und Reste von Flaschen, Geschirr, Eimern, Kannen und Töpfen aus der gesamten Nachkriegszeit bis heute.

▲ *Bauwerk inmitten einer Quelle im Wald von Schwarzhalden*

➤ *Deutlich sind die Konturen einer steingefassten Kammer zu erkennen, etwa zwei Meter lang und 0,8 Meter breit.*

Eine eindeutige Quellsituation ist auch bei unserem riesigen Hinkelsteinbau am einstigen Bübleshof gegeben. Dort entspringt ein namenloser kleiner Bach, der nach knapp einem Kilometer bereits in die Schwarza mündet. Inmitten der Quellen sitzt eine komplette Steinwüste, auf den ersten Blick ein wildes Feld zufällig durcheinandergeworfener größerer und mittlerer Findlinge. Der genaue Augenschein offenbart dann aber eine Ansammlung verblüffend exakt gesetzter Kammern, 2,5 Meter lang und 0,8 Meter breit.

Auch in Quellen am Draiberg und am Weidberg in Blasiwald sitzen monumentale, eindeutig von Menschenhand aufgesetzte Steinhügel, manchmal sind es auch eher Steinwände. Man könnte sie defensiv als Quellfassungen interpretieren, möglicherweise zur Versorgung benachbarter landwirtschaftlicher Anwesen, wenn es solche Anwesen gäbe oder je gegeben hätte.

Das gesamte Quellgebiet der Mettma auf dem Dürrenbühl und am Aubach bei Faulenfürst ist durchsetzt von auffälligen Steinhügelbauten. An einer Stelle befindet sich inmitten eines kleinen Moores ein Hügel von der Größe eines Omnibusses und gibt Rätsel auf. An andere Stelle liegt im Uferschlick eines Quellweihers der Mettma ein überlebensgroßer steinerner Torso, als wäre er der Überrest einer einstigen Großstatue.

Von der Bedeutung der Brigach- und der Bregquelle war bereits die Rede. Es bedarf also keiner weiteren Erläuterung, wenn die auffällige Häufung solcher Steinsetzungen, die vielleicht willkürlich von der Natur hingeworfen sein können, viel eher aber wie absichtsvoll zerstörte, ehemals einem Zweck dienende künstliche Gebilde, in Quellbächen zumindest als heiße Spur erscheinen, wenn man einen Zusammenhang mit der Zerstörung von heidnischen Quellheiligtümern aus der Zeit der fränkischen Christianisierung unterstellt.

Warum die Quellen bei den Kelten und anderen Naturvölkern eine solche Bedeutung besaßen, liegt in ihrer Symbolhaftigkeit. Für die Kelten existierte eine ›Anderswelt‹, eine Welt, aus der bei seiner Geburt der Mensch in unser diesseitiges Leben tritt, bei seinem Tod aber wieder dorthin zurückkehrt. Das Leben quillt in dieser Vorstellungswelt aus der anderen Dimension dauernd hervor wie eine Quelle – daher die Heiligkeit der Quellen.[5] Wir untersuchen diese Glaubensvorstellung noch ausführlicher im vierten Kapitel »Magische Grenzen«.

Mettmaquellgebiet – düster und mystisch bis heute

[5] Vgl. Holger Kalweit: Das Totenbuch der Kelten, Düsseldorf 2006, S. 64.

Das Werk der Missionare

Die frühesten christlichen Missionare im Südschwarzwald waren im 7. und 8. Jahrhundert unterwegs. Ihre namhaftesten Vertreter sind die irischen Mönche gewesen, darunter mit Columban, Gallus, Pirmin, Fridolin, Fintan und Reginbert auch solche, die durch Klostergründungen (Schaffhausen, Reichenau, St. Gallen, St. Blasien) bis heute ihre Spuren in unserer Region hinterlassen haben.[6] Diese christlichen Missionare waren beim Durchgriff auf die noch nicht christianisierte einheimische Bevölkerung keineswegs auf die Reichsgesetze Karls angewiesen, sondern bedienten sich ihrer eigenen Jurisdiktion, wie etwa den auf der Zweiten Germanischen Synode von 742 formulierten päpstlichen Anweisungen, wonach (Kanon 2) das Jagen und Umherziehen mit Hunden im Wald ebenso verboten wurde, wie (Kanon 4) »in irgendeiner Weise heidnischen Vorstellungen« anzuhängen.[7] Wer dem zuwiderhandle müsse »dafür geprügelt und zu 15 Solidi verurteilt« werden. Fürstabt Gerbert von St. Blasien schildert in seiner *Geschichte des Schwarzwaldes* anschaulich, dass »dieser Mühe damals die Waldgebiete in besonderer Weise« bedurften: »Mit größtem Eifer müssen sich die Bischöfe und ihre Diener dafür einsetzen, dass die den Dämonen geweihten Bäume, die das Volk verehrt und so sehr anbetet, dass es nicht einmal einen Ast oder einen Zweig abzuschneiden wagt, mit der Wurzel ausgerissen und verbrannt werden. Auch die Felsen, die sie – getäuscht durch die Hirngespinste von Dämonen – an verfallenden oder waldigen Stellen verehren und wo sie Gelübde ablegen, sollen von Grund auf ausgegraben und dahin geschafft werden, wo sie von ihren Anbetern niemals mehr gefunden werden können.«[8]

DOK

Der Fintansaltar in der Klosterkirche von Rheinau (17. Jahrhundert) zeigt, wie der Mönch Fintan mit den Reliquien des heiligen Blasius auszieht zur Albzelle nach St. Blasien, um dort »das Lob Gottes« zu verkünden.

Bleiben wir noch kurz bei den Praktiken dieser »Ausmerzung«, beleuchten sie doch aufs Anschaulichste den furiosen Eifer und die damit verbundene Gründlichkeit der Zerstörun-

6 Vgl. Martin Gerbert: Geschichte des Schwarzwaldes.
7 Ebd., S. 150.
8 Ebd., S. 92

Ein ehemaliges »Etwas«, das nun wie zerstört im Wald bei der Berauer Wallanlage liegt. Ist diese Ansammlung auffälliger und wie exakt behauen wirkender Steinquader wirklich eine reine Laune der Natur?

»Da zerbrach er das Götzenbild, stürzte den Altar um, brannte den heiligen Hain ab ...«

gen. Gleichzeitig erklären sie die relative Fundleere bzw. den chaotischen und manchmal so zufällig wirkenden Zustand dessen, was man heute noch findet. Über die Rodung und demonstrative Zerstörung heiliger Bäume lesen wir an anderer Stelle, wie missionierende Mönche vorgingen: »[...] steht im tiefen Wald eine für ihre Schönheit berühmte und allgemein verehrte Eiche. Der Missionar entschließt sich, sie zu fällen, nicht um sich die billige Genugtuung zu gönnen, die Heiden, die ihn beschützt wissen und ihm wohlgesonnen sind, zu verhöhnen, sondern um allen zu beweisen, dass der Gott der Christen der einzige mächtige und daher der einzig wahre ist, indem er den heiligen Baum ungestraft fällt. An dem festgesetzten Tag befinden sich Bonifazius und die Seinen inmitten der Menge, die gekommen ist, dem Gottesurteil beizuwohnen. Kaum ist die Eiche getroffen, da stürzt ihre jahrhundertealte Masse mit großem Lärm wie unter einem göttlichen Atem zusammen und teilt sich in vier Teile. Das entweihte Holz dient zum Bau eines Oratoriums zu Ehren des hl. Petrus.«[9]
Wie es sich mit der Zerstörung von steinernen Bauwerken verhielt, schildert Fürstabt Gerbert: »Da zerbrach er das Götzenbild, stürzte den Altar um, brannte den heiligen Hain ab und errichtete an der Stelle des Tempels eine Kirche zu Ehren des seligen Martin, und da, wo der Altar eben dieses Apoll gestanden hatte, baute er eine Kapelle zu Ehren des heiligen Johannes [...].«[10]

9 Jean Décarreaux: Die Mönche und die abendländische Zivilisation, Wiesbaden 1964, S. 299.
10 Martin Gerbert: Geschichte des Schwarzwaldes, S. 60.

Über den Mönch Gallus, den späteren Begründer St. Gallens, heißt es: »[...] zeigte er sich den Ungetauften [...] freilich in altbiblischem Zorn über ihre heidnischen Orgien. Gallus legte Feuer an ihre Tempel und warf ihre geweihten Gegenstände ins Wasser, während Columban sie für ihren hartnäckigen Unverstand verfluchte.«[11]

Halten wir also fest: Heilige Bäume der Heiden wurden gefällt, die heiligen Haine niedergebrannt und gerodet, die heidnischen Tempel angezündet, Altäre zerstört, die Steine und Felsen gesprengt, ausgegraben und an andere Plätze verschleppt, auf den ehemaligen heiligen Stätten wurden katholische Kirchen oder Kapellen errichtet. Es ist nicht zu weit hergeholt, wenn wir uns an die Zerstörung einmaliger Buddha-Statuen und Klosterstätten durch die Taliban in Afghanistan erinnert fühlen. Die dramatische Zerschlagung des Althergebrachten und die unwiederbringliche Vernichtung aller Zeugnisse der vorchristlichen Religionen ist von Karlheinz Deschner zu Recht als eine »Woge des Terrorismus« bezeichnet worden.[12]

Die auffälligen Zerstörungsspuren an den von uns vorgestellten Schalensteinen sprechen eine beredte Sprache. Welchen anderen Grund sollte es gegeben haben, von diesen Steinen ein Drittel oder die Hälfte wegzusprengen, alle abgesprengten Teile aber an Ort und Stelle liegen zu lassen, so wie wir es in der Lochwiese und am Hirschbühl bei Titisee

In zwei Teile gesprengt: Der Schalenstein am Hirschbühl bei Titisee

antreffen? Hier ging es nicht darum, einen besonders wertvollen Stein zu gewinnen und in einem Bauwerk einer Verwendung zuzuführen, sondern hier drückt sich einzig und ausschließlich der Zerstörungswille aus. Indem ein wesentlicher Teil dieser Steine abgesprengt wurde, wurde auch seine einstige Funktion und Bedeutung ein für allemal zerstört. So wie der Mönch Bonifazius demonstrativ die heilige Eiche fällte, um zu zeigen, dass dann noch längst nicht ein Sühnegericht ausbricht, so zerschlugen und sprengten die christlichen Missionare auch Kult- und Opfersteine, um zu demonstrieren, wie wenig

---

[11] Ingeborg Meyer-Sickendiek: Gottes gelehrte Vaganten, S. 156.

[12] Karlheinz Deschner: Kriminalgeschichte des Christentums, Bd. 3, Hamburg 1990, S. 584.

dies die Götter und die angebeteten Naturgeister trifft. Übrigens hat die spätere Geschichte gezeigt, dass auch der Gott der Christenheit nichts dagegen einzuwenden hat, wenn man eine der ihm geweihten christlichen Kirchen in Schutt und Asche legt. Aber das ist ein anderes Thema.
Und wo die Zerstörung nicht fruchtete oder nicht gelang, da errichtete man eben, wie beim Schalenstein am Bübleshof, ein Kreuz und erzielte den gleichen Effekt. Darüber hinaus bewährte sich diese Praxis auch durch schlichte Umbenennung. Über den Mönch Columban und die Gemeinde Heiligenberg im Bodenseekreis heißt es: »Er evangelisierte bis in den heutigen Raum von Baden-Württemberg hinein, wo der ›Heiligenberg‹, bis dahin eine heidnische Kultstätte über dem Bodensee, möglicherweise mit dem Erscheinen des Gallus seinen heutigen Namen erhielt.«[13]

Am Odilienberg im Elsass ist besonders anschaulich zu sehen, wie einstmals heidnische Kultstätten mit christlicher Symbolik überfrachtet und okkupiert wurden – hier der in den Fels gehauene Kreuzweg.

Kreuz statt Kult

Zu den berühmten Beispielen großer und ehrwürdiger Sakralbauten der frühen Christenzeit, die erwiesenermaßen auf den Plätzen heidnischer Vorgängerbauwerke errichtet wurden, bedarf es keiner weiteren Beweisführung als lediglich der Aufzählung einiger prominenter Beispiele: die Kathedrale von Chartres, die Kirche von Winchester, das Kloster von Mont-Saint-Michel, das Kloster Odilienberg, das Straßburger Münster, die Kathedrale von Triest, die Kathedrale von Vilnius. Was für die großen Kultplätze galt, das galt auch für die kleinen: Ein Kreuz obenauf gesetzt und schon gehört der Platz der katholischen Kirche. Wenn es gelänge, für den Bau und den Standort einzelner Kirchen und Kapellen im Hochschwarzwald nachzuweisen, dass sie an Stellen errichtet wurden, auf denen vormals heidnische Heiligtümer gestanden haben, dann wäre zweierlei bewiesen: die einstige Existenz solcher Plätze und ihre Zerstörung bzw. Okkupation sowie natürlich die Existenz der dazugehörigen Heiden.
Mit dieser Hypothese im Gepäck haben wir die verfügbaren Chroniken und Gründungsüberlieferungen hiesiger Kirchen und Kapellen durchforstet. Ohne Anspruch auf Vollständigkeit hier eine kleine Auswahl:
Eine der ältesten – und in Teilen noch original erhaltenen – Kirchen des Hochschwarzwaldes ist die Pfarrkirche von Saig. Die erste urkundliche Erwähnung geht auf 1111 zurück.

[13] Ingeborg Meyer-Sickendiek: Gottes gelehrte Vaganten, S. 159.

Ohmenkapelle bei St. Märgen

Zur früheren Taufkapelle gehört ein Brunnen, »bei dem es sich [...] wohl um einen in heidnische Zeit zurückgehenden Quell handelte, den die Mönche – etwa wie in St. Blasien, St. Trudpert, St. Ulrich – zum Akt der Taufe verwendeten.«[14] Auch das Wasser des Johannesbrunnens in der Saiger Johanneskapelle gilt bis heute als heilkräftig.

Die Gründungsgeschichte des Klosters Friedenweiler ist umwoben von einem heidnischen Nebel erster Güte. So wird in vielen Varianten die Geschichte eines Grafen oder Fürsten erzählt, dessen Sohn sich im Wald verirrt und Schutz in einer Kapelle gefunden habe, in der die römische Göttin Vesta verehrt wurde. Kniend vor einem Bild dieser Göttin habe man den Sohn schließlich unversehrt gefunden.[15]

Die *Chronik von Rötenbach* berichtet, wie die Pfarrkirche dem im 6. und 7. Jahrhundert sehr populären fränkischen Volksheiligen St. Leodegar gewidmet wurde, was beweise, dass an Stelle der Pfarrkirche einst eine diesem Heiligen gewidmete Kapelle gestanden haben müsse, wobei die Mönche »mit Vorliebe an den alten Orten« gebaut hätten.[16]

Den Bau der Ortskirche von Schollach bringt die Ortsüberlieferung mit einer Sage in Verbindung, die eher heidnischen als christlichen Charakter hat. Hier geht es um das Zusammenleben von wilden Tieren und Menschen, ein typisch heidnisches Motiv. Es habe nämlich ein Wolf bei einem Hof im Tal ein kleines Kind geraubt und in den Wald verschleppt. Die bangen Angehörigen erbaten Beistand und siehe da, der Wolf brachte das Kind zurück und legte es unversehrt an einer Stelle ab, an der man daraufhin zum Dank für die Errettung das Kirchlein baute.[17]

Die Ohmenkapelle in St. Märgen trägt ihre vorchristliche Vergangenheit bereits im Namen. Denn die Bezeichnung »Ohmen« ist wie die benachbarten »Kandel«, »Otten«, »Freyel« und »Kapfen« keltischer Herkunft und bezeichnet einen kahlen, weithin sichtbaren Berggipfel. Kahl seien diese Berggipfel aber

---

14 Albert Sigwarth: Zur Geschichte der Pfarrei Saig, Lenzkirch 1991, S. 9.

15 Vgl. Erich Wohlfarth: Friedenweiler Hochschwarzwald 1123–1973. Chronik zur 850 Jahr-Feier am 8. Juni 1973, Friedenweiler 1973, S. 5.

16 Carl Rögele: Chronik von Rötenbach, Titisee-Neustadt 1987, S. 51.

17 Vgl. Arbeitskreis Ortschronik (Hg.): Schala – Schola – Schollach: Chronik einer Schwarzwaldgemeinde, Eisenbach 2008, S. 61.

nur gewesen, so heißt es in der Ortschronik, weil diese Gipfel zu kultischen Zwecken per Brandrodung kahl gemacht wurden. Jedenfalls deute auch das Nebenpatrozinium der heiligen Engel darauf hin, »dass man nach Gründung der Galluspfarrei im Tal [gemeint ist Kirchzarten auf dem einstigen keltischen Siedlungsplatz Tarodunum, Anm. d. Verf.] auch diese alte Kultstätte christianisierte, im Volk aber die alte Anhänglichkeit blieb und wohl auch die Lust, an schönen Tagen auf den einsamen Berg zu steigen und dort zu beten.«[18] Bemerkenswert ist auch, dass sich bei der Ohmenkapelle unter der Altarkapelle eine Quelle befindet, aus der sich ein Bachrinnsal entwickelt.

Die Ansiedlung des Klosters St. Peter erfolgte in der Rodung Gottschalksreute, also in einem bereits bestehenden Dorf von Vieh- und Holzfällerhütten, wo die Bewohner bereits die überlieferten Namen der örtlichen Landmarken übernommen hatten. So heißt das dortige Bächlein bis heute Elz und die Wiese vor dem Kloster Elzmatten, beides zweifelsfrei keltische Namen.

Im Jahre 1416 ist im heutigen Hinterzarten von Adligen der Umgebung eine Wallfahrtskapelle errichtet worden, und zwar an einem Platz, welcher zuvor eine bereits in unbekannte Zeiten zurückreichende Pilger- und Wallfahrtsvergangenheit hatte. Es befand sich dort nämlich ein Schwefelbad, weshalb die Lokalität »in den Ruf eines Gnaden Ortes gekommen ist.«[19]

Die Landzunge Amalienruhe am Schluchsee

Weit zurück in eine mystische Vergangenheit führt die Sage vom Bau der Kirche in Schluchsee. Am Platz, der für den Bau der Kirche vorgesehen war, der schmale Höhenrücken über der Amalienruhe, verschwanden jede Nacht die Steine und fanden sich an einem anderen Ort wieder. Man brachte die Steine jedes Mal zurück an den vorgesehenen Bauplatz, am nächsten Morgen lagen sie aber jeweils wieder an der anderen Stelle. Ein Wachtposten, der die Nacht über die Steine bewachen sollte, wurde anderntags tot aufgefunden. Da erst fügten sich die Kirchenbauer und errichteten das Gotteshaus an jener Stelle, an der die Steine jeden Morgen aufgeschichtet waren. Es ist der Ort, an dem noch heute die Kirche steht.[20]

Der ehemalige Schluchseer Pfarrer Joseph Hog überlieferte die Geschichte etwas an-

---

[18] Wolfgang Müller: Das Ohmen, in: 850 Jahre St. Märgen, St. Märgen 1968, S. 102–108, hier S. 108.

[19] Die Chronik des Pfarrers Vincenz Zahn, hg. von Hermann Brommer, Hinterzarten 1993, S. 321.

[20] Vgl. Bernhard Steinert: Schluchsee, S. 15.

ders, woran man sieht, dass binnen zweier Generationen bereits Variationen eintreten, die uns hinsichtlich der Ursprünge solcher Geschichten auch einiges an Fantasie abverlangen. Bei Joseph Hog heißt es: »Wer weiß aus den Gräben auf dem ›Kirchplatz‹ im Wolfsgrund etwas anderes herauszudeuten, als was die Sage erzählt, an die die Schluchseer seit langen Jahrhunderten glaubten, dass nämlich Engel die Steine nachts fortgetragen und so den Bau verhindert hätten?«[21]

Die nahezu identische Sage wird von der Gründung des Klosters Friedenweiler erzählt. Das Kloster sollte dort auf der Höhe beim Schafhof errichtet werden. Aber das bei Tage dorthin geschaffte Baumaterial war jeden Morgen unerklärlicherweise verschwunden und im Talgrund aufzufinden. Man sah darin ein göttliches Zeichen und baute das Kloster dorthin, wo es heute noch steht.[22] Es handelt sich hier um eine sogenannte Wandersage, also eine Sage, die an verschiedenen Orten in lokal abgewandelten Varianten immer wieder auftaucht. Eine solche Sage gibt es zum Beispiel auch über die alte Kultstätte Tüteberg im Kreis Rendsburg oder über den Staffelberg am Main, einen Kultplatz, der nachweislich bereits 5000 v.Chr. von Steinzeitmenschen genutzt und seither kontinuierlich besiedelt war.[23] Die dortige Variante lautet: »Der Volksmund überliefert, dass die Kapelle der heiligen Adelgundis zunächst auf dem Alten Staffelberg erbaut werden sollte. Jedoch hätten Engel Nacht für Nacht alles Baumaterial, das hinaufgeschafft worden war, auf den (Neuen) Staffelberg getragen. Nachdem sich dieser Vorgang mehrfach wiederholt hätte, nahmen die Menschen dies als himmlisches Zeichen an, dass die Heilige damit den Platz für ihre Kapelle selbst ausgesucht hätte.«[24] Was verrät die Sage? Sie ist laut Gert Meier, dem Neuinterpreten der deutschen Ur- und Frühgeschichte, ein Hinweis darauf, dass eine christliche Kirche einmal nicht auf einem heidnischen Platz errichtet wurde (der jeweils dafür zuerst ausgesuchte Platz), sondern an einer (besseren, würdigeren) anderen Stelle, die wahlweise Engel, Heilige oder der liebe Gott höchstpersönlich ausgewählt haben.[25] Wo diese Sage sich im Umlauf befindet, kann man demnach bei den von den himmlischen Vertretern abgelehnten Plätzen eine frühere heidnische Kultstelle annehmen, in unserem Falle also beim ehemaligen Schafhof in Friedenweiler sowie bei der Amalienruhe in Schluchsee.

---

21 Joseph Hog: Was nicht in der Chronik steht, Schreibmaschinenmanuskript, ohne Datumsangabe, Kopie im Besitz des Verfassers, S. 1.

22 Vgl. Erich Wohlfarth: Friedenweiler Hochschwarzwald 1123–1973, S. 8.

23 Vgl. Gert Meier: Die deutsche Frühzeit war ganz anders, Tübingen 1999, S. 314f.

24 Ebd., S. 319.

25 Vgl. ebd.

Die Zerstörung geht weiter

Heutzutage sind in unserer Region die wenigen Überreste der frühen und frühesten Zeiten immer noch der fortschreitenden Zerstörung ausgesetzt. Es sind heute zwar nicht mehr die christlichen Missionare mit ihrem heiligen Eifer, die Hand anlegen, aber vielleicht ist es ihr Vermächtnis, das uns heute ignorant, desinteressiert und intolerant sein lässt. Wie anders wäre zu erklären, wie unsensibel, rücksichtslos, geradezu blind und gleichgültig wir heutigen Zeitgenossen mit dem Erbe unserer Ahnen umgehen. Für die schnelle Rendite opfern wir einen Steinkreis und mag er noch so umstritten und mit Fragezeichen versehen sein. Er ist auf jeden Fall Vergangenheit und Erbe. Zwei Bauplätze sind gewonnen! Um bequemer, schneller und kostengünstiger in den Wald zu kommen, ebnen wir mit monströsen Vollerntern ganze Grabhügelfelder ein. Wir bauen einbetonierte Strommasten mitten in den keltischen Ringwall von Berau, wir planieren Waldwege quer durch Mauern und durch Gräben, von denen wir weder wissen, wer sie erbaut hat, noch

Beim Bau eines Forstweges sind diese Riesenfindlinge aus ihrer ursprünglichen Position im Großen Graben gedrückt und am Wegrand aufgetürmt worden.
Ihre einstige Lage – und Bedeutung – ist damit für alle Zeiten nicht mehr rekonstruierbar.

welchem Zweck sie gedient haben. Also immer noch: zerhacken, wegsprengen, auseinanderreißen, umpflügen, zerstören.

Das Forsthaus im Loch ist einst vom längst verstorbenen Förster Striegel erbaut worden. Er erzählte zu Lebzeiten geradeheraus, wie er beim Bau eine der großen steinernen Kammern plünderte, die direkt am Hang zur Schwarza hinunter zur Sammlung der Hofzufahrten gehörte. Er habe damals einen fünf Meter hohen Menhir gesprengt und die Einzelteile im Fundament seines Forsthauses verbaut. Außerdem habe er eine verschlossene Kammer aus großen Steinquadern vorgefunden, die mit mehreren steinernen Platten abgedeckt gewesen sei. Diese Platten – groß wie Traktorräder – hätten gewackelt, deshalb habe er sie ebenfalls entfernt und in viele Teile gesprengt.[26] Heute sieht man noch die jetzt oben offene Kammer. Sie stellt nach wie vor ein Rätsel dar, denn mit einer Breite von 1,5 Metern und einer Tiefe von über drei Metern, gesetzt aus Steinen von der Größe einer Tankstellen-Zapfsäule verweigert sie sich allen neuzeitlichen Interpretationen. Es sei denn, man unterstellt, dass einst Hofzufahrten in dieser Gegend noch solche schmalen Geheimkammern enthielten.

Noch drei oder vier Förstergenerationen und es braucht keiner Interpretationen mehr – weil es nichts mehr zum Interpretieren gibt.

Dies sind die Reste der Steinkammer, die einst noch von einer großen Steinplatte bedeckt war. Der Innenraum ist über zwei Meter hoch.

[26] Erzählung überliefert von Helmut Frings im Interview mit dem Verfasser. Originalmitschnitt des Interviews und Abschrift beim Verfasser.

b. Die Sprache der Ahnen

Alemannisch und Keltisch

Wenn jemand widerwillig oder umständlich von irgendwo weggeht, so heißt das im Alemannischen *abzoddle.* Er zoddled ab. Neudeutsch: Er verpisst sich. Wenn jemand hingegen ankommt, am Ort des Geschehens erscheint, vielleicht sogar herzitiert wurde, so heißt das im Alemannischen *adanze.* Er danzt a. Wenn der Alamanne in dieser Gesellschaft zu viel getrunken hat, so hat er keinen Rausch und beim Aufwachen auch keinen Kater, sondern *ä Bäägle.* In *de Cuchi* macht der Alamanne seine *Brägele* und *Kuttle* dazu. Und so könnte man quer durch das Alphabet spazieren, das Alemannische ist so lebendig wie eh und je. Die Vorstellung, dass wir möglicherweise Wörter und Bedeutungen in Gebrauch haben, wie sie vor 1000 und mehr Jahren schon zum Alltag gehörten, erhöht vielleicht unsere Bereitschaft, auch die stummen Steine als Botschafter der Vergangenheit zu akzeptieren.

Überall in Baden sprechen die Menschen auch heute noch alemannisch. Und nicht nur in Baden. Auch in der Nordwestschweiz und im Elsass ist Alemannisch die verbreitete Mundart der Einheimischen. Natürlich erscheint das Alemannische in diesen Regionen nicht als eine sprachliche Einheit. Es hat vielmehr in jeder Region, meist sogar in jedem Dorf seine eigene Ausprägung und Wortvarianten. Über die Herkunft, Entwicklung und Überlieferung dieser sprachlichen Eigenheiten herrscht weitgehend Einigkeit: »Das Alemannische hat sich ursprünglich aus der Sprache einiger germanischer Stämme entwickelt, die ab dem 1. Jahrhundert n.Chr. zwischen Main und Elbe siedelten. Sie waren meist in kleinen Gruppen organisiert und lebten überwiegend von der Feld- und Viehwirtschaft. [...] Die Alemannen [...] eroberten das ganze Gebiet entlang des Rheines bis zum Bodensee. [...] In der Phase der Ausbreitung und der folgenden dauerhaften Siedlung der Menschen in den eroberten Gebieten entwickelte sich die gesprochene Sprache weiter. Viele Wörter kamen durch den Kontakt mit der römischen und noch vorhandenen keltischen Bevölkerung neu in das Alltagsleben der Alemannen und somit auch in deren Sprache.«[27]

Wenn das so für die »eroberten Gebiete« feststeht, dann sind wir nicht mehr weit entfernt von der Arbeitshypothese, dass dies auch für den gleichfalls eroberten Schwarzwald gelten

---

27 Marcus Hafner: Eine Reise durch die Alemannische Sprache, Freiburg i.Br. 2005, S. 5f.

müsste, sofern er vorchristlich besiedelt gewesen ist, wovon wir ausgehen.

Seit mehr als 40 Jahren unternimmt der Sprachhistoriker und Namensforscher Wolfgang Kleiber den ebenso mühsamen wie lange angefeindeten Versuch, genau dies für den Schwarzwald nachzuweisen: Dass sich nämlich im Schwarzwald in der alemannischen Alltagssprache Reste der römischen und der keltischen Sprache erhalten haben. Den Streit, den er damit sowohl in der eigenen Zunft der Sprachforscher als auch bei den benachbarten Archäologen ausgelöst hat, die ihm wegen mangelnder Funde nicht folgen wollten, hat Kleiber 2009 zu seinen Gunsten entschieden. Damals publizierte er die Ergebnisse einer großangelegten namenkundlichen Untersuchung[28] und ermittelte ein zweifelsfreies Mittel- und Südschwarzwälder Namenssystem, welches weit überwiegend keltische Prägung aufweist. Besonders kennzeichnend ist, dass die keltische Herkunft auch für kleine, völlig unbedeutende Gewässernamen in entlegendsten Tälern gilt. Beispiele: Lütschenbach, Bregetze, Linach; Schala (frühe Bezeichnung für Schollach) ist laut Kleiber eine Zusammensetzung von keltisch *scjala* (= Treppe, Steige, nach der treppenförmigen Geländeformation im Schollachtal) und dem althochdeutschen *aha* (= Bach, Gewässer). Den Ahlenbach/Ohrensbach im Oberglottertal führt Kleiber aufgrund seiner frühesten urkundlichen Erwähnungen als Alebach (1530) und als Mallinbach (1497) auf die Form »im Walhenbach« zurück. Sämtliche »Walen«-, »Walchen«- und »Welchen«-Namen im Süd- und Mittelschwarzwald gehören laut Kleiber zum »nichtdeutschen Namenskolorit«.[29] Das heißt, Flurnamen wie »Welschenweiher« oder »Welchenveld« (bei St. Georgen/Nähe Brigachquelle), die das althochdeutsche *wal(a)ch* (= welsch) enthalten, eine Bezeichnung für gallo-römische Bevölkerungsteile im Limesland, die sich vor den andringenden Germanen in unzugängliche Gebirgsgegenden zurückgezogen haben,[30] beweisen die Anwesenheit keltischer Bevölkerung bis in alamannische und fränkische Zeit. Das heutige Jostal bei Neustadt hieß in den ältesten Urkunden, die es zwischen 1111 und 1136 erwähnen, noch Welschenordera,[31] in einer anderen Quelle Walschen ordenen.[32] Zur Unterscheidung vom benachbarten Langenordnachtal ist die Bezeichnung »Welschenordera« damit sprachgeschichtlich das ›von Fremden (den Welschen) bewohnte Tal‹. Wer waren diese Fremden?

Der Neustädter Apotheker Ernst Himmelseher hat 1903 in einer kleinen Schrift über die Besiedelungsgeschichte des Hochschwarzwaldes die These vertreten, dass Teile der

---

28 Vgl. Wolfgang Kleiber: Beiträge zur Siedlungsgeschichte des Mittleren Schwarzwaldes im Spiegel vordeutscher Sprachrelikte, in: ders. (Hg.): Tarodunum/Zarten – Brigobannis/Hüfingen, S. 103–161.

29 Ebd., S. 144.

30 Vgl. Adolf Bach: Deutsche Namenskunde, Heidelberg 1954, S. 490.

31 Jutta Krimm Beumann: Die ältesten Güterverzeichnisse des Klosters St. Peter im Schwarzwald, Stuttgart 2011, S. 67.

32 Wolfgang Kleiber: Beiträge zur Siedlungsgeschichte, S. 145.

Keltische Namen sind noch heute überall in der Schwarzwaldlandschaft präsent.

keltischen Bevölkerung des Dreisamtales beim Auftauchen der Römer, spätestens aber bei der Landnahme durch die Alamannen sich in den Hochschwarzwald geflüchtet haben, wo sie sich in abgeschiedenen Tälern versteckt hielten und bis ins frühe Mittelalter (als Welsche, als Fremde) überlebten.[33] Die Welschenordnachtheorie gewinnt an Plausibilität, wenn man weiß, dass genau das gleiche Geschehen auch für die Orte Welschensteinach und Welschenvollenbach im Kinzigtal angenommen wird. Demzufolge gab der Name »Welsche« ursprünglich den Hinweis, dass die Alamannen eine welsche, also gallo-keltische Bevölkerung an den so benannten Orten angetroffen haben. Die Alamannen im süddeutschen und Schweizer Raum nannten die zahlreichen Anderssprachigen, die sie an neu besiedelten Orten antrafen, Walch, Walh, Welsch, Walegg, Walen, Walenchäle. Auch der Walensee in der Schweiz wird zum Beispiel in dieser Logik als ursprünglich keltisch besiedelt angesehen.[34] Ein keltisches ›Reliktwort‹ ist nach Kleiber auch die Bezeichnung »Gumme« für »Mulde«, »Tal«, »Schlucht«. Die Bezeichnung taucht vor allem im Raum Kandel/Glottertal/ St. Peter auf, wo es sogar einen Gummenhof

33 Vgl. Ernst Himmelseher: Neustadt und seine Umgebung, Neustadt 1903.
34 Vgl. Roland Weis/Harald Riesterer: Hochschwarzwald, S. 31.

gibt. Auch Ableitungen und Varianten haben sich erhalten, wie Gummenbühl (Oberried), Langgimmiwald (Oberried), Gummeck (Glottertal), Gumulun und Gumma (Günterstal), Gumat (Attental).[35] Ähnlich verhält es sich mit dem keltischen Reliktwort »Nauda« (= Sumpfwiese). Im Dreisamtal hat es sich abgewandelt in *zu der noden* oder *notmat* (= sumpfige Matte/Wiese), im Breisgau und am Kaiserstuhl wurde daraus *vor dem noting* oder *ze otmatten*, im Elsass kennt man die Abwandlung *auf dem Nöderlin.*[36]

In den Wiesentälern der Gauchach und Mauchach auf Löffinger Gemarkung sind ebenfalls zahlreiche Gewannnamen enthalten, die vorgermanischen, also mindestens keltischen Ursprungs sind. Schon das »Au« steht für »Bachwiese«. »Muchen« ist keltisch und kommt von *mogh* (= Hof) oder *mogehein* (= kleiner Hof). Der Gewannname »Hardt« steht für das keltische *ard* (= Hochland, Hochebene). »Bohl« geht zurück auf das keltische *bol* (= Hügel), »Rain« stammt von *roin* (= Weg, Grenze), »Krägersteig« ist aus *creag* (= Berg) und »Steige« zusammengesetzt und bezeichnet die Steige von Unadingen nach Döggingen. Das keltische *wan* (= Kuppe) findet sich auf Löffinger Gemarkung gleich 23-mal in Flur- und Gewannnamen. Auch der Name »Bittenbach« deutet auf keltische Ursprünge hin, *bi-tain* bedeutet in der Sprache der Kelten »kleines Wasser«.

row

Das Jostal gilt Frühgeschichtlern als möglicher Aufenthaltsplatz gallorömischer Bewohner vor der christlichen Besiedlung.

Der ganze Schwarzwald hatte einst einen keltischen Namen, nämlich Abnoba (nach einer keltischen Göttin der Wälder und Quellen und Schutzherrin der Jagd). Die römischen Besatzer übernahmen später diesen Namen (und die Göttin) und sprachen in ihren Schriftquellen vom *mons abnoba,* wenn sie den Schwarzwald meinten. Die Flussnamen »Brigach«, »Breg« und »Bregenbach«, in denen die Silben »brig« und »breg« stecken, sind durch das keltische Wort *briga* (= hügeliges Gelände) miteinander verwandt. »Brig« bezog sich ursprünglich auf die Landschaft zwischen den beiden Flüssen, die dann nach ihr benannt wurden. Dabei ging laut Namensforschung »brig« mit dem althochdeutschen *aha (ach)* eine Verbindung ein und wurde zu

[35] Vgl. Wolfgang Kleiber: Beiträge zur Siedlungsgeschichte, S. 130f.

[36] Vgl. ebd., S. 137f.

»Brigach« eingedeutscht, während der andere Fluss mit einer geringfügigen Lautverschiebung den Namen »Breg« annahm. Der Villinger Heimatkundler Paul Revellio sieht darin ebenso wie der Namensforscher Hans Brüstle den ortsnamenskundlichen Hinweis für eine keltische Besiedlung.[37]

Flussnamen als Zeuge keltischer Vergangenheit: Elz, Glotter, Brigach und Breg

Und vor den Kelten?

Die Sprach- und Namensforschung ist in jüngster Zeit so weit in unsere Vergangenheit vorgedrungen, dass teilweise atemberaubende Erkenntnisse das Ergebnis sind. Es ist hier nicht der Raum, alle Pfade nachzuzeichnen, zumal nicht alles widerspruchslos anerkannt wird, was die Spracharchäologie zutage fördert. Von daher sind die im Folgenden vorgestellten Theorien ein Angebot, noch lange keine Gewissheit.

Am Anfang des Germanischen stehen große lautliche Veränderungen, durch die es sich klar von allen anderen indogermanischen Sprachen abgrenzt. In dieser sogenannten Ersten germanischen Lautverschiebung zeigen folgende Laute – es sind nur Konsonanten – tiefgreifende Veränderungen: *p* wird zu *f*, *t* wird zu *th* bzw. zu *s*, *k* wird zu *ch* und später zu *h*. Ferner verschieben sich in der Zweiten germanischen Lautverschiebung *b*, *d*, *g*, zu *p*, *t*, *k*. Außerdem wechselt die Betonung der Silben und stimmlose werden zu stimmhaften Verschlusslauten.[38] Ein Beispiel: lateinisch *pater*, gotisch *fadar*, englisch *father* (= Vater).

Mit diesem Instrumentarium hat der Altertumsforscher Otto Klaus Schmich sich auf die Suche nach einem bisher nicht fassbaren vorgeschichtlichen Volk der Hünen gemacht.[39] Wer denkt nicht bei den sogenannten Hünengräbern an Erbauer gleichen Namens? Aber wer waren diese Hünen? Wo lebten sie? Was weiß man über sie? Schmich hat sich zunächst über die Ortsnamensforschung herangepirscht und die Namenswurzel »Hun-« untersucht.

Die Ausbeute reicht – Umlautungen und Wortverstümmelungen eingeschlossen – von Hunsrück über Hüningen, Hönisch, Bad Honnef bis Hundersingen. Selbst ohne die Orte,

---

[37] Vgl. Hans Brüstle: Ortsnamen der Region Schwarzwald-Baar-Heuberg, S. 119.
[38] Vgl. Otto Klaus Schmich: Hünen, S. 70.
[39] Vgl. ebd.

Das Bregtal – einst Heimat der Kelten

die auf »Hund-« oder »Huhn-« (»Hühner-«) weisen, sind deutschlandweit bald 70 »Hun-« Orte zusammengekommen. Unterhalb der Ebene der Ortsnamen kann man die Suche aber im Bereich der Flur- und Gewannnamen fortsetzen und stößt dann auf eine schier unüberschaubare Anzahl von Örtlichkeiten, die eine echte Wurzel »Hun-« aufweisen. Mithilfe der oben skizzierten Erkenntnisse zur Lautverschiebung umfasst die Sammlung dann unter anderem: Hunse, Hennegau, Hainse, Haun, Hoin, Heun, Huhn (rheinisch Hinkel) – in allen denkbaren Kombinationen und Zusammensetzungen.

Nun kam eine zweite Überlegung hinzu: Diese Ortsnamen können nichts mit den Hunnen zu tun haben. Schmich begründet dies ausführlich, indem er nachweist, dass die »Hun-«Orte auch und besonders in Gegenden liegen, die niemals von Hunnen gestreift wurden, dass die Orte ihre Namen bereits trugen, bevor die Hunnen zwischen 425 und 451 im heutigen Deutschland auftauchten, und dass die Bildung von Ortsnamen sich stets über größere Zeiträume erstreckt und nur in neuzeitlichen Ausnahmen einem einzelnen Ereignis gewidmet ist.[40] Und dann handelt es sich in der Regel um ein positiv in Erinnerung gebliebenes Ereignis.

Zur Verwirrung – und Vermischung – haben dann aber sowohl das Reitervolk der Hunnen als auch dasjenige der Hungaren (Ungarn) beigetragen: Beide haben mit ihren Einfällen im 6. Jahrhundert in Westeuropa ihre Namensstempel hinterlassen und die bereits

Wer waren die Hünen? Hinterließen sie auch Spuren im Südschwarzwald (hier beim Kuckucksweiher)?

[40] Vgl. ebd., S. 118.

vorhandenen »Hun«-Namen überlagert. Damit sind laut Schmich die ursprünglichen Bedeutungen oft in Vergessenheit geraten.

Wenn auch die neuzeitlichen Chronisten von einem Volk oder Stamm der Hünen oder Hunen nichts berichten, so ist doch die Bezeichnung als solche durch alle Zeiten bis heute lebendig geblieben. In der Vorstellung wuchsen die Hünen entsprechend der megalithischen Hünengräber Norddeutschlands zu Riesen. Die Bedeutung des germanischen *hun-* im Sinne von »heldenhaft«, »groß«, »stark«, »vornehm« verstärkte diese Verknüpfung von Hünen und Riesen. Der Paläolinguist Richard Fester, auf den wir im nächsten Abschnitt noch näher zu sprechen kommen, bemerkte dazu: »Hüne [ist] eine Form für groß oder [...] kolossal. Das gilt auch für unsere zahlreichen ›Hühnerberge‹, oft noch zu ›Gickelberg‹ weiterverfälscht. Auch das ›Hünengrab‹ ist eben nur ein besonders großes Grab und der ›Hunsrück‹ eben ein großer Rücken.«[41] An anderer Stelle beschäftigt sich Fester mit den Flur- und Bergnamen und trägt hier die Verwandtschaft zusammen: »Hohnstein, Hanstein, Holsten, Hunnenstein, Heunenstein, Hünen – und daraus verballhornt Hühnerstein, oft weiter verfälscht zu Hinkel- oder gar Gickelstein.«[42]

Wie aus den großgewachsenen nordischen Schweden, den *Sverige* die sprachliche Verniedlichung und Verkleinerung *Sverge* (= Zwerge) entstanden sei oder aus den großgewachsenen nordafrikanischen *Tuareg* = *Twerg* = Zwerg, so habe sich aus den Hünen ein *Hain* = *Hein* = Heinzelmännchen entwickelt oder aus den riesigen Hünen die *Hotzen* = *Hutzel* = Hutzelmännchen. Eindeutig als solche identifizierte vorgeschichtliche Grabhügel in Württemberg und Hohenzollern tragen Namen wie »Hennenbühl« (Böblingen), »Hennenhäusle« (Rutesheim), »Hühnerbühl« (Ammerhof), »Hunnenbühl« (Böblingen) oder »Hühnerbühl« (Huldstetten).[43]

Sprache der Steinzeit

Richard Fester (1910–1982) war ein deutscher Autor und Paläolinguist. In seinem bekanntesten Werk *Sprache der Eiszeit*[44] stellt er die These auf, dass alle Sprachen der Welt einen einmaligen gemeinsamen Ursprung besitzen. Fester selbst unternahm dann den Versuch, diesen Urwortschatz zu rekonstruieren. Die etablierten Sprachwissenschaften haben die von Fester angewandte Methodik stets abgelehnt und seine Ergebnisse deshalb als Pseudowissenschaft geächtet. Allerdings ist die Theorie selbst, nämlich dass es eine Ursprache gegeben habe, von vielen ernst zu nehmenden Sprachforschern aufgegriffen und weiterverfolgt worden. Alle heutigen

41 Richard Fester: Die Steinzeit liegt vor deiner Tür, München 1981, S. 168.
42 Ebd., S. 229.
43 Vgl. Oscar Paret: Unsere vorgeschichtlichen Grabhügel in Württemberg und Hohenzollern, Schwäbisch Hall 1954, S. 36ff.
44 Richard Fester: Sprache der Eiszeit, München 1980.

Groß – kolossal – hünenhaft. Ein Merkmal der Megalithzeit

Sprachfamilien, so die Theorie, entstammten jeweils einem Urahnen. Sie nennen diesen Urahn aller Sprachfamilien den »Nostratic«,[45] abgeleitet von lateinisch *noster* (= unser), und sagen, die Mitglieder der nostratischen Sprachfamilie (Proto-Indogermanisch, Proto-Semitisch, Proto-Uralisch, Proto-Altaisch, Proto-Eskimoisch-Aleutisch etc.) haben jeweils einen noch viel älteren gemeinsamen Sprachgroßvater gehabt, die Ursprache der Menschheit, das »Protonostratische«.[46] Die Informationsgewinnung aus dem Studium des Vokabulars der verschiedenen Protosprachen bezeichnet der russische Sprachforscher Aaron Dolgopolsky als »linguistische Paläontologie«. Sie helfe, die Kultur und geografische Örtlichkeiten einer Bevölkerung zu entschlüsseln: »Im Protoindogermanischen gibt es viele Wörter, die mit Landwirtschaft und Viehzucht in Verbindung stehen; das bedeutet, dass die Protoindogermanen ein neolithisches Volk mit einer Nahrungsmittel erzeugenden Wirtschaft waren. Andererseits finden wir unter den zweitausend Wörtern des protonostratischen Wortschatzes keine Wörter, die auf die Bekanntschaft mit Landwirtschaft und Viehzucht hindeuten, sondern wir finden viele Begriffe, die mit Jagd und Viehzucht zusammenhängen. [So] [...] können wir schlussfolgern, dass das Protonostraische der Periode zugeordnet werden muss, die der ›Neolithischen Revolution‹ vorausging.«[47]

Ein einziges repräsentatives Beispiel mag genügen, um aufzuzeigen, wie die Idee von der gemeinsamen Muttersprache der Menschheit zu verstehen ist. Als ein Urwort der Ursprache gilt *AQ'WA.* Dieses *AQ'WA,* das »Wasser« bedeutet, kommt nicht nur in der indogermanischen (lateinisch *aqua,* althochdeutsch *aha* = *waha* = Wasser) Sprachfamilie vor, sondern auch in Protosprachfamilien völlig entlegener Weltgegenden. Im Nilsaharanischen (Nyimang *kwe* = Wasser und Kwama *uuku* = Wasser), im Afroasiatischen (Janjaro *ak(k)a* = Wasser), im Amerind (Allentiac *aka* = Wasser, Culino *yaku* = Wasser und *waka* = Fluss, Fulnio *waka* = See).[48]

---

45 Nachzulesen bei Richard Rudgley: Abenteuer Steinzeit, Wien 1998, S. 70ff.

46 Ebd., S. 71

47 Aaron Dolgopolsky u.a.: Is there a Prehistory of Linguistics?, in: Cambridge Archaeological Journal 5/2 (1995), S. 257–275, hier S. 268–271, zit. nach Richard Rudgley: Abenteuer Steinzeit, S. 71.

48 Vgl. Richard Rudgley: Abenteuer Steinzeit, S. 77.

Wenn das Indogermanische 6000 bis 8000 Jahre alt ist, dann müsste die Ursprache nach den Rekonstruktionen der sich damit befassenden Linguisten etwa zwischen 50 000 und 40 000 v.Chr. entstanden sein.[49]
Wer nun meint, dies alles sei doch eine sehr weite und umständliche Abschweifung zu unserem hier vorliegenden Thema, der wird gleich den Zusammenhang erkennen, wenn wir uns mit einigen der auch hierzulande gängigen Bezeichnungen beschäftigen. Anhand der Begriffe »Berg«, »Wald« und »Straße« folgen wir Richard Fester in der Beweisführung.[50] Die Bezeichnung »Berg« steht scheinbar eindeutig für Erhebungen aller Art. Aber wie kommt es, dass in Deutschland viele Orte mit dem Namensteil »-berg« gar nicht auf oder an einem Berg liegen? Und was haben Wörter wie »bergen« und »verbergen« damit zu tun? Was ist die Gemeinsamkeit zwischen unserem Feldberg im Schwarzwald mit den zahllosen Berg, Berge, Berga, Bergen, Barge, Bargen, Bargfeld, Bargemon, die von der Biskaya bis hinauf in die norwegischen Fjorde vorkommen, teilweise ohne auch nur die kleinste Erhebung aufzuweisen? In den nordischen Sprachen ist *berg* ein häufiger Name für Hofreiten, also für kahle, gerodete, manchmal auch von Gestein freigeräumte Flächen. Im Französischen werden unbewachsene Uferstreifen oder Sandbänke an Flüssen *les berges* genannt, in Südeuropa *barre.* Bevor es Straßen und Wege gab, waren

AQ`WA = Waha = aha = Wasser – die Namensherkunft von Schluchsee-Aha liegt somit weit in der Vergangenheit.

dies aber die natürlichen Verbindungswege, leicht zu begehen, so wie die Bergstraße, die dem früher nach Norden abbiegenden Neckarlauf folgte. Der französische Schäfer heißt *berger,* die Schafhaltung *bergerie,* weil die Schafe auch dort noch Nahrung finden, wo das Land kahl und nackt ist. So schält sich das Kahle, Nackte, Wilde und Rohe als Dominante des Urwortes *ber/bar* heraus. Denken wir an die Baar oder an Bar in der Provence, an Barre in den Pyrenäen; »bar« ist also wie »berg« keine quantitative, die Höhe bezeichnende, sondern eine qualitative, die Beschaffenheit beschreibende Kennzeichnung. Damit sind wir schon in der Umgangssprache angekommen, denn barhaupt und barfuß entstammen der gleichen uralten Wurzel wie

[49] Vgl. Merritt Ruhlen: Linguistic Evidence for Human Prehistory, in: Cambridge Archaeological Journal 5/2 (1995), S. 265–268.
[50] Vgl. Richard Fester: Die Steinzeit liegt vor deiner Tür, S. 46ff.

Belchen – ein Bar-Bal-Berg

Feldberg – ein Fjäll-Berg

auch die bare Münze. Das französische Bargemon ist ebenso wie Italiens Bergamo eine Bilingue, also doppelt bezeichnet, nämlich mit *barge* (= Berg) und *mont/mons* (= Berg). Die Schlussfolgerung: »Also setzte man dies ›mons‹ hinzu, als man schon nicht mehr wusste, was ›Barge‹ bedeutete!«[51] *Bar* ist ein Archetyp von *ba* und *bal* und damit landen wir bei den »Bal«-Bergen, vom Balkan über die Balearen bis zum Vogesenberg Balion oder dem Ballenberg im Albtal, dem Belchen im Südschwarzwald, inklusive der Verdrehung von *bal* zu *alb.* Die Reihe endet im hohen Norden mit *fjäll, fjell* und *field.* Topfebene Hochflächen in Skandinavien heißen bis heute *fjäll,* weil sie kahl und nur mit Tundren bewachsen sind. Diese stellen die Verbindung zu unseren hiesigen »Feldberg«-Namen her. Unsere Namen mit oder auf »Feld-/-feld« reichen zurück in eine Zeit, da eiszeitliche Klimata unsere Ebenen und Berge in *fjäll* ähnliche Vegetationszonen verwandelt hatten. So ist der Feldberg als eine höchst bemerkenswerte Bilingue, als Fjällberg zu verstehen, also *fjäll* (= kahl) und *berg* (= kahl). Das ist das Bild, welches der Feldberg in der nacheiszeitlichen Steinzeit abgegeben haben muss. Und wenn wir seinen Namen sprachgeschichtlich so weit zurückverfolgen können, dann geht das nur, wenn wir auch Menschen unterstellen, von denen diese Urbezeichnung stammt, sowie Menschen, die sie über die Jahrhunderte und Jahrtausende bis in die Gegenwart weitergetragen haben.

Nach ähnlichem Muster verfolgt Richard Fester die Bezeichnung »Wald« in dunkelste Vorzeiten zurück.[52] Bei Tacitus hieß der Schwarzwald »hertynischer Wald« (woraus Herzynische Wälder wurden). Darin steckt *hert* = *hart* das Ursprungswort für Wald: Hart. Wir finden es noch im Mainhard, Murrhardt und Spessart und auch in allen »Hardt«-Wäldern quer durch Deutschland. »Hart/Hardt« hat sich demnach als Landschaftsbe-

[51] Ebd., S. 47.
[52] Vgl. ebd., S. 55f.

zeichnung für solche Flächen entwickelt, wo während der Eiszeit oder schon früh nach Abschmelzen der Gletscher Wald möglich war. Dies trifft für Uhart und Gailhard in den Pyrenäen ebenso zu wie für die (H)Ardennen und den Harz. Die zahlreichen Flur- und Gewannnamen in etlichen Gemeinden des Südschwarzwaldes, die nur auf »Hardt« lauten oder mit »-hardt« enden, sowie das Fehlen solcher Namen in anderen Orten, geben möglicherweise zusätzlich zu den geomorphologischen Befunden Auskunft über den Verlauf der Gletscherausdehnung während der Würmeiszeit im Südschwarzwald.

Bei den nomadischen Lappen Skandinaviens, die bis vor wenigen Generationen in einer steinzeitlichen Umwelt lebten, habe sich der ursprüngliche Sinngehalt bestimmter Wörter bis heute erhalten, meint Richard Fester.[53] Er belegt dies mit einem weiteren Urwort, das wir hier als drittes Beispiel vorlegen, nämlich mit dem nordischen *gata* und *gate,* hierzulande noch in »Gasse« enthalten. Das lappische *gadda* bedeutet aber weder Gasse noch Straße, sondern bezeichnet den freien Uferstreifen an Flüssen und Seen. Diesen zu begehen, war in weglosen Zeiten sicher einfacher, als sich querfeldein durch Buschwerk und Baumwuchs, über Geröllfelder oder Moore zu begeben. So war die Ur-Gadda/-Gasse von der Natur selbst gebahnt, zudem entlang des Wasserlaufs optimal für die Orientierung, der bequemste Weg, der sich dem steinzeitlichen Menschen anbot. Wir erwähnten bereits die »Berg«-Straße, die keineswegs Berge überquert, sondern dem Lauf des Neckars folgte. Als *Berggatta* (= Berggasse = Bergstraße) wäre die Namensherkunft plötzlich plausibel: der Weg entlang des kahlen Neckarufers. Nunmehr sollten wir uns gewappnet fühlen, im folgenden Absatz bei der Zuordnung und Interpretation von Orts- und Geländenamen ungeahnte Zusammenhänge zu entdecken und Neubewertungen zuzulassen. Wir wagen damit einen weiteren Schritt in den Nebel der Vergangenheit hinein.

Hart und Hardt – nacheiszeitliche Namensgebung für den Wald

[53] Vgl. ebd., S. 151.

c. Die Plätze der Ahnen

Vom leuchtenden Elsass

Zu den geheimnisvollsten Orten mit frühgeschichtlicher Vergangenheit gehört in unserer näheren Umgebung der Odilienberg im Elsass mit dem Klosterbauwerk, mit seiner rätselhaften Heidenmauer und mit den zugehörigen Kultsteinen. Er ist so oft vermessen, interpretiert, untersucht, fotografiert und archäologisch begutachtet worden, dass nähere Beschreibungen sich erübrigen.[54] Dass dieser Berg in frühester Zeit bereits von Menschen besucht und genutzt wurde, steht außer Frage. Darum eignet er sich ja auch so gut, ein paar Dinge herzuleiten.

Zunächst einmal ist festzuhalten, dass er erst seit der Zeit der christlichen Okkupation Odilienberg heißt. Zuvor hieß er Hohenburg, im Volksmund sogar Hoinburch, was nicht mehr weit entfernt von Hünenburg ist.

Nun begeben wir uns auf ein Feld, das mehr als vermintes Gelände ist. Die Gefahr, sich hier zu vergaloppieren und von einem Trittstein der Hirngespinste auf den nächsten zu tanzen, nur um sich irgendwann in den Nebeln von Avalon wiederzufinden, ist groß. Aber soll man deshalb einen Bogen um Theorien und Ideen machen, die bereits ganze Bücherregale füllen? Die gegenwärtig gesicherte und akzeptierte Einteilung in Geschichte und Vorgeschichte ist längst nicht so zuverlässig, wie uns weisgemacht wird. Das Gegenteil beweist Richard Rudgley, der in seinem Buch *Abenteuer Steinzeit* zu dem Urteil kommt: »Am Bild von unserer vorgeschichtli-

Auf dem Odilienberg im Elsass

[54] Es sei hier lediglich auf drei Titel verwiesen, die sich mit unserer Thematik berühren: Petra van Cronenburg: Geheimnis Odilienberg, München 1998; Adolphe Landspurg: Orte der Kraft, Straßburg 1994; Gert Meier/Uwe Topper/Hermann Zschweigert: Das Geheimnis des Elsaß, Tübingen 2003.

chen Vergangenheit, da ständig neue Entdeckungen gemacht werden, müssen ständig Korrekturen vorgenommen werden. Dabei verschieben immer mehr Beweise die Skala nach rückwärts und belegen, das die prähistorischen kulturellen Errungenschaften grundlegender, komplexer und mannigfaltiger sind, als bislang vermutet.«[55] Mit der Bereitschaft, uns darauf einzulassen, betreten wir jetzt also den Odilienberg.

In der Nähe des Odilienberges liegt der Elsberg, der bis ins 16. Jahrhundert noch Elsassberg hieß. Elsass wiederum wird in der einschlägigen Literatur den »Alesia«-Orten zugewiesen, die wie der altgriechische Orakel- und Mysterienort Eleusis einem alteuropäischen Kulturkreis angehört haben sollen.[56] Grob verkürzt lautet die Theorie hierzu, dass es schon in früher vorgeschichtlicher Zeit eine europäische Hochkultur gegeben habe, die über »Alesia-/Eleusis«-Namen identifiziert werden kann. Beispielsweise stecke im Ort Ilsenburg (einst eine Pfalz Heinrichs II.) im Harz das ältere Elysinaburg, in Alessio oder Alizone in Italien finde man das Kennwort ebenso wie in Alijo und Elche in Spanien oder in Versailles, Calais, Montalais in Frankreich, Carlisle in England, Elsenwang, Alsenborn und Ilsfeld in Deutschland. Jedenfalls gehöre auch das Elsass mit dem Elsberg in dieses System. Elsass habe im Namenskern, wie Elysium und Eleusis, etwas mit ›leuchten‹ zu tun. Dies führe zur Verehrung der ›leuchtenden Mütter‹, jener Muttergottheiten, die im Zentrum einer prähistorischen Urreligion gestanden haben.[57] Dieses spannende Feld der Wissenschaft können wir hier nur streifen, denn an dieser Stelle geht es mehr um die Frage, was aus heutigen Namen im Hinblick auf die früheste Vergangenheit herauszulesen ist. Da der Els(ass)berg und der Odilenberg (Hoinburch) heiligste Kultstätten dieser Mütterreligion beherbergten, unterstanden beide Örtlichkeiten einem besonderen Schutz. Deshalb habe eine Art Bannmeile oder ein Schutzriegel rund um den Odilienberg den Zugang zu diesem Ort abgeriegelt, und man könne die Konturen dieser Bannmeile noch an heutigen Ortsnamen erkennen.[58] Es gehörten die Orte Ban, Barr, Bannstein, Dreibannstein dazu, der Col du Bannstein,

Das Örtchen Barr am Fuße des Odilienberges

[55] Richard Rudgley: Abenteuer Steinzeit, S. 419.

[56] Die Theorie stammt von dem französischen Gelehrten Xavier Guichard (1870–1947).

[57] Vgl. Marija Gimbutas: Die Sprache der Göttin. Das verschüttete Symbolsystem der westlichen Zivilisation, Frankfurt a.M. 1995; dies.: Die Zivilisation der Göttin. Die Welt des Alten Europa, Frankfurt a.M. 1996.

[58] Vgl. Gert Meier/Uwe Topper/Hermann Zschweigert: Geheimnis, S. 162.

Ban-de-Laveline und Ban-de-Sept sowie Bannwil, alles Orte, die in einem Radius von rund 60 Kilometern um den Elsberg und den Odilienberg liegen. In genau diesem Abstand vom Elsberg, nämlich 63,5 Kilometer entfernt, liegen auf deutscher Seite die Orte Varnhalt und Umweg, heute zwei Teilorte von Baden-Baden. Auch diese Namen sind sprechend: Sie künden einen »Umweg« und einen »Warn-Halt« an, deuten also darauf hin, dass in alten Zeiten hier der Zugang zu einer Kultstätte gesperrt war.[59]

Und nun betreten wir, mit diesem Wissen im Kopf, unser Untersuchungsgebiet. Auch im Wort »wehren« steckt »abwehren« oder »barren« (von Barre = Querriegel, Sperrriegel). Mit dem Ort Wehr, dem Fluss Wehra, der Burgstelle Werrach hätten wir einen solchen »Abwehr«-Namen, freilich ohne Vorstellung, wo die Stätte gewesen sein könnte, die es zu beschützen galt. Bannhag (bei Albbruck) und Bannholz (bei Birkendorf) wären weitere Verdächtige, zusammen mit dem Bannholzer Berg (gegenüber Berau) und dem We(h)rberg (bei Dachsberg/Urberg).

Im Dunstkreis des Elsass' wären auf der französischen Rheinseite Elsenheim und auf der deutschen auch die Elz (Els) als Fluss, Elzach (Els-yach) und dessen Ortsteil Yach zu nennen. Die Herkunft des Namens »Yach« ist unklar, die Ortsforschung hat es schon mit der Y-artigen geologischen Form des Tales versucht, aber wesentlich vielversprechender ist die Rückführung des »Y« zu einem »I«. Dann gelangt man zu einem I-Ach, das wie I-Burg (bei Osnabrück) oder I-Burg bei Bad Driburg im Nethegau sowie Yburg bei Baden-Baden auch megalithisch erklärt werden kann. Nach Walter Machalett sind I-Burgen und I-Steine nämlich Anlagen, die Plätze schützten, an denen Sonnwendfeiern abgehalten wurden.[60] Der Siebenfelsen von Yach (unser Titelbild) ist eine mystische Felsformation, ein meterhohes Steingebilde, das aus sieben übereinanderliegenden Steinen besteht. Das Gebiet rund um diesen Felsen heißt Belchwald, so-

Der Siebenfelsen bei Yach

[59] Vgl. ebd., S. 172.

[60] Vgl. Walter Machalett: Die Externsteine, Bd. 2, Hallonen/Maschen 1970, S. 13.

dass der Verdacht naheliegt, es könne sich hier um eine keltische oder vorkeltische Kultstätte handeln, die dem Sonnengott Belenos geweiht war, so ähnlich wie der Belchen im Südschwarzwald und die Ballon- und Belchenberge im Elsass und in der Nordwestschweiz (dazu mehr im vierten Kapitel).
Mit Yach sind wir nur noch sieben Kilometer Luftlinie von Schonach und den dortigen gespenstischen Schalensteinen entfernt, ebenso nur noch sieben Kilometer von der Elzquelle. Diese wiederum liegt in Tuchfühlung zur Quelle der Breg. Wir sind also mitten in unserem Untersuchungsgebiet.

Heilige Orte

Das Gasthaus »Zum Heiligenbrunnen«, in der Schildwende an der Grenze zwischen Breitnau und Titisee-Neustadt gelegen, ist jederzeit eine Einkehr wert. Seit vermutlich mehr als 200 Jahren wird hier in rustikaler Atmosphäre bodenständig gewirtet.[61] Neben dem Gasthaus steht das Kirchlein St. Margarethen beim heiligen Bronnen, das in seiner heutigen Form 1710 erbaut wurde, aber einen älteren Vorgänger hatte, den man wiederum bis 1550 zurückverfolgen kann. Immer schon aber gehörte der Brunnen dazu, aus dem Wasser mit Heilkräften fließt. Die Legende, heute noch von den Wirtsleuten erzählt, lautet wie folgt: Vor vielen Jahrhunderten zog eine schottische Königin namens Notburga nach dem Tod ihres Mannes mit ihren Dienern durch die Lande. Irgendwann kam sie mit ihrer Gefolgschaft im Hochschwarzwald an. Weil sie kein Wasser fand, klopfte sie mit ihrem Stab auf einen Felsen, der daraufhin Wasser gab. Seither ist der heilige Brunnen nicht versiegt, so erzählen es die Wirtsleute.[62] Die gleiche Notburga-Legende wird übrigens auch von einem Brunnen in Bühl im Klettgau erzählt und erinnert insgesamt frappierend an die Odilien-Legende, in der ebenfalls durch wundersame Kräfte plötzlich Quellen aus Felsen sprudeln und fortan Heilwasser fließt, sowohl auf dem Odilienberg selbst bei der dortigen Quelle unterhalb des Klosters als auch beim Odilienkapellchen bei Freiburg.[63]

Die Quelle zum Heiligenbrunnen

[61] Vgl. Hans Schmider: Titisee-Chronik, Titisee-Neustadt 2004, S. 334.
[62] Vgl. Badische Zeitung, Lokalausgabe Neustadt vom 25.05.2011.
[63] Vgl. Petra van Cronenburg: Geheimnis Odilienberg, S. 16.

Einen ›heiligen Brunnen‹ gibt es auch in Brenden in der Nähe der ehemaligen Silbererzgruben, er ist im Straßennamen »Unterm heiligen Brunnen« erhalten.

Hoch über dem östlichen Ortsausgang von Neustadt liegt auf einer ins Gutachtal hinausragenden Bergzunge des Hochfirsts ein Gelände, das seit jeher die Bezeichnung »Heilige Tanne« führt. Schon in den ältesten Ratsprotokollen von 1587 hat der Chronist Walter Goebel die Bezeichnung entdeckt.[64]

In der Ortsüberlieferung heißt es, dieser entlegene und versteckte Platz sei in den Kriegszeiten früherer Jahrhunderte eine Art Fluchtburg für die Bauern mit ihrem Vieh gewesen. Es gibt dazu keine schriftliche Überlieferung und schon gar nicht eine Erklärung der Bezeichnung »Heilige Tanne«.

Erst vor wenigen Jahren ist unterhalb St. Blasiens am Albstausee die Wotanstanne gefällt worden, ein mächtiger Baum von 40 Metern Höhe. Der in der örtlichen Heimatgeschichte bewanderte Claus-Peter Hilger schrieb im *Südkurier:* »Niemand weiß, wann und warum dem Baum der Name ›Wotanstanne‹ gegeben wurde. Schon in uralten Wanderkarten ist er festgehalten, und selbst in den modernen Navigationssystemen für Kraftfahrzeuge sind Standort und der Name ›Wotanstanne‹ oder auch ›Wodanstanne‹ zu finden. Das Erstaunliche ist, dass es sich bei der ›Wotanstanne‹ nicht um eine Tanne, sondern um eine Fichte handelt. [...] Rund 200 Jahre alt war der Baum, so lange hatte er seinen Platz neben dem ›Moosbach‹, der hier kräftig rauschend und schäumend aus dem ›Guckauchenloch‹ der Alb zufließt.«[65]

Das Hochplateau Heilige Tanne bei Neustadt

So wie bei der Heiligen Tanne in Neustadt dürfte es auch bei der Wotanstanne von St. Blasien um die Namensgebung für einen Platz gehen und weniger für einen bestimmten Baum. Der Name geht dann jeweils – so geschah es in Neustadt – auf den nächsten größten Baumriesen über. Auf diese Weise konnte aus einer Tanne schon einmal eine Fichte werden. Auch die Heilige Tanne bei Neustadt war zuletzt eine Fichte.

Noch so eine Geschichte: Es gebe einen Grund dafür, warum es im ganzen Schluchseegebiet keine Kreuzottern und auch sonst keine giftigen Schlangen gebe. Eine alte Sage[66] behauptet, dies liege daran, dass man einst einer der Schluchseer Kirchenglocken

64 Vgl. Walter Goebel: Die Chronik von Neustadt, Neustadt 1951, S. 38.
65 Südkurier, Lokalausgabe Waldshut vom 02.05.2005.
66 Hier erzählt nach Siegfried Scharf: Sagenhafter Hochschwarzwald, Herbolzheim 2006, S. 320.

die Form eines Schlangenkopfes gegeben habe. Deshalb seien alle Gläubigen und damit die gesamte Gegend gegen diese Tiere gefeit. Aus einer Sammlung von alten Sagen aus dem Hochschwarzwald stammt folgendes Fundstück: »Am Fußweg zwischen Altglashütten und Falkau soll ein grauer Granitblock liegen, in welchen deutlich in dunkler Farbe die Form einer Fußsohle eingedrückt ist. Seit uralter Zeit wird dieser Stein für heilig gehalten, weil dieser Fußtritt von der Muttergottes herrühre.«[67]
Eine ähnliche Sage stammt aus dem Raum Höchenschwand. Dort heißt es: Auf ihrer Flucht nach Ägypten sei die Heilige Familie einmal in starke Bedrängnis gekommen. Denn plötzlich waren die Häscher des Herodes so nahe, dass die Familie schon verloren schien. Doch da wurde sie mitsamt ihrem Esel von unsichtbarer Hand emporgehoben bis über die Baumwipfel und erst wieder zwischen Amrigschwand und Höchenschwand auf den Boden abgesetzt. Dabei schlug der Esel seinen rechten Hinterhuf so fest auf einen Granitfelsen, dass sich der Huf tief eingrub. Dieser ›Eselstein‹ wird angeblich schon 1587 in einer Urkunde des Klosters St. Blasien erwähnt.[68] Eine andere Variante der Geschichte lautet: Eines Tages kamen die Mönche von St. Blasien auf die Idee, an eben jener Stelle eine Kapelle zu errichten. Der Mönch Hacho, der diesen Bau ausführte, hörte aber eine Stimme, die ihn warnte: »Lass ab

Die einstige Bedeutung von magischen Plätzen bleibt oft in Sagen und Überlieferungen erhalten.

davon, Mönch Hacho!« Diese Warnung rief ihm die Stimme täglich zu, so lange, wie der Mönch weiterbaute. Am letzten Tag, dem Tag der Fertigstellung, steckte der Mönch ein Holzkreuz auf den First. Da hörte er einen Laut, wie von einem heftigen Stampfen auf hartem Stein, und Ruhe kehrte ein. Doch später fand er an besagtem Ort den pferdefußähnlichen Abdruck im Granit.[69]
Insgesamt mutet es schon seltsam an, wie viele ›heilige‹ Plätze alleine der Hochschwarzwald aufbieten kann, wenn man nur gründlich danach sucht. Umgekehrt dürften aber auch solche Plätze für die Suche nach vormals heidnischen Kultplätzen eine heiße Spur sein, die nicht mit Heiligen und heiligen Wundern, sondern im Gegenteil mit den

[67] Der Amtsbezirk Neustadt für die Hand der Schüler, Bonndorf 1910, S. 33 (ohne Autorenangabe).
[68] Vgl. Wendelin Duda: Die Sagen des Hochschwarzwaldes, Freiburg i.Br. 2005, S. 101.
[69] Vgl. ebd., S. 102.

Accessoires des Bösen ausgestattet sind, die also dem Teufel zugeschrieben werden. Auch davon gibt es genug in unserer Gegend. Wir nehmen einen heraus, der wundersamerweise auch noch mitten in unserem Hochverdachtsgebiet zwischen Blasiwald und Schwarzhalden liegt, nämlich die Teufelsküche. Sie liegt auf der Schwarzhalden-Seite direkt an einer Quelle, die als kleines Bächlein zur Schwarza hinunterfließt. Die Überlieferung sagt, dass sich dort vielleicht noch nach der Christianisierung der Germanen solche Menschen getroffen haben, die an ihrem heidnischen Glauben mit allen von der Kirche verbotenen Bräuchen festhalten wollten. Die Sage dazu lautet: Der Teufel habe in der Umgebung Kinder der Bauern entführt und in Höhlen in der Teufelsküche versteckt. Er habe sie dort so lange festgehalten, bis ein Zauberwort sie befreit habe.[70] Entlang der Schwarza und der Alb gibt es noch weitere Stellen, die Teufelsküche heißen. Es sind jeweils Plätze, an denen der Fluss besonders spektakulär durch felsige Engstellen oder über Wasserfälle stürzt und dabei gurgelnde Strudel bildet.

In der Buttentalhöhle im Oberen Donautal zwischen Beuron und Friedingen hat man einen jungsteinzeitlichen Lagerplatz identifiziert.[71] Dort gibt es eine Nebenhöhle mit der Bezeichnung »Teufelsküche«.[72] Der 50 Kilometer lange Limes-Abschnitt zwischen Mönchsroth an der bayrisch-württembergischen Grenze bis westlich Schwäbisch Gmünd trägt den Namen »Teufelsmauer« und wurde bereits im Mittelalter als »Werk alter Heiden« beschrieben.[73]

Entlang der Schwarza wimmelt es von himmlischen und teuflischen Bezeichnungen. Hier die Teufelsküche.

Dies mag genügen, um das Grundprinzip dieser Namensgebungen anschaulich zu machen. Wir können davon ausgehen, dass Teufelsplätze, Heiligenplätze, Wunderplätze und dergleichen alle eine Vorgeschichte haben und dass die Namensgebung immer an einen realen Hintergrund aus ferner Vergangenheit geknüpft ist. So wie es für alle Ortsnamen und Landschaftsbezeichnungen gilt.

70 Vgl. ebd., S. 108.

71 Vgl. Joachim Hahn: Die Buttentalhöhle – Eine spät-jungpaläolithische Abristation im Oberen Donautal, in: Fundberichte aus Baden-Württemberg 29 (1995), S. 13–158.

72 Vgl. ebd., S. 25ff.

73 Vgl. Rainer Braun: Die Erforschung der »Teufelsmauer« in Württemberg bis 1890, in: Fundberichte aus Baden-Württemberg 10 (1986), S. 37–75.

Wohnen und Leben

Wir haben uns bisher mit vermeintlichen Kultplätzen beschäftigt, mit heiligen Stätten, mit Sonnwendbergen und mit heidnischen Quellen und Bäumen. Das Vorhandensein solcher Orte wirft aber ganz unweigerlich die Frage nach den Siedlungsplätzen auf. Wo haben die frühen Menschen gewohnt, von denen wir annehmen, dass sie hier gelebt haben? Für manche der frühgeschichtlichen Stätten, die wir schon identifiziert haben, ist die Frage bereits beantwortet. Am besten gesichert und erforscht ist dabei sicherlich das keltische Tarodunum im Dreisamtal. Dort hat man bereits im frühen 19. Jahrhundert eine 200 Hektar umfassende Befestigungsanlage der Spätlatènezeit (nach dem Fundort La Tène am Neuenburger See, 5. 1. Jahrhundert v. Chr.) ermittelt und als das bereits beim griechischen Geografen Claudius Ptolomaeus erwähnte Tarodounon (Tarodunum) identifiziert. Durch beständige Grabungen und Begehungen bis heute[74] kennt man die Anlage ziemlich genau: Die keltische Großsiedlung war mehr oder weniger unbefestigt, offen, wie man es auch von anderen keltischen Siedlungen in Breisach oder Basel kennt. Sie erstreckte sich auf einer hochwassersicheren Geländeterrasse. Ermittelt wurden ein Siedlungszentrum (12 Hektar) und größere Außenbereiche. Man hat einen Marktplatz, Schmieden, Metall-, Keramik- und sonstige Werkstätten identifiziert, zahlreiche Belege (Bernstein, Perlen, Münzen) für Fernhandel gefunden sowie Mühlsteine aus Buntsandstein, die nachweislich aus einem Buntsandsteinbruch bei Schopfheim stammen.

»Insgesamt entsteht das Bild einer ausgedehnten blühenden Siedlung«, so das Fazit von Heiko Wagner,[75] die aufgrund der Funddichte auf 1000 bis 3000 Einwohner gekommen sein dürfte. Wagner spricht vom »Siedlungszentrum eines Stammes oder Teilstammes«, zu dem im näheren Umland noch etwa zwölf oder 15 Gehöfte gehört haben könnten. Des Weiteren gehörte zu dieser Siedlung auch eine Befestigungsanlage, die im Osten des Siedlungsplatzes liegt, also dem Schwarzwald zugewandt. Die auch heute noch mit bloßem Auge erkennbare Befestigung trägt im Volksmund die Bezeichnung »Heidengraben«. Bemerkenswert ist die Lokalisierung des bisher einzigen Eingangtores in dieser Befestigung.[76] Dieses Tor liegt nicht der beschriebenen Großsiedlung zugewandt, sondern richtet sich nach Osten, also zum Wagensteig- und Höllental hin in den Schwarzwald hinein. Kann dies etwas anderes bedeuten, als dass es in diesem Schwarzwald Orte und Menschen gab, die in Kontakt mit Tarodunum standen?

Das typische mittel- und spätlatènezeitliche Siedlungsbild sieht ein Oppidum (Zentralort

---

[74] Ausführlich dargestellt von Heiko Wagner: Tarodunum und das Zartener Becken.

[75] Ebd., S. 27.

[76] Vgl. Rolf Dehn: Das Oppidum Tarodunum bei Kirchzarten, in: Landesamt für Denkmalpflege (Hg.): Kelten an Hoch- und Oberrhein, Esslingen 2005, S. 86–89, hier S. 86f.

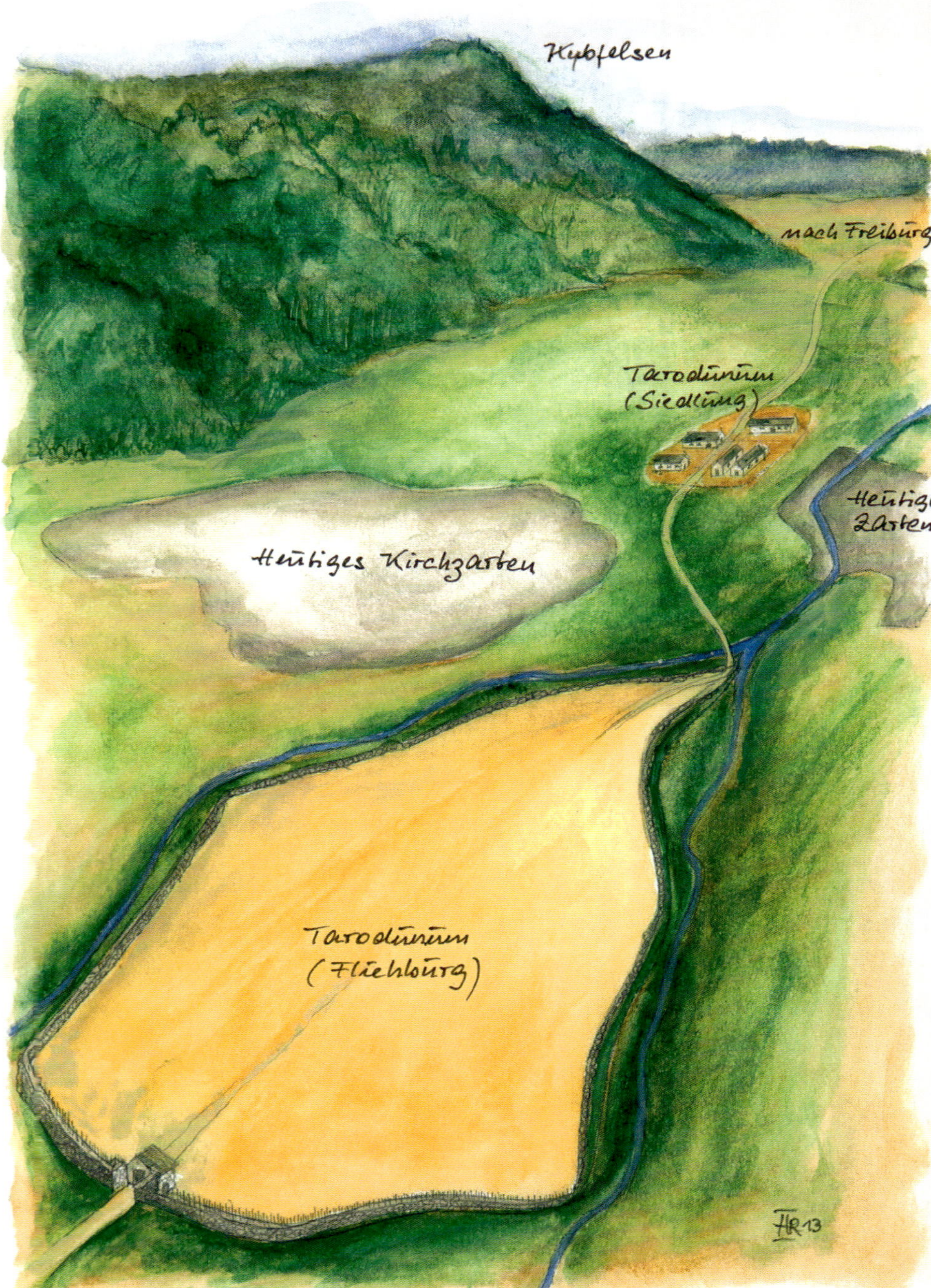

Lage der Keltensiedlung Tarodunum

mit Festungsanlage) wie Tarodunum eher als die Ausnahme an. Die Regel, so nimmt die Forschung an, sind viel eher kleine Gehöftsiedlungen oder sogar Einzelgehöfte gewesen.[77] Derartige Gehöftsiedlungen sind in Mengen, Sasbach, Breisach, Ehrenstetten oder Basel nachgewiesen. Teilweise waren sie als befestigte Viereckschanzen angelegt, von Wall und Graben oder von Palisadenwerken umgeben. Gehöfte dieser Art waren »nach Ausweis der Funde und der Berichte antiker Autoren höchstwahrscheinlich Residenzen der lokalen Aristokratie, die ökonomische und politische Macht über das Umland ausübte.«[78]

Zum keltischen Oppidum im Dreisamtal ist übrigens der dazugehörige Bestattungsplatz noch nicht gefunden, insbesondere fehlt es an einem prominenten Grabbauwerk, wie es auf der anderen Seite des Schwarzwaldes mit dem Fürstengrab Magdalenenberg bei Villingen gegeben ist. Bei Villingen ist es andersherum: Hier hat man den repräsentativen Grabhügel mit Fürstengrab und zahlreichen Nachbestattungen gefunden, über den dazugehörigen Siedlungsplatz herrscht Unklarheit. Lange Zeit schien die bereits beschriebene Wallanlage auf dem rund vier Kilometer entfernten Kapf als Siedlungsplatz festzustehen, heute wird das wieder angezweifelt.[79] Eine Alternative ist allerdings nicht in Sicht. Aufgrund der Größe und Ausstattung des Fürstengrabes vom Magdalenenberg schließt die Forschung dort auf »eine sozial differenzierte Gesellschaft [...], die wohl von einer Fürstendynastie beherrscht wurde.«[80]

Es muss also eine ›Oberschicht‹ gegeben haben, die Gemeinschaftsleistungen wie das Aufschütten des Grabhügels (mit einer Schüttungsmasse von 33 000 Kubikmetern) oder der Wallanlagen organisierte und über-

FMV

Die am Magdalenenberg ausgegrabene und im Villinger Franziskanermuseum wieder rekonstruierte Fürstengrabkammer aus Eichenbohlen

[77] Vgl. Holger Wendling: Offene »Städte« – befestigte Höhen. Ein Sonderfall der Siedlungsstruktur im Oberrheingebiet, in: Landesamt für Denkmalpflege (Hg.): Kelten an Hoch- und Oberrhein, S. 19–34.

[78] Ebd., S. 21.

[79] Schriftliche Mitteilung der Museumsleiterin Anita Auer der Städtischen Museen Villingen-Schwenningen vom 04.01.2013 an den Verfasser.

[80] Gabriele Weber-Jenisch: Das keltische Fürstengrab Magdalenenberg im Franziskanermuseum Villingen, in: Konrad Spindler: Magdalenenberg, S. 25.

wachte. Die Grabbeigaben dokumentieren große soziale Unterschiede zwischen den Bestatteten. Die zur Fürstenfamilie gehörige ›Unterschicht‹, wenn sich für sie kein zentraler Siedlungsplatz ähnlich dem von Tarodunum finden lässt, hätte sich dann auf zahlreiche kleine und kleinste Gehhöftsiedlungen und Einzelgehöfte verteilt, die aber für das Einflussgebiet des Magdalenenbergs noch der Auffindung harren. Brigachtal und Bregtal, jeweils vom Zusammenfluss bis hinauf an ihre Quellen, dürften aber diesbezüglich ein heißer Tipp sein. Die Herrschaft über einzelne Siedlungsräume lag in diesen keltischen Stammesgesellschaften oft über Generationen hinweg bei einer Familie.[81] Der Reichtum dieser ›Fürsten‹ beruhte auf ihrem monopolartigen Zugriff auf geregelte Nutzung von Bodenschätzen wie Salz oder Eisen. Salzvorkommen in der nächsten Umgebung von Villingen sind bei Bad Dürrheim und bei Schwenningen vorhanden. Im Bregtal bei Hammereisenbach gibt es Bohnerz, das sich zu Roheisen verhütten lässt. Wie die keltische Eisenproduktion funktionierte, hat man anhand von Funden bei Neuenbürg im Nordschwarzwald rekonstruiert. Dort konnte auch der Beweis vorgeschichtlichen Bergbaus erbracht werden.[82] In langovalen, kuppelförmigen, relativ kleinen Rennöfen mit einem Innendurchmesser von maximal 60 Zentimetern fand die Eisenschmelze statt. Die Öfen besaßen eine Düsen- oder Windöffnung, durch welche per Blasebalg die Luftzufuhr erfolgte. Auf der Kuppel befand sich die Öffnung, durch die jeweils Erze und Holzkohlen nachgefüllt wurden. Die Öfen wurden in einen Hang eingetieft, wobei sich an der hangabwärtigen Seite eine Vorgrube anschloss, die in den Ofenraum mündete. Aus dem Ofen rannen die Schlacken (daher der Name »Rennofen«) nach unten. Nach jedem Ofengang mussten die Öfen zur Entnahme der geschmolzenen Erze geöffnet werden, nach dem Abkühlen wurden sie mit Lehm wieder repariert und erneut betrieben. Je Ofen ließen sich mit mehreren Ofengängen rund drei Tonnen Erz bewältigen und daraus etwa eine Tonne Metall gewinnen.[83]

Was den Kelten im Nordschwarzwald möglich war, dürfte ihren Zeitgenossen im Südschwarzwald nicht fremd gewesen sein.[84] Schon seit langem geht die Forschung von der Existenz keltischen Bergbaus aus, da genügend indirekte Indizien dafür sprechen, wenn auch die Abbau- und Verarbeitungsplätze noch nicht eindeutig nachgewiesen sind.[85] Ein heißer Kandidat wäre aber Hammereisen-

81 Vgl. ebd.

82 Vgl. Günther Wieland/Guntram Gassmann: Wo die Rennöfen glühten. Keltische Eisenproduktion im Nordschwarzwald, in: Archäologisches Landesmuseum Baden-Württemberg u.a. (Hg.): Die Welt der Kelten, S. 183–186.

83 Vgl. ebd., S. 186.

84 Vgl. Guntram Gassmann: Neue Forschungen zur keltischen Eisenproduktion in Süddeutschland, in: Archäologische Ausgrabungen in Baden-Württemberg 1996 (1997), S. 94–100.

85 Vgl. Heiko Steuer: Keltischer und römischer Bergbau im Südschwarzwald, in: Archäologische Informationen aus Baden-Württemberg 41 (1999) S. 37–42, hier S. 37f.

Das imposante Wallbauwerk Krumpenschloss im Wald bei Hammereisenbach

bach mit dem in unmittelbarer Nähe liegenden Krumpenschloss. Die Anfänge des Bergbaus im Eisenbacher Tal und im Bregtal liegen vollkommen im Dunkeln. Johannes Humpert spekuliert in seiner Untersuchung über eine Römerstraße im Südschwarzwald auch über Bergbau in römischer oder gar vorrömischer Zeit in Eisenbach.[86] In der Nähe des Krumpenschlosses bei Hammereisenbach fanden Forscher eine Anzahl von Gruben, die eine schwach linienartige Anordnung besitzen. Die Wissenschaftler interpretieren sie als Pingen, also als Erdeinbrüche infolge unterirdisch eingestürzter Grubenbauten. Auch die Namensgebung Reichenbach in unmittelbarer Nähe könnte laut Heribert Saldik auf frühen Bergbau schließen lassen.[87]

Zur im ersten Kapitel bereits beschriebenen Wallanlage Krumpenschloss gehörte die inzwischen in ihren gröbsten Umrissen rekonstruierte Siedlung Laubhausen. Sie befand sich in einer dem Krumpenschloss gegenüberliegenden Talsenke, dem Wilddobel, vom Krumpenschloss durch einen kleinen Bergrücken

---

[86] Vgl. Johannes Humpert: Eine römische Straße durch den südlichen Schwarzwald, in: Archäologische Nachrichten aus Baden 45 (1991), S. 19–32.

[87] Vgl. Heribert Saldik: Bregtal, S. 14.

Der Tierstein-Felsen

getrennt. Die gesamte Anlage der möglichen Siedlung Laubhausen wird auf mindestens 70 Hektar geschätzt.[88] Neuerdings ist auf der gegenüberliegenden Seite des Bregtals eine weitere Anlage identifiziert worden, die dem Gesamtkomplex höchstwahrscheinlich zugerechnet werden müsste. Zur Erinnerung: Genau dazwischen, in der Aue des Bregtals, steht der von uns weiter oben beschriebene weißgeschliffene Menhir.

Auf der dem Bregtal zugewandten Seite Laubhausens gibt es einen markanten Felsen mit dem höchst verdächtigen Namen »Tierstein«. Auf der Bergseite, wo es auf die Höhen Richtung Mistelbrunn zugeht, heißt ein größeres Flurstück nicht minder verdächtig »Keltengräber«. Wer immer diese Namen vergeben hat, sie sind, wie wir inzwischen gelernt haben, untrügliche Zeichen, dass wir uns auf der richtigen Spur befinden. Laubhausen ist von Befestigungswällen mit einer Länge von ungefähr vier Kilometern umgeben gewesen. Davon sind mit bloßem Auge noch einige bis zu drei Meter breite Steinwälle von 80 Zentimetern Höhe auszumachen. Insgesamt ist das, was eine Ortsbegehung zeigt, aber eher enttäuschend, und es bedürfte zwingend einer archäologischen Untersuchung, um alle Annahmen zu erhärten, die sich an diesen keltischen Siedlungsplatz knüpfen. Eine als Laubhausener Brunnen bezeichnete Wasserfassung am Westende des Wilddobels wird als künstlich angelegte Wasserversorgung gedeutet.[89]

Am unweit entspringenden Reichenbächle, ca. 2500 Meter südöstlich des Brunnens,

row

Dieser fast verlandete Weiher soll der künstlich angelegte Wasserbrunnen von Laubhausen gewesen sein.

---

88 Vgl. www.heimatgilde-frohsinn.de/abteilungen/ak_stadtgeschichte (Stand: 31.08.2013)

89 Vgl. Heribert Saldik: Bregtal, S. 14.

Wie ein Sperrriegel liegt der erste Wall der Berauer Wallanlage quer über dem Bergrücken.

sind außerdem weitere fächerförmige Erdwälle zu erkennen, die als Langhügel (Reihengräber) interpretiert werden.[90]

Die Trennung zwischen Siedlungsplatz und Flucht- oder Wallburg, wie wir sie jetzt bereits in Tarodunum, in Villingen und bei Hammereisenbach kennengelernt haben, führt zu der Vermutung, dass es sich auch bei der Wallanlage von Berau nicht um eine Siedlung der Vorzeit handelt, sondern eher um eine Flucht- und Verteidigungsanlage. Dafür sprechen die Lage auf dem Bergsporn und die Absicherung des Bergrückens durch gleich drei Linien von Wällen und Gräben. Wir erinnern uns, dass die Kirchzartener Befestigungsanlage im Volksmund als Heidengraben bekannt war. Eine solche Bezeichnung ist auch bekannt für das keltische Oppidum bei Grabenstetten auf der Schwäbischen Alb.[91] Dieses ist schon 1454 als Haidengraben urkundlich erwähnt,[92] was uns sensibel auch für alle Bezeichnungen mit »Haid-« machen sollte. Berühmt ist auch das Tuttlinger Heidentor, eine Fundstätte mit Siedlungshinterlassenschaften aus der älteren Bronzezeit.[93] In Berau heißt die Anlage Heidenschanze. Auch diese

90 Vgl. ebd.

91 Vgl. Ines Balzer: Das Tor G des Oppidums Heidengraben bei Grabenstetten: Die Grabungen 1976 und 1981, in: Fundberichte aus Baden-Württemberg 22/1 (1998), S. 295–376.

92 Vgl. ebd., S. 298.

93 Vgl. Rolf Dehn/Jutta Klug: Fortführung der Grabungen am »Heidentor« bei Egesheim, Kreis Tuttlingen, in: Archäologische Ausgrabungen in Baden-Württemberg 1992 (1993), S. 99–103.

Bezeichnung spricht eher gegen als für einen Wohnplatz. Allerdings ist zwischen dem ersten und dem zweiten Wall reichlich Platz für eine Siedlung, die zumindest für die Sippe(n) der lokalen Oberschicht ausreichend Raum geboten hätte. Eine besondere Bedeutung käme in diesem Falle der Frage der Trinkwasserversorgung zu. Denn das ganze Areal ist frei von Quellen und bis heute gibt es auch keinerlei Anzeichen für eine Brunnenversorgung. Die Vorstellung, dass eine hinter den Wällen verschanzte Gemeinschaft sich über Kletterpartien und bewehrt mit Wasserschläuchen oder Fässern ins Alb- oder Schlüchttal hinunter mit Trinkwasser versorgen musste, ist völlig abwegig. Wie also haben die Bewohner/Verteidiger der Wallanlage Berau sich mit Trinkwasser versorgt? Wir nehmen die Frage auf unsere Wiedervorlage und treten ihr im fünften Kapitel näher.

Selbstverständlich müssen wir auch Siedlungsplätze für all jene Orte annehmen, an denen – wie im Raum Neustadt – die Funde von Steinhügelgrabfeldern oder – wie im Raum Schluchsee – von Steinbauwerken rätselhafter Herkunft das Vorhandensein und Wirken von Menschen nahelegt. Eine exakte geländetopografische Zuordnung der Grabhügelfelder auf den Höhen rund um Neustadt ist bislang noch nicht erfolgt. Bei Wesselkamp sind lediglich vage die Fundstellen aufgelistet.[94] Es wurde weiter oben bereits dargestellt, dass gemeinhin Siedlungsplätze und Grabanlagen – zumindest an hallstattzeitlichen Orten – in Sichtkontakt zueinander gelegen haben und nicht weiter als drei oder vier Kilometer voneinander entfernt waren.

Wenn man diese Grundprämisse zugrunde legt, dann führen die Hügelgrabansammlungen auf den Höhen Fehrn, Schottenbühl, Rau, Feuerberg und Glasberg, Morgesbühl und Mühleköpfle unweigerlich, fast zwingend, auf eine zentrale Fläche hin, nämlich auf den Bereich »Auf der Ebene« in Unterlangenordnach. Bei diesem Gelände handelt es sich um eine aus dem Talgrund herausgehobene Fläche, die auf der eiszeitlichen Endmoräne liegt, die sich in den Talausgang von Jostal und Langenordnachtal geschoben hat. Unterhalb von »Auf der Ebene« fließen Jostalbach und Langenordnachbach zusammen, sodass drei Faktoren zusammenkommen, die einen Siedlungsplatz an dieser Stelle begünstigen. Erstens: der Zusammenfluss der Bäche mit der sicheren Wasserversorgung; zweitens: die hochwassersichere exponierte Lage auf einem flachen Plateau; drittens: die Sichtbeziehung zu den umgebenden Hügeln, wo sich die Grabplätze befinden.

Da noch weitere Hügelkuppen in Neustadt und den umliegenden Tälern sowie im Raum Breitnau Hinterzarten und Lenzkirch/Schluchsee aktenkundig sind, müsste man für sie jeweils ähnliche Überlegungen anstellen, um einen wahrscheinlichen und logischen Siedlungsplatz ausfindig zu machen.

Für Titisee hat sich diese Fahndung möglicherweise bereits erübrigt, nachdem – wie

---

94 Vgl. Gerhard Wesselkamp: Die bronze- und hallstattzeitlichen Grabügel, S. 98–103.

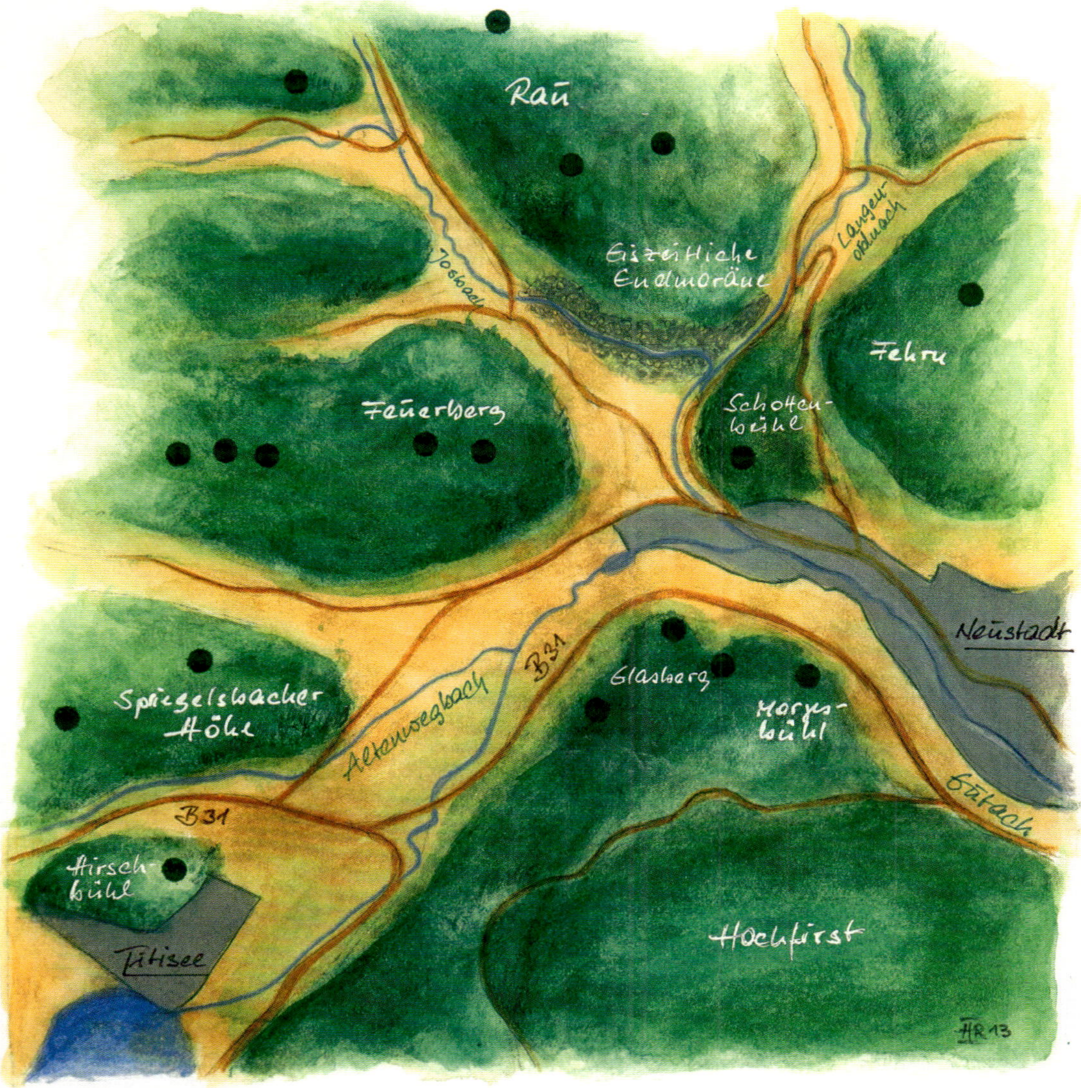

Steinhügelfelder auf den Höhen bei Neustadt

Der kleine Rücken »Auf der Ebene« zwischen Jostal und Langenordnachtal bei Neustadt

bereits geschildert – der Kirchzartener Archäologe Heiko Wagner dort im Bauaushub des Gemeindebauhofes mehrere neolithische Feuersteinartefakte gefunden hat. Ursprünglich war Wagner davon ausgegangen, dass der am Bahnhof Titisee abgelagerte Aushub von einem Neubaugrundstück direkt beim Titisee-Ausfluss stammt. Der Herkunftsort der steinzeitlichen Artefakte wäre dann nahezu identisch gewesen mit dem Fundort jener zwei vermutlich fränkischen Steinsärge, welche nach neueren Forschungen in das 8. nachchristliche Jahrhundert datiert werden. Aber die Recherche beim Neustädter Bauhof ergab etwas anderes. Da Heiko Wagner seinen Fund im Sommer 2012 machte, kommen nur zwei mögliche Herkunftsorte für den Bauaushub infrage, denn es gab nur zwei aktuelle Baustellen: der Friedhof in Titisee, wo eine Drainage gelegt wurde, und das Strandbad, wo ein Beachvolleyballfeld angelegt wurde.

Der Friedhof befindet sich direkt zu Füßen des Hirschbühl (auf dem sich mehrere Steinhügelgräber befinden) und unmittelbar unterhalb der ins Altenwegtal vorgeschobenen Felsnase, auf der unser schon mehrfach erwähnter halb zerstörter Schalenstein liegt. Das wäre also aus dem Geländezusammenhang heraus ein durchaus plausibler Siedlungsplatz. Er hat allerdings einen kleinen Schönheitsfehler. Der Friedhof selbst ist seinerzeit in den 1970er Jahren durch Aufschüttungen mit Fremdmaterial hergestellt worden. Alles, was man in diesem Material an Artefakten findet, müsste also hinsichtlich seiner ursprünglichen Herkunft mit einem

Die kümmerlichen und teilweise zerstörten Reste des Grabhügelfeldes auf dem Hirschbühl bei Titisee

Der Beachvolleyballplatz in Titisee

Der Ruthenberg oder das Ei bei Schluchsee-Blasiwald

großen Fragezeichen versehen werden. Diese Problematik haben wir bei der zweiten Quelle des Aushubs nicht. Das Strandbad Titisee liegt unmittelbar am Seeufer, ausreichend ansteigend, sodass das Gelände auch hochwassersicher gewesen sein dürfte. Begünstigend kommt hinzu, dass direkt neben dem heutigen Beachvolleyballfeld, aus dem der Aushub stammt, ein kleines Bächlein Richtung See plätschert. Ideale Grundvoraussetzungen also für einen steinzeitlichen Siedlungsplatz.

Wenden wir uns zuletzt der Frage zu, wo am Schluchsee- oder Schwarza-Ufer ein Siedlungsplatz plausibel erscheint. Die Häufung der Fundstellen und ihre Konzentration deuten unmissverständlich auf jene Bergkuppe, die wir das Ei getauft haben, auf älteren Karten als Ruthenberg, in neueren als Seehalde bezeichnet. Dieser Berg hält mehr oder weniger den Pass besetzt, der alle Wege bündelt, die vom Süden heraufkommend Richtung Baar und Breisgau führen. Wir werden diese Wegverbindung im nächsten Absatz gesondert unter die Lupe nehmen.

Der große Winkelgraben, der, wie ausführlich dargestellt, das östliche letzte Drittel des Berges abtrennt, spricht dafür, dass sich auf und in diesem letzten Drittel ein ›Etwas‹ befunden hat, das dieser Abtrennung wert war. In Mauchen, einem Ortsteil von Schliengen im Kreis Lörrach, hat man eine bronze- und eisenzeitliche Höhensiedlung alleine anhand eines Grabensystems identifiziert.[95] Hier wurde ein Graben mit einer Breite von bis zu 2,40 Metern und einer Tiefe zwischen 0,60

[95] Vgl. Jutta Klug: Eine befestigte hallstattzeitliche Höhensiedlung von Mauchen, Gemeinde Schliengen, Kreis Lörrach, in: Archäologische Ausgrabungen in Baden-Württemberg 1988 (1989), S. 63–64.

und 1,10 Meter erforscht, der sich schließlich als Begrenzung eines Siedlungsareals erwies. Aber selbst hier, im fundfreundlichen Lössboden des Oberrheins, mussten die Forscher eingestehen: »Spuren der Innenbebauung konnten in der ausgegrabenen Fläche nicht beobachtet werden.«[96] Um wie viel weniger sind sie in den sauren Felsböden des Schluchseegebietes zu erwarten. Erinnert sei im Hinblick auf den von uns Ei genannten Ruthenberg auch an den monumentalen gespaltenen Findling am westlichen Aufstieg zum Berg, der zusammen mit einem Zwilling im Unterholz jenseits des Weges auf alten Karten noch als »Beim Grabsteyn« bezeichnet, von Helmut Frings[97] und Adolphe Landspurg aber stets als »Wächterstein« angesehen wurde. Unter ›Wächtersteinen‹ versteht die Megalithforschung solche auffallend großen Findlingsblöcke, die Eckpfeiler und Trägersäulen eines Hünenbettes/Hünengrabes/Dolmen bilden. Es handelt sich dabei immer um paarweise auftretende Steinriesen von monumentaler Größe. Das Bauprinzip, wie es an zahlreichen Hünengräbern in Norddeutschland und Skandinavien nachgewiesen ist, ist immer gleich: Schwere Steine, die in zwei parallelen Längsreihen auf der Erde ruhen, auf den Schmalseiten abgeschlossen von zwei senkrechten Schlusssteinen (den Wächtersteinen oder Tragsteinen), stützen eine viele Tonnen schwere, horizontal liegende Grabplatte: den Deckstein.[98] Erinnert sei ebenfalls an die kreisförmige Versammlung großer Findlinge oben auf dem Gipfel unseres Berges.

Markante Steinsetzung im Großen Graben.

Zur Schwarza hin, innerhalb des vom Großen Graben abgetrennten Drittels, ziehen sich drei markante Felsrücken fast vom Gipfel bis hinunter zum Ufer des heutigen aufgestauten Sees. Vorgeschichtlich lag das Seeufer jedoch bedeutend tiefer und einige hundert Meter entfernt. In den auffälligen Plateaus und Nischen auf diesen drei Felszungen vermutete schon 2004 der Verfasser der Schrift *Buch aus Stein – Steinzeit im Schwarzen Wald* Siedlungsplätze vorgeschichtlicher Bewohner.[99] Die Stellen sind nicht zu verwechseln

96 Ebd., S. 64

97 Helmut Frings im Interview mit dem Verfasser, September 2011. Originalmitschnitt des Interviews und Abschrift beim Verfasser.

98 Vgl. Hans Weigand: Einsame Steine, S. 11.

99 Vgl. Anonymus: Buch aus Stein.

mit den neuzeitlichen Anlagen und Plattformen am unteren Ende der Steinzungen. Diese auffälligen Anlagen dürften aus der Zeit des Baus der Schluchsee-Staumauer oder des nachfolgenden Zweiten Weltkrieges stammen. Ihr Vorhandensein an dieser Stelle macht freilich eine Bewertung insgesamt schwierig, weil Neuzeitliches und möglicherweise Vorgeschichtliches hier unentwirrbar durcheinandergeraten ist. Bemerkenswert sind auf halber Höhe in den Felszungen flache Plateaus und Nischen, die wie aus dem Fels herausgeschnitten wirken, alle nicht größer als maximal vier auf vier Meter. Auf diesen Absätzen und in diesen Nischen wären natürlich Behausungen denkbar. Sie liegen in unmittelbarer Nähe des Großen Grabens, der damit auch die Funktion einer Schutz- und Verteidigungslinie gehabt haben könnte. Die heutige Bewaldung weggedacht, die vorwiegend aus Fichtenmonokultur besteht, und diese Wohnplätze hätten eine exklusive Aussicht ins Schwarzatal und auf den Pass an der Eisenbreche. Wir werden im Folgenden versuchen, über den zugegebenermaßen noch schwachen geomorphologischen Befund hinaus weitere Indizien zusammenzutragen, die helfen, die Annahme eines frühzeitlichen Siedlungsplatzes an dieser Stelle zu erhärten.

Auffällige Plateaus und Felsnischen in den Felspartien oberhalb der Schluchsee-Staumauer

Eine der typischen flachen Nischen im Fels

d. Die Wege der Ahnen

Schwarzwaldüberquerung

Werfen wir jetzt einen Blick auf die Landkarte: Der ganze Schwarzwald, speziell aber der Südschwarzwald, versperrt den Weg, wenn man von Ost nach West oder von Nord nach Süd will. Die gescheiterten Bemühungen um eine ›Schwarzwaldautobahn‹, die Mühen beim Ausbau der Hochrheinautobahn, das Nadelöhrschicksal der B31 und ganz besonders anschaulich die mangelnde bis nicht vorhandene Fernverkehrsanbindung an das Eisenbahnnetz transportieren ein Problem bis in unsere Zeit, das sich wie ein roter Faden durch alle Epochen zieht. Die heutigen Verkehrstrassen durch den Südschwarzwald sind vorwiegend dem Automobil geschuldet und von daher sind sie nicht zwingend die logischen Wege unserer Vorfahren. Mit vertrauensvollen 100 PS ausgestattet, kümmert sich der Schwarzwaldreisende der Gegenwart wenig darum, ob er einen Berg umrunden oder in Schlängelserpentinen ein Tal durchqueren muss. Es kostet ihn bestenfalls ein paar Minuten.

Die mittelalterlichen Postkutschen- und Fuhrwerkswege mussten deshalb völlig anderen Gesichtspunkten und Ansprüchen genügen als die heutigen Autostraßen. Das ist auch der Grund, warum wichtige und im Mittelalter für unverzichtbar gehaltene Hauptverkehrsrouten durch den Hochschwarzwald heutzutage herabgesunken sind zu unbedeutenden Nebenstraßen oder Feld- und Wiesenwegen. Markante Beispiele sind der Altenweg oder der Weilersbacher Weg.[100] Wer kennt noch die Hohe Straße im Hochschwarzwald? Niemand! Dabei war sie in Zeiten der frühesten mittelalterlichen Besiedelung die wichtigste Verbindung der Klöster Schaffhausen und St. Gallen über den Hochschwarzwald nach Freiburg. In Lenzkirch ist sie identisch mit der heutigen B315.[101] Sie kam vom Dreisamtal über die oben erwähnten Wege, Weilersbacher Weg und Altenweg, nach Titisee, führte die alte Seesteige hinauf zur uralten Schlüsselstelle Rotkreuz in Saig, von dort das Haslachtal hinunter nach Lenzkirch und dann bei Grünwald über den Bergrücken nach Faulenfürst. Dabei mied die Straße die sumpfigen und häufig überschwemmten Talniederungen und suchte stattdessen die flachen Kämme und Hochplateaus.[102] Im Quellgebiet der Mettma zwi-

---

100 Vgl. Roland Weis/Harald Riesterer: Hochschwarzwald, S. 71ff.

101 Vgl. Ekkehard Liehl: Der hohe Schwarzwald, Freiburg i.Br. 1980, S. 191.

102 Vgl. ebd., S. 203.

schen Faulenfürst und Seebrugg stößt man mitten im Wald unvermittelt auf einen mit kopfgroßen Wackersteinen gepflasterten Abschnitt dieser Straße. Ohne Beginn und ohne Fortsetzung scheint dieses 400 Meter lange Wegstück völlig sinnlos in den Wald hineinverlegt. Bewiese nicht eine kunstvoll aus großen Steinquadern gefügte Brücke den erheblichen Aufwand, der allein in diesen Abschnitt investiert wurde, so würde nichts auf die einstige Funktion dieser Straße hindeuten. Von Faulenfürst aus stieß diese Hohe Straße zum Ufer des Schluchsees hinunter, um dort über den Eisenbreche-Pass auf der Trasse einer – wie wir gleich sehen werden – noch viel älteren Straße ins Schwarzatal hinunter Richtung Hochrhein zu streben.

Gehen wir noch weiter zurück, in die Zeit der Alamannen und Römer, in der die Menschen zu Pferd und zu Fuß unterwegs waren und bestenfalls schwere Ochsenkarren zum Warentransport eingesetzt wurden, so stoßen wir bereits auf Wege und Wegverbindungen, die heute völlig in Vergessenheit geraten und im Gelände nur noch mit Mühe zu rekonstruieren sind. Die mühsame Wiederauffindung der Römerstraße von Hüfingen durch den Südschwarzwald in den Breisgau ist so ein Fall.[103] Inzwischen ist der minutiöse Indizienbeweis geglückt, und wir wissen zuverlässig von einer Route, die von Hüfingen über den

Ein rätselhafter Straßenkörper mitten im Wald bei Faulenfürst. Die entfernten Grassoden zeigen, wie der Weg mit großen Wackersteinen aufgebaut ist. Er beginnt und endet im Niemandsland.

Kirnbergsee und das Brändgebiet auf den Höchst bei Eisenbach und von dort Richtung Hohlengraben und Turner führte, ehe sie hinunter ins Dreisamtal abstieg. Schon seit geraumer Zeit beschäftigt die Wissenschaft die Frage, ob es nicht auch prähistorische Wege durch den Schwarzwald gegeben habe, vielleicht auch eine Verbindung vom Breisgau zur Baar.[104] Nachdem auf der glücklich nachgewiesenen Trasse der Römerstraße inzwischen bereits ein spätkeltischer Eisenbarren in Schwertform gefunden wurde, ist die Frage schon beantwortet.[105]

---

103 Vgl. Johannes Humpert: Römische Straße.

104 Vgl. Gerhard Fingerlin: Vom Oberrhein zur jungen Donau: Die Straße durch den südlichen Schwarzwald in keltischer, römischer und frühmittelalterlicher Zeit, in: Wolfgang Kleiber (Hg.): Tarodunum/Zarten – Brigobannis/Hüfingen, S. 55–71.

105 Vgl. ebd., S. 61.

Straßen aus vorrömischer Zeit, so viel ist noch festzuhalten, unterscheiden sich grundsätzlich von den römischen Straßen, vor allem durch das Fehlen eines festen Straßenkörpers. Soweit nachweisbar, sind sie in ihrem Verlauf auch sehr viel stärker vom Geländerelief abhängig. Das erklärt, laut Gerhard Fingerlin, warum solche »Straßen« bei ihrem Weg durchs Gebirge »manchen Umweg und viele von der Topografie bestimmte Richtungswechsel mit sich brachte[n].«[106] Es habe in vorrömischer Zeit am politischen Willen und den technischen Fähigkeiten zum Bau von Kunststraßen römischer Art gefehlt, vielleicht auch an politischen Gemeinschaften, die in der Lage gewesen wären, einen solchen Bau zu administrieren.

Die wichtigsten und frühesten Verkehrsverbindungen sind die Flüsse. Die oben dargestellte steinzeitliche Herkunft der »Fjäll«- und »Berg«-Worte ist ein Beleg dafür. Wenn daraus per Lautverschiebung Brig(-ach) und Breg werden, dann kommt diesen beiden Flussläufen vielleicht auch als frühzeitliche Verkehrswege eine besondere Bedeutung zu. Unsere graue Vorzeit ist geprägt von einer ganzen Reihe von Völker- und Stammesbewegungen von Ost nach West. Ohne ihnen im Einzelnen nachzuspüren, können wir pauschal festhalten, dass der Zug von den Schwarzmeerregionen stets donauaufwärts erfolgte und dabei sicher auch Boote zum Einsatz kamen, vielleicht sogar das Haupttransportmittel waren. Für kleinere Boote, wie sie diese frühen Völker benutzten, dürfte die Donau bis zu ihren Quellflüssen in den Schwarzwald hinein alles in allem schiffbar gewesen sein.[107] Auch Brigach und Breg, das beweisen heute noch Freizeitkanuten und Kajakfahrer, eignen sich noch weit in ihre Täler hinein für eine Befahrung bzw. für das Treideln (Schiffe werden durch Menschen oder Zugtiere am Ufer gezogen). Aber irgendwann ist Schluss. Was dann? Wenn sie nicht sesshaft werden, sondern weiterziehen wollten, mussten die Bootsvölker danach streben, möglichst schnell wieder den nächsten schiffbaren Fluss zu erreichen. Das konnte nach den geografischen Gegebenheiten nur der Rhein sein. Und da gab es zwei Möglichkeiten: über die Wasserscheide direkt in den Breisgau, nennen wir sie die Elzroute, Luftlinie vom Oberen Bregtal bis zum Rhein 60 Kilometer, vom Oberen Brigachtal bis zum Rhein 70 Kilometer. Wenn aber in der Breisgau- und Kaiserstuhllandschaft schon sesshafte Völkerschaften etabliert waren, wovon bei der Fruchtbarkeit und klimatischen Präposition dieser Landschaft auszugehen ist – was überdies die archäologischen Funde nahe legen –,[108] dann war dieser Weg möglicherweise versperrt.

---

106 Ebd., S. 59.

107 Einen Eindruck von der Schiffbarkeit der Oberen Donau vermittelt: Claus-Michael Hüssen/Karl Heinz Riederer/Holger Schaaff: Römerschiffe an der Donau, in: Archäologie in Deutschland 1 (1995), S. 6–10.

108 Siehe beispielhaft: Museum für Ur- und Frühgeschichte: Die jungpaläolithische Jagdstation von Munzingen am Tuniberg, Freiburg i.Br. 1995.

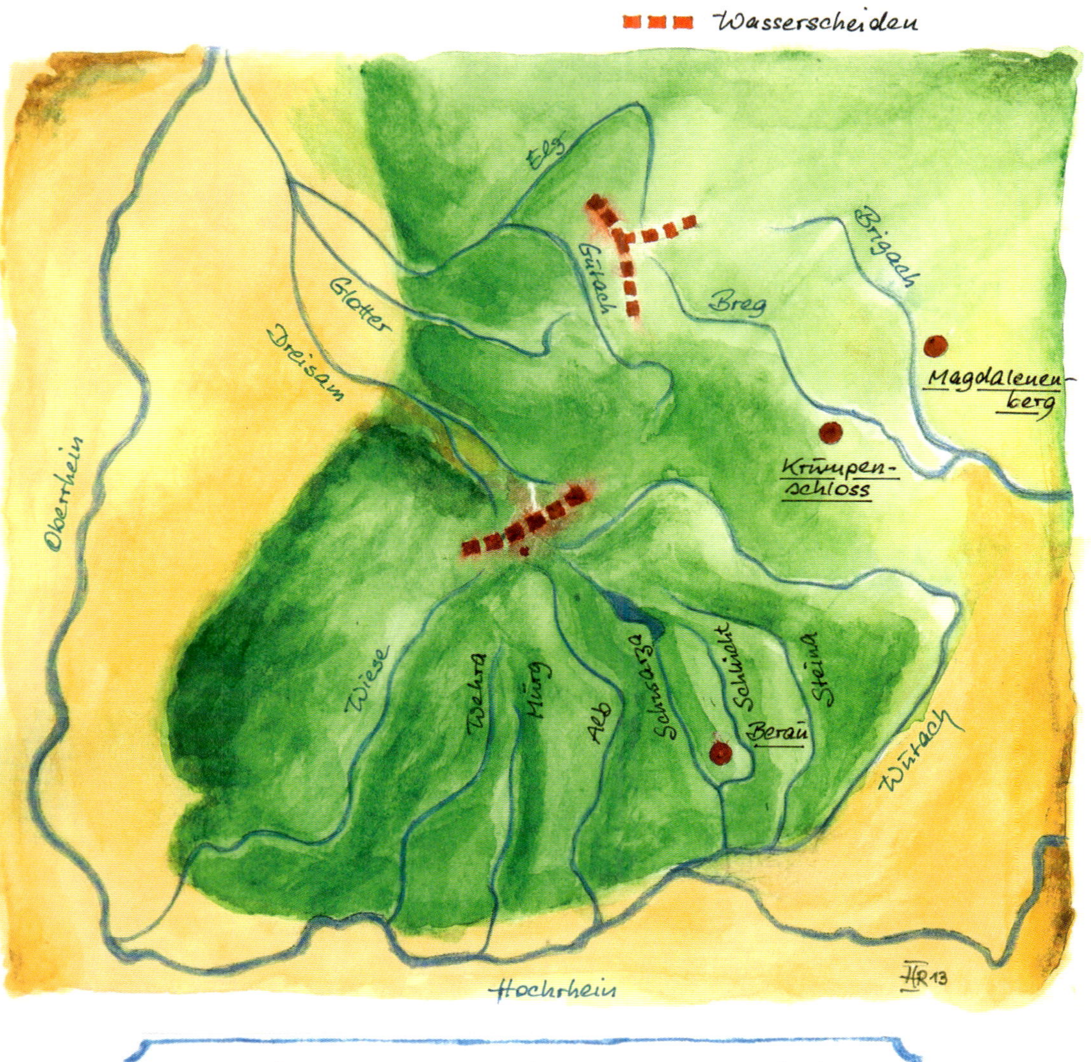

Flußnetz im Südschwarzwald ..

Hier bei Bad Säckingen wurde der Hochrhein in frühesten Zeiten wieder schiffbar.

Die Alternative wäre dann der Weg vom Bregtal über den Raum Neustadt/Lenzkirch nach Schluchsee und durch den Hotzenwald zum Hochrhein, kurz: die Schluchseeroute. Luftlinie ebenfalls 60 Kilometer. Ein gefahrloses Befahren des Hochrheins war aber vorgeschichtlich ganz sicher in den Passagen zwischen den Rheinfällen Schaffhausen und den Stromschnellen von Laufenburg nicht möglich.[109] Der nächste Ort, ab dem nach den Stromschnellen wieder Schifffahrt möglich gewesen war, wäre die Gegend um das heutige Bad Säckingen. Dort hätte man die Boote wieder einsetzen und dann den Weg rheinabwärts fortsetzen können, zum Beispiel bis an den Niederrhein, wo manche der vom Schwarzen Meer herkommenden Einwandererstämme letztlich auch gelandet sind.[110]

Diese Schluchseeroute hätte aber über Land führen müssen, da die zum Rhein strebenden Wildbäche Schwarza, Alb, Schlücht, Murg oder Wehra längst nicht so friedlich befahrbar sind wie Brigach und Breg bzw. es damals überhaupt nicht waren. Der Bootstransport über Land setzt allerdings einen bequemen, häufig begangenen und sicheren Weg voraus. Man kennt dieses Prinzip des Überquerens von Wasserscheiden und des Bootstransports von einem schiffbaren Fluss zum nächsten übrigens aus der Pionierzeit der kanadischen Pelztierjäger, der sogenannten Voyageurs. Sie legten auf ihren Touren ins Landesinnere oft größere Passagen zu Fuß zurück, die Kanus und das Gepäck geschultert. Dabei benutzten sie uralte Handelswege der heimischen Indianerstämme, sodass ihnen häufig begangene und damit erprobte Pfade zur Verfügung standen.[111] Einen solchen erprobten Pfad vom Schluchsee zum Hochrhein gab es. Er liegt uns auch heute noch unmittelbar vor der Nase, wir müssen nur gründlich nach ihm Ausschau halten. Es ist der Hotzenweg!

---

[109] Zur Schifffahrt am Hochrhein: Felix Brogle: Schiffer, Flößer und Fischer am Hochrhein zwischen Laufenburg und Basel, in: Fricktalisch-Badische Vereinigung für Heimatkunde (Hg.): Nachbarn am Hochrhein, Bd. 2, Möhlin 2002, S. 17–22.

[110] Vgl. Reinhard Schmoeckel: Die Indoeuropäer, Bergisch-Gladbach 1999.

[111] Vgl. Odgen Tanner: Die Kanadier, Amsterdam 1996.

Der Hotzenweg

Schon Heinz Voellner, der Verfasser des bis heute maßgebenden Standardwerks über die Burgen im Wutachtal und am Hochrhein,[112] hat die begründete Vermutung geäußert, dass es bereits steinzeitliche Verbindungen zwischen dem Hochrhein und dem Schluchseegebiet gegeben haben müsse.[113] Voellner hält das Schwarzatal für die naturgegebene Trasse und sieht die Wall- und Maueranlagen auf den Höhen über Schwarza, Alb und Schlücht als Beleg dafür, dass diese Trasse auch einen organisierten Schutz genoss: »Auf den steilen beiderseitigen Talrändern finden sich uralte Wehranlagen: oberhalb Witznau eine riesige keltische Fluchtburg [gemeint ist die Wallanlage von Berau, Anm. d. Verf.], bei Leinegg die in ihren Ursprüngen wohl ebenfalls keltische Burg Leinegg, östlich Höchenschwand das ›Heidenschloss‹, südöstlich Häusern die Burg Tombrugg.«[114] Voellners Schlussfolgerung lautet: »Die Täler von Schwarza und Mettma sowie der Brendener Berg und die Gegend von Häusern müssen Rückzugsgebiete der Kelten [...] gewesen sein. Meines Erachtens war der gesamte obere Hotzenwald ein solches keltisches Rückzugsgebiet.«[115] Voellner ist mit dieser Einschätzung sicher auf einer heißen Spur, aber er verfolgt sie nicht bis in die letzte Konsequenz noch weiter in die Vergangenheit zurück. In seinem Manuskript heißt es zwar: »Man kann den wohl jungsteinzeitlichen Menhir Langer Stein bei Tiengen leicht in Verbindung zu den steinzeitlichen Steinkreisen bei Eisenbreche im Schluchseegebiet bringen. Hier am Langenstein überquerte der vom Schluchsee durch das Schwarza- und untere Schlüchttal herabkommende Weg die Wutach auf einer Furt [...]. Dieser Platz, noch im Mittelalter eine alemannische Thingstätte des Alpgaus, lag am Brennpunkt aller Wege, die aus dem Gebiet zwischen Schwarza und Wutach hier

row

Wälle wie diese (hier bei Urberg) auf den Höhen über der Alb dienten möglicherweise dem Schutz einer Handelsroute vom Hochrhein in den Südschwarzwald.

112 Heinz Voellner: Die Burgen und Schlösser zwischen Wutachschlucht und Hochrhein, Waldshut 1975.

113 Vgl. ders.: Das Schwarzatal, ein alter Zugang zum Hochschwarzwald, unveröffentlichtes Schreibmaschinenmanuskript von 1994, Kopie beim Verfasser.

114 Ebd.

115 Ebd.

zusammenliefen.« [116] Das sind also schon einmal einige mutige Gedanken, die ohne archäologischen Befund freilich kaum eine Chance haben, Eingang in die Schulbuchwissenschaft zu finden. Es sei denn, man liefert einen Indizienbeweis, der ohne archäologische Funde auskommt, so wie Gerhard Fingerlin es fordert: »So sind diese Verkehrswege oft nur indirekt zu erschließen, und Funde, die [...] eindeutige Datierungen liefern, als besondere Glücksfälle zu betrachten.« [117]

Zum Auftakt sollte man sich klarmachen, wozu es in prähistorischer Zeit organisierter Straßen überhaupt bedurfte und wie diese Straßen entstanden. [118] Der Jäger, der umherstreifte, benötigte sie sicher nur bedingt, frühe Händler schon eher. Zu den frühesten Handelsobjekten gehörten sicherlich Feuerstein, Salz, Bernstein, Zinn, Bronze, Eisen, Werkzeug und Keramik. [119] Der Händler, der mit solchen Waren unterwegs war, war auf verlässliche Pfade angewiesen, denn er war es, »der an den Flüssen entlang und über die Wasserscheiden hinweg einen Handelsweg durch das nacheiszeitliche Europa suchte. [...] Sie [die Händler] fanden eine unsichtbare Straße aus der Gestalt der Landschaft und traten mit ihren Fellschuhen die ersten Wege in den Boden unseres Kontinents.« [120] Die Er-

Hotzenweg, der Bad Säckingen direkt bis ans Rheinufer führt

zeugnisse der sogenannten Glockenbecherkultur, Becher und kunstvolle Schmiedearbeiten, finden sich in ganz Europa, von Portugal bis Polen. Man weiß aus Gräberfunden, dass die Glockenbecherleute Fremdlinge aus Mittel- und Osteuropa waren. Das bedeutet, dass bereits um 2000 v.Chr. ein Händlervolk sein Netz von Pfaden und Wegen benutzte. Feuerstein der dänischen Ertböllkultur von 4000 v.Chr. wurde in Norwegen und in Mitteldeutschland gefunden. Also noch ältere Wege.

Die Existenz eines vorgeschichtlichen Hotzenweges durch den Südschwarzwald bis zum Oberlauf der Donau war zunächst lediglich eine Theorie, die beflügelt wurde durch das Vorhandensein eines tatsächlichen Hotzenweges in Bad Säckingen und eines Hotzenwe-

---

116 Ebd.

117 Gerhard Fingerlin: Vom Oberrhein zur jungen Donau, S. 59.

118 Eine Einführung bietet Maxwell G. Lay: Die Geschichte der Straße. Vom Trampelpfad zur Autobahn, Frankfurt a.M. 1994.

119 Vgl. Hermann Schreiber: Sinfonie der Straße, Düsseldorf 1959, S. 11ff.

120 Ebd., S. 12.

ges in Schluchsee. Die Regionalforschung kennt zwar uralte Wege, die vom Hochrhein über das Fricktal zu den Alpenpässen und ans Rheinknie führen,[121] hat aber nie den Gedanken verfolgt, dass diese Wege über die Rheinfurt bei Wallbach unterhalb von Bad Säckingen in den Südschwarzwald weiterführen könnten. Dass die Wallbacher Furt bereits römischen Truppen dazu diente, den Rhein gegen alamannische Heere zu überschreiten, ist aktenkundig,[122] aber weiter zurück verlieren sich die schriftlichen Spuren. Dabei müsste schon wundernehmen, dass im Bereich dieser Furt und der ehemaligen Rheininsel (die heute Teil der Altstadt von Bad Säckingen ist) zusammen über 170 Fundplätze von steinzeitlichen Artefakten katalogisiert sind,[123] die zweifelsfrei belegen, dass hier bereits vor 6000, 8000 oder gar 10 000 Jahren Menschen gelebt und den Rhein überquert haben. Aus der Region um Bad Säckingen sind außergewöhnlich viele alt- und mittelsteinzeitliche Freilandfundstellen bekannt. Es ist vollkommen unstrittig, dass der hier befindliche Rheinübergang schon im Paläolithikum von zentraler Bedeutung gewesen ist.[124]

Unser Hotzenweg in Bad Säckingen ist eine direkt an den Rhein hinführende kleine Wohnstraße, die aber erst im 20. Jahrhundert diesen Namen erhielt. Zuvor handelte es sich um einen Feldweg, der aber in Karten auch nicht weiter als zurück bis 1896 nachgewiesen werden kann. Als 1946 beim Bau einer Wasserleitung die Trasse dieses Hotzenweges durchschnitten wurde, kamen in einer Tiefe von 1,60 Metern zahlreiche Steingeräte, Keramik, Tierknochen, Rutenlehm und Quarzite aus der Urnenfelderzeit (etwa 1300–800 v.Chr.) zum Vorschein.[125] Dennoch dürfte der Ausgangspunkt für den von uns gesuchten historischen Hotzenweg eher zwei Kilometer westlich bei Wallbach zu suchen sein, wo die historische Furt lag und wo ein steinzeitlicher Lagerplatz seit mindestens 5000 v.Chr. nachgewiesen ist.[126]

Beim Hotzenweg in Schluchsee handelt es sich um den kurzen Abschnitt eines Waldwanderweges, der von Faulenfürst Richtung Seebrugg zum Schluchsee hinunterführt. Auch dessen Benennung ist neuzeitlich und es findet sich keine ältere Überlieferung, die einen historischen Hotzenweg bei Schluchsee beurkundet.

Dennoch haben wir auf der Landkarte eine kerzengerade Linie vom Hotzenweg/Wallbach zum Hotzenweg/Schluchsee gezogen. Die Orte entlang dieser Linie sind Egg, Willaringen, Rickenbach, Hottingen, Hogschür, Sege-

121 Vgl. Franz Schwendemann: Historische Verkehrswege: Römerstraßen und Rheinschiffahrt, in: Fricktalisch-Badische Vereinigung für Heimatkunde (Hg.): Nachbarn am Hochrhein, Bd. 1, S. 91–110, hier S. 91.

122 Vgl. ebd., S. 99.

123 Vgl. Egon Gersbach: Urgeschichte des Hochrheins, S. 36ff.

124 Vgl. Reto Jagher/Christian Maise: Eine neu entdeckte mittelpaläolithische Freilandstation in Bad Säckingen, Kreis Waldshut, in: Archäologische Ausgrabungen in Baden-Württemberg 1994 (1995), S. 27–30.

125 Vgl. Egon Gersbach: Urgeschichte des Hochrheins, S. 38.

126 Vgl. www.saeckinger-geschichte.de/fruehgeschichte/zeit-vor-christus/ (Stand: 21.06.2013).

Hotzenweg bei Schluchsee

ten, Hierholz, Wittenschwand, Horbach, St. Blasien, Häusern, Blasiwald, Schluchsee. Und dann eine Überraschung: Die kerzengerade Verlängerung dieser Linie ab Schluchsee ostwärts bringt uns dann nach Dresselbach, Grünwald, an der Haslachmündung über die Wutach, Rötenbach, Mistelbrunn, Hammereisenbach/Zindelstein, Tannheim, Villingen. Es ist verblüffend, aber wir landen punktgenau am Magdalenenberg.

Bevor wir diesen Weg nun abschreiten, erinnern wir uns, dass solche vorzeitlichen Stra-

Der Hotzenweg erreicht den Bergsee und den Röthekopf.

ßen »bei ihrem Weg durchs Gebirge manchen Umweg und viele von der Topografie bestimmte Richtungswechsel mit sich brachte[n].«[127] Dennoch starten wir mit dem Vorsatz, Abweichungen von bestenfalls zwei bis drei Kilometern von dieser Linie zu tolerieren, um uns nicht dem Vorwurf auszusetzen, eine Wegtrasse trickreich herbeikonstruiert zu haben.

Von Wallbach/Säckingen aus führt die natürliche Topografie, wenn man in den Hotzenwald Richtung Schluchsee aufsteigen will, nach drei Kilometern direkt an den Bergsee unterhalb der Bergzunge Röthekopf. Das ist unser erster Wegabschnitt, heute natürlich zugebaut durch die Säckinger Ortsstraßen und die Bergseestraße. Einer der ältesten Funde, der je am Hochrhein gemacht wurde, stammt von hier. Es ist die Schädeldecke eines etwa 30 bis 50 Jahre alten Mannes, der vor etwa 12 000 Jahren lebte. Der Fund wur-

[127] Vgl. Gerhard Fingerlin: Vom Oberrhein zur jungen Donau, S. 59.

de 1920 am Röthekopf gemacht, den Egon Gersbach als »alt- bis mittelpalöolithische Freilandsiedlung« (12 000–8000 v.Chr.) bestimmt hat.[128] Ausgedehnte Grabungen auf der Röthekopf-Bergnase zwischen 1920 und 1924 führten zur Identifizierung eines im Durchmesser etwa 40 Meter großen Lagerplatzes, auf dem 2500 Silices (Feuersteinabschläge), eine Lampe aus Sandstein, Gerölle aus ortsfremdem Material, zwei Schlagplatten sowie der beschriebene Schädel gefunden wurden. Der Schädel lag mit der Augenpartie nach oben unter zwei rechteckigen Gneisplatten, die dachförmig zusammengestellt waren.[129] Wir sind uns also sicher, hier die Stelle gefunden zu haben, an der unser Hotzenweg ins Waldgebirge hinaufführte.

Am Röthefelsen entlang fließt der Kanal des Schöpfebaches – das ist die künstliche Verlängerung des Heidenwuhrs, mit der wir uns später noch ausführlich befassen wollen. Hier folgt ein Wall mit Graben dem schmalen Saumpfad, der vom Schöpfebach her die Höhe erklimmt. Der Wall ist aus feinem Lockermaterial, vermischt mit Gneisbrocken gesetzt und wird von Gersbach als »vorgeschichtliche Wehranlage« bezeichnet.[130] Jedenfalls wäre die Trasse dieser künstlichen Hangkanäle und des Walls unsere favorisierte Route etwa drei Kilometer weiter bis zum Jungholzer Felsen. Der Jungholzer Felsen ist ebenso wie der nur wenige Fußminuten entfernte Solfelsen eine geologische Attraktion, beide sind als Naturdenkmale eingetragen. Der Jungholzer Felsen besteht aus einer vier Meter mächtigen Platte aus Albtalgranit, der Solfelsen aus einer Sammlung aufgestapelter Blöcke aus Albtalgranit, deren größter rund 90 Kubikmeter umfassen dürfte.[131]

Beide Felsen sind derart markante Wegmarken, dass sie auch einem steinzeitlichen Waldwanderer als leicht wiederzufindende Stationen gedient haben müssten. Beim Jungholzer Felsen fand man 1940 mehrere Silexartefakte aus der Jungsteinzeit, beim Solfelsen zwei Feuersteinklingen und mehrere Pfeilspitzen sowie einen Stirnkratzer.[132] Auf

Der imponierende Solfelsen

[128] Egon Gersbach: Urgeschichte des Hochrheins, S. 67.
[129] Vgl. ebd.
[130] Ebd., S. 212.
[131] Vgl. Rudolf Metz: Geologische Landeskunde des Hotzenwaldes, S. 747.
[132] Vgl. Egon Gersbach: Urgeschichte des Hochrheins, S. 108.

der Bergzunge zwischen diesen beiden Felsen sind unzählige mesolithische Lesefunde gemacht worden, darunter Bohrer, Stichel, kleine Messer, einzelne Klingen, Kratzer, eine Stielspitze und vieles mehr. Auf dem Gelände, das sanft Richtung Egg ansteigt – wir befinden uns bereits auf ungefähr 750 Metern Meereshöhe –, sind zwischen 1930 und 1960 ebenfalls eine Reihe von Steinklingen, Kratzern, Feuersteinabschlägen und in einem Fall sogar das Bruchstück eines durchbohrten Beilhammers gefunden worden.[133] Die jeweiligen Fundstellen lassen aufhorchen, sie heißen Haidacker und Heidenmatte. In der Nähe fließt das Heidenwuhr und im Umkreis von weniger als zwei Kilometern gibt es noch die Flurbezeichnungen »Hunnenloch«, »Gückelfels« (*Gückel* = *Gickel* = Huhn = *Hun*), »Großer Stein«, »Wüste Güllen« (wo wiederum Feuersteinklingen aus der Jungsteinzeit gefunden wurden) und »Gotteshalden« sowie vom Örtchen Bergalingen über die Hochfläche führend den »Pirschweg«, der über mehr als zwei Kilometer einer zum Teil noch gut erhaltenen Trockenmauer folgt, die im Volksmund Schanz heißt, auf den amtlichen Karten hingegen als »Wallmauer« verzeichnet ist.

Folgen wir unserer auf der Landkarte durchgezogenen geraden Linie, so muss der Hotzenweg nun von Willaringen/Jungholz nordöstlich etwa auf der Trasse der L152 auf Rickenbach zulaufen. In Rickenbach ist eine mesolithische Freilandstation ergraben worden, unter anderem wurden Sticheln und Schaber aus Feuerstein gefunden.[134] Hier enden allerdings die steinzeitlichen Fundstellen, die uns bisher so zuverlässig begleitet haben. In der Literatur wird dies mit der Unfruchtbarkeit und Unwegsamkeit der höheren Lagen begründet.[135] Denn nun lösen bis hinauf nach Schluchsee die Flächen des Albtal- und Schluchseegranits sowie feste Gneisböden das Hornblendegneis und Sand-

Die Namensmarken entlang des Hotzenwegs bei Bergalingen machen hellhörig: Gotteshalden, Pirschweg, Wallmauer.

---

133 Vgl. ebd.

134 Vgl. Ludwig Stetter: Die mesolithische Freilandstation Kirchgrubenholz 1 auf dem Hotzenwald, in: Fundberichte aus Baden-Württemberg 23 (1999), S. 7–79.

135 Vgl. Ludwig Schnitzler: Raum des Kreises Waldshut.

stein- und Muschelkalkböden der Hochrhein-Vorbergzone ab.[136] Wir kommen deshalb auch hier wieder in die Saure-Böden-Problematik, die wir im gesamten Hochschwarzwald haben.

Wir müssen also infolge des Fehlens von aussagekräftigen Bodenfunden nun vor allem nach Mauer- und Grabenanlagen, Orts- und Flurnamen sowie sonstigen Hinweisen im Gelände und in der Ortsüberlieferung Ausschau halten, die auf vorgeschichtliche Straßen- und Wegführungen hindeuten könnten. Nach unserem Exkurs in die Spracharchäologie werden wir sofort hellhörig, wenn uns in Rickenbach die Flur- und Gewannnamen »Hunnenmatt«, »Höhnefeld«, »Höhnenhäuser«, »Totenbühl«, zweimal »Heidenschmiede«, »Hennenmatt« und dann die Bezeichnung »Beim roten Kreuz« begegnen. Letztere Bezeichnung weist auf eine Wegkreuzung an einer Stelle östlich von Rickenbach hin, an der aus der Hennemattstraße plötzlich die Hohlgasse wird. Die Bezeichnung »Hohlgasse« ist für die ganze Straße bis zu unserer nächsten Station Hottingen erhalten geblieben, obwohl es sich hier um die Landstraße L155 handelt. Bei Hottingen müssen wir die Anhöhe Hoheneck überwinden. Ein Feld- und Waldweg führt uns an einer Stelle vorbei, die Schloss heißt und ab der wir unvermittelt im Wald auf einen mit Wackersteinen gepflasterten Abschnitt stoßen. Er erinnert stark an die gepflasterte Passage bei den

Wo der Hotzenweg bis heute Hohlweg heißt, tauchen mitten im Wald plötzlich sorgsam mit Wackersteinen gepflasterte Passagen auf.

Mettmaquellen. Der Weg selbst ist hier zwar auf die Bedeutung eines vergessenen Holzschleifweges herabgesunken, aber sowohl das Pflaster als auch hohlwegartige Einschnitte und künstliche Terrassierungen im Gelände lassen leicht erkennen, dass er einst einem höheren Zweck gedient haben muss. Rudolf Metz identifizierte ihn als ehemaligen »Kohlweg«, also als einen Weg aus dem 18. Jahrhundert zum Transport von Holzkohle Richtung Hochrhein.[137] Das schließt freilich noch älter Nutzungen keineswegs aus. Die-

[136] Vgl. Rudolf Metz: Geologisch-petrographische Übersichtskarte des Südschwarzwaldes 1:50.000, Hannover 1957.
[137] Ders.: Geologische Landeskunde des Hotzenwaldes, S. 147.

ser Weg führt uns direkt zum Hänner Wuhr, also wieder zu einem dieser mysteriösen Hangkanäle des südlichen Hotzenwaldes, die wir weiter unten noch gesondert untersuchen wollen. Jetzt stoßen wir als nächstes auf die Ortsverbindungsstraße Richtung Hogschür, die hier bemerkenswerterweise Giegelstraße heißt (*Giegel* = Huhn = *Hun*) und das nächste Wuhr kreuzt, das Hochsaler Wuhr. Bevor diese Giegelstraße aber Hogschür erreicht, ändert sie ihren Namen, und zwar – aufgepasst – in Römerstraße bzw. Römersträßle. Dieser Straße folgen wir an der Flanke einer Anhöhe namens Riegelhalde bis nach Segeten (882 m). Hier begegnen uns auf dem weiteren Weg über Rotzingen nach Strittmatt in unmittelbarer Nähe der Riesenbühl und das Heidenknie sowie der Höllbach auf seinem Weg in die Alb. Benachbarte Orte sind Burg und Engelschwand. Dann passieren wir das sehr nach (Hühnerbach = Hünenbach) klingende Hierbach mit dem Engelfelsen, dem Schlossfelsen und dem Heidentritt. Wir haben bis hierher bei all den aufgezählten Orten und Flurnamen unsere auf der Landkarte von Säckingen nach Villingen führende durchgezogene gerade Linie noch kein einziges Mal um mehr als drei Kilometer verlassen müssen. Und diese beachtliche Quote halten wir auch weiter durch, wenn wir von

Der Hotzenweg kreuzt das Hänner Wuhr.

Ein einfacher Forstweg sieht anders aus. Dieser Weg muss einst eine höhere Bedeutung gehabt haben.

Hierbach direkt nach Hierholz und Vogelbach streben, wo es direkt auf unserer Route eine Paradiesstraße gibt, nicht weit entfernt aber auch ein Finsterlingen. Der Ort Hierholz hieß in frühesten urkundlichen Erwähnungen (1281) noch Huenrholz. Der hier zu findende Gewannname »Bei der Ringmauer« zeigt an, dass auch hier – wir befinden uns bereits auf Gemarkung Dachsberg – eine vorgeschichtliche Wallanlage zu vermuten ist. Weiter gegen Wittenschwand und Urberg hin stoßen wir auf Teile dieser Wallanlage, die wir bereits als die Große Muur vorgestellt haben, wir passieren aber zuerst eine Stelle, die auf den Karten »Bei den vier Wegen« heißt. Hier gibt es auch einen Platz namens Kreuzfelsen, der uns im nächsten Abschnitt noch einmal gesondert beschäftigen wird, sowie eine Hunnenfluh. Nunmehr müsste, wenn wir von unserer geraden Linie auf der Landkarte nicht abweichen wollen, der Weg irgendwo hinunter ins Albtal geführt haben. Es bieten sich die Abstiege über Ballenberg (Bal – Bel – Belenos) oder beim Bildstein an, wo sich die Große Muur den Albtrauf entlangschlängelt. Diese Mauer bildet direkt bei den letzten Häusern von Urberg eine Art Zwangspassage, sie verläuft quer zum Hang, wobei etwa vier Meter unterhalb parallel eine zweite Mauer erscheint. Dazwischen führt der Weg in Windungen von unten hinauf. Unten im Albtal muss der Hotzenweg dann mehrere Kilometer dem Lauf der Alb gefolgt sein, wobei die historische Furt Richtung Häusern mögli-

An der Steige bei Häusern

cherweise im Bereich des heutigen Albstausees gelegen hat. Wir befinden uns jetzt ungefähr am Standort der weiter oben bereits beschriebenen Wotanstanne. Hier geht es steil bergauf Richtung Häusern, leicht rekonstruierbar anhand der Geländebezeichnungen »Steigwald«, »In der Steig« und »Zwischen den Felsen«, aber noch anschaulicher nachgewiesen durch den Augenschein vor Ort, denn die historische Steigstraße ist als Wald- und Wanderweg noch vorhanden. In Häusern kommen wir unmittelbar unterhalb des Goldebühls direkt an der Fridolinskirche heraus. Zur möglichen Bedeutung dieses Namens sei auf den Goldberg bei Türkheim verwiesen, der sich bei Grabungen als bronzezeitlicher Siedlungsplatz erwies.[138] Der Blick in die Forschungsgeschichte zu diesem Goldberg ergiebt, dass der Name über Jahrhun-

[138] Vgl. Irmgard Moosdorf-Ottinger: Der Goldberg bei Türkheim, München 1998.

derte existierte, ohne dass eine Zuweisung des antiken Namens zu einer entsprechenden antiken Vorgeschichte akzeptiert wurde. Erst zu Beginn des 20. Jahrhunderts nahm man den Namen als eine Botschaft aus der Vergangenheit ernst und startete die Grabungen, die sowohl bronzezeitliche als auch spätrömische Spuren zutage förderten.[139] Zurück nach Häusern: Unterhalb der Kirche, die, wie weiter oben bereits erwähnt, auf einem symmetrischen wie künstlich angehäuft wirkenden Hügel namens Rüthebühl steht, verläuft der Bildackerweg. Außerdem finden wir in unmittelbarer Nähe dieses auffälligen Hügels noch den Goldeweg und die Gewannnamen »In der Golde« und »Heidenschloß«. Dann haben wir dem Kirchlein gegenüberliegend auch noch die Flurbezeichnung »Lehnern«. Karl Friedrich Wernet hat in seiner Chronik von Häusern für diesen Namen eine interessante Erklärung: »Lehner – zu den Lehnern, Leh bedeutet althochdeutsch einen von Menschenhand geschaffenen Hügel.«[140] Darauf macht auch Oscar Paret in seiner Untersuchung über vorzeitliche Grabhügel in Württemberg und Hohenzollern aufmerksam.[141] Auf keinen Fall dürfen Bezeichnungen wie »Lehnert«, »Lehenbühl« oder »Lehenkopf« (bei Dachsberg) deshalb ungeprüft als mit einer Lehensvergabe in Verbindung gebracht werden; dies würde auf eine falsche Fährte führen. An einer Engstelle bei Häusern, die heute noch Klemme heißt, zweigt

Eine Häuseransammlung, die den Namen Straß trägt

ein Weg ab, der die kürzeste Verbindung nach Blasiwald darstellt. Deshalb heißt er auch Blasiwalder Weg. Hier vermuten wir die Fortsetzung unseres Hotzenweges. Im Volksmund heißt dieser Weg, der hinüber nach Althütte führt, auch Bengeleweg. Wenn unsere weiter oben vorgestellte Theorie von der Namens- und Bedeutungswandlung der Bezeichnung »Hotz« (= Riesen), daraus wird Hutz – Hutzlmännchen (= Zwerg), zutreffend ist, dann gilt für Bengel (= althochdeutsch: ein riesenhafter Kerl), daraus wird Bengele (= ein kleines Kerlchen), die analoge Veränderung. Über den Bengeleweg und Althütte erreichen wir den Zinken Straß. Kein Mensch nennt mitten in der Wildnis einen Ort Straß, wenn dort nicht eine Straße von Bedeutung gewesen ist. Bei Straß finden wir den umstrittenen Sonnenstein und steigen dann ab nach Blasiwald-Eisenbreche, wo sich die Steinkreise befinden, aber auch, di-

[139] Vgl. Egon Schallmayer: Buchbesprechung, in: Fundberichte aus Baden-Württemberg 9 (1984), S. 547–553.
[140] Karl Friedrich Wernet: Häusern im Wandel der Jahrhunderte, Konstanz 1971, S.17.
[141] Vgl. Oscar Paret: Grabhügel, S. 36.

rekt zu Füßen des Eis, der Pass, der vom Südschwarzwald nunmehr über die Landmarke des Schluchsees hinüber nach Lenzkirch und ins Wutachgebiet führt. Ein Hinweis auf die uralte Bedeutung dieser Stelle als Pass könnte auch im Namen »Eisenbreche« stecken. Das Wort »Brech« kommt aus dem Keltischen, ist aber eine Metathesis eingegangen, eine Lautveränderung, von Berg zu Breg zu Brech. Eine ähnliche Lautwandlung wird beispielsweise auch für den Ort Präg bei Todtnau angenommen, nämlich von ursprünglich keltisch Bregga (= Dorf am Bergbach) zu Brech und dann zu Bräch (= Präg). Brigach (= Bregach) und Breg bezeichnen ebenfalls die Herkunft der Donauquellflüsse als »vom Pass« oder »vom hohen Berg« kommend.

Durch die Aufstauung des Schluchsees in den 1930er Jahren ist die ursprüngliche Trasse des Hotzenweges hier unter Wasser gesetzt worden. Als der See 1983 abgelassen wurde, konnte man den Hotzenweg aber als Damm deutlich auf dem Seegrund erkennen. Dieser Damm ist teilweise mit Eichenbohlen belegt. Die Trasse führte von Eisenbreche kommend durch die heutige Staumauer hindurch und dann nach Seebrugg hinüber, wo der Hotzenweg dann in Höhe des Hotels »Hubertus« die Höhe nach Faulenfürst erklomm. Wir sind jetzt exakt bei jenem Serpentinenwanderweg, der über das Faulenfürster Eck nach Dresselbach führt und der heute noch – oder wieder – Hotzenweg heißt. Von unserer kerzengeraden Linie auf der Landkarte mussten wir bei all den aufgezählten Orten und Flurnamen kein einziges Mal weiter als drei Kilometer abweichen. So geht es im Grunde auch weiter, wenn man das schmale Sträßlein von Dresselbach nach Grünwald weiterverfolgt, wo das Vorhandensein dieses (Hotzen-)Weges vielleicht eine Erklärung für die seinerzeitige Gründung des Klosters Grünwald (1360) an dieser abgelegenen Stelle wäre. Wenn wir streng bei unserer geraden Linie bleiben wollen, müssen wir in Höhe der Lothenbachklamm in die Wutachschlucht absteigen und auf der anderen Seite durch die Rötenbachschlucht wieder aufsteigen. Von Rötenbach überquerte der Hotzenweg dann das Brändgebiet beim Heidenloch und Heidenlochweg in Unterbränd Richtung Mistelbrunn und den Flecken Kreuztannen und Hühnermösle, um dann exakt durch den Krumpendobel und die keltische Siedlung Laubhausen hinab ins Bregtal zu gelangen. Dort ging es dann auf der anderen Talseite

Der Verlauf des Hotzenweges vor der Schluchsee-Aufstauung war bei der Seeabsenkung 1983 noch deutlich erkennbar.

über Zindelstein weiter nach Tannheim und direkt auf den Magdalenenberg bei Villingen zu. Villingen-Magdalenenberg war selbstverständlich nicht die Endstation, Richtung Osten dürfte der Weg weiter zur Heuneburg, nach Norden am Neckar entlang ins Maingebiet geführt haben. Im nächstgelegenen Königsfeld weist zum Beispiel am dortigen Hutzelberg ein Hutzelweg auf diese Spur. Am Fuße diese Berges fließt der Hühnerbach. Man könnte die Spurensuche also voraussichtlich erfolgreich nach Norden und Osten fortsetzen.

row

Der Kreuzfelsen am Draiberg – mit einer markanten Felsenkammer

Kreuz und Eck

Bei der Untersuchung prähistorischer Wegnetze und Ortsnamen ist in der einschlägigen Literatur ein Zusammenhang aufgedeckt worden, der unser Interesse auf alle Orts- und Geländebezeichnungen lenken sollte, welche die Silben »kreuz« und/oder »eck« im Namen tragen. Für die frühen Menschen des Aurignacien und des Magdalénien (nach den französischen Fundorten Aurignac und Madelein benannte Steinzeitkulturen von 40 000 bis 30 000 und von 18 000 bis 12 000 v.Chr.), deren Clans und Stämme oft weit auseinander lebten und die es gewohnt waren, weite Strecken zu überwinden, gehörte es zu den Überlebensnotwendigkeiten, auf Höhen und Übersichtspunkten Male und Marken anzulegen, die den jeweiligen Standort und bestimmte Richtungen dauerhaft markierten. Sie setzten entweder selbst steinerne Zeichen oder bedienten sich der exponierten Landmarken, die sie (be)zeichneten. Solche Bezeichnungen, so hat die Forschung herausgefunden, haben sich als Orts- und Flurnamen vielfach bis heute erhalten.[142] Es handelt sich um Namen, welche die Bestandteile »Stein«, »Eck«, »Kreuz« oder »Horn« enthalten. Auch in Redensarten wie »über Stock und Stein« oder »kreuz und quer« hat sich die ursprüngliche Bedeutung dieser Worte erhalten. In aller Kürze dazu einige Erläuterungen, wie sie Fester und andere liefern:

[142] Siehe dazu Richard Fester: Die Steinzeit liegt vor deiner Tür, S. 227ff.; sowie Gert Meier/Hermann Zschweigert: Die Hochkultur der Megalithzeit, S. 238ff.

Felsnase am Röthekopf

Lateinisch *cornus* ist »Horn«, englisch *corner* ist »Ecke«. »Horn« ist also ein Äquivalent für »Eck«. Auf den deutschen Landkarten gibt es auch viele Doppelungen wie Horneck, Hornstein, Eggenstein oder Steinegg. Egg, Eck und alle Lautabwandlungen, ebenso wie Stein und norddeutsch Sten bezeichnen einen Platz, der steinzeitlichen Fernreisenden die Richtung wies oder anzeigte (Eck), dass sich die Richtung ändert. In der Kombination »Kreuzstein« steckt ein ähnlicher Hinweis, ebenso in »Bildstein« oder in der Variante »Beilstein«. Diesen Wegmarkierungen durch Namen fügen Fester und andere auch die Riege der »Rot«- und »Roth«-Namen hinzu. Neuzeitlich werden alle »Rot«-, »Röthe«- und »Rüthe«-Orte gerne als »Rodungsorte« gedeutet oder mit der Farbe Rot in Verbindung gebracht, auch dort, wo die Landschaft nichts Rotes bietet und auch keine Hinweis auf Rodungen vorliegen. Nach Fester gehören diese Namen – jedenfalls zum Teil – aber ebenfalls in den Kanon der vorgeschichtlichen Richtungswegweiser, denn sie enthalten das alte Wort für »Weg, Trasse, Linie«, welches sich vom indogermanischen *roidh* (= Weg) ableitet und im Englischen noch als *road* und im Französischen als *route* erhalten geblieben ist.[143] In ganz Süddeutschland und Österreich, aber auch in Oberfranken stehen heute noch zahlreiche rote Kreuze an alten Wegen und Kreuzungen, die bisweilen sogar Rotkreuz oder Rotes Kreuz heißen. Sie lassen sich ebenso wie Rotenstein, Röthenstein, Rotbach, Röthe etc. sinnvoll nur als Orte an wichtigen Wegen bzw. Wegkreuzungen erklären.

Mit diesem gedanklichen Rüstzeug im Gepäck schreiten wir jetzt noch einmal unseren Hotzenweg ab. Die erste bedeutsame Landmarke nach dem Aufstieg von Bad Säckingen war der Röthekopf. Dann folgten Egg und der Eggberg. Als nächstes auf dem Weg zum Jungholzer Felsen eine Passage namens Lange Rüttenen. Bei Rickenbach weist uns die Bezeichnung »Beim roten Kreuz« den Weg, bei Hottingen der Berg Hoheneck. Danach führt der Weg, so wie wir ihn identifiziert haben, stetig auf dem Höhenrücken zwischen Albtal und Wehratal nach Nordosten, wo es keiner Wegzeichen bedurfte, ehe nicht die Stelle kam, an der der Wanderer die Höhe Richtung Albtal verlassen musste. Prompt finden wir hier (bei Urberg) den großen und den kleinen Bildstein, wo einst ein bereits 1253 erwähntes Schloss gestanden haben soll,[144] von welchem im 19. Jahrhundert noch Reste sichtbar gewesen sein sollen.[145] Hier geht es also hinunter ins Albtal und auf der anderen Seite wieder hinauf. Oben angekommen, stehen wir direkt vor dem Rüthebühl, auf dem heute das Häusemer Kirchlein steht. Von hier bringt uns der Bengeleweg durch das Gewann Rotrütte glücklich nach Blasiwald, vorbei an Straß und der Rothematt, wo uns am Draiberg ein markanter Fels namens Kreuzfelsen zum Schluchsee hinweist. Der Pass von Eisenbreche liegt direkt unter dem Ruthenberg und am jenseitigen Ufer des Sees steht erneut ein Bildstein im Weg, nämlich die gleichnamige Anhöhe.

Eine heikle Stelle für den vorgeschichtlichen Reisenden war sicher der Abstieg hinunter in die Wutachschlucht und auf der anderen Seite wieder der Aufstieg. Der Rötenbach hinauf zu einem Sporn mit dem Namen »Enkenstein« (ältere Schreibweise: Enggenstein)[146] ist der zuverlässigste Wegweiser an dieser Stelle. Auf der Höhe des Bränds bescheinigt dann der Flurname »Kreuztannen«, dass wir uns weiterhin auf dem richtigen Weg befinden, bevor es von hier aus abwärts zum Krumpenschloss geht, wo Weißer Stein und Tierstein letzte Gewissheit geben.

Wenn erst einmal der Blick geschärft ist, stößt man nahezu auf Schritt und Tritt auf derartige Wegweiser und Landmarken. Dabei sind Irrtümer und Überinterpretationen gewiss nicht auszuschließen, aber die Masse der jeweils genau an der richtigen Stelle er-

---

143 Gert Meier: Die Deutsche Frühzeit war ganz anders, S. 333.
144 Vgl. Matthias Schlegel: Geschichte der Gemeinde Urberg, S. 35.
145 Vgl. Heinz Voellner: Burgen und Schlösser, S. 101.
146 Vgl. Joachim Morat u.a.: Chronik von Rötenbach, S. 96.

scheinenden Namensbelege schafft eine derartig erdrückende Gesamtbeweislage, dass einzelne Fehlinterpretationen an der Stimmigkeit der Generalthese wenig zu ändern vermögen.

Hier ging es nur darum, den Hotzenweg noch etwas stärker zu untermauern, aber folgende Gedanken seien dennoch angehängt: Der markante und bis heute mit einem ›Felsheiligtum‹ in Verbindung gebrachte Kreuzfelsen[147] am Draiberg bei Eisenbreche ist nur einer von etlichen »Kreuz«-Orten, die uns alleine im Hochschwarzwald zu denken geben müssen. Der Kreuzfelsen im Höllental markiert die Gabelung im Tal, wo einerseits die Ravennaschlucht auf die Höhen von Breitnau, Turner und St. Märgen führt, andererseits das Löffeltal in die andere Richtung, nach Hinterzarten und Titisee, weist.

Das Äulemer Kreuz bezeichnet seit jeher die Passhöhe von Äule nach Menzenschwand über dem Schluchsee. Oberhalb von Saig erinnert die Bezeichnung »Rotkreuz« an eine einst bedeutsame Wegkreuzung, an der sich die Hohe Straße, von Lenzkirch kommend, zum einen über die Kuppe ins Seebachtal hinunter und zum anderen Richtung Bärental/Schluchsee verzweigte.

Der Bildstein am Schluchsee

[147] Vgl. Roland Kroell: Magische Orte, Sagen und Legenden. Wandern im Hochschwarzwald, Laufenburg 2009, S. 182.

IV. Teil: Magische Grenzen

Wer kennt sie schon, die stillen Orte,
an denen man auch ohne Worte,
die segenvolle Kraft verspürt?
Sie sind versteckt in Nebelschwaden,
an Quellen, die zum Trunke laden;
doch immer sind sie unberührt!

Die Sphären jener schweren Steine,
die abgelegnen dunklen Haine –
man fühlt sie, diese heilge Kraft …
Besuche sie, in Andacht heiter,
und wandere getröstet weiter:
der Gute tut dies ungestraft!

Vorhergehende Seite: Starke Plätze – heilige Haine unserer Vorfahren
Diese Seite: Bootsgrab bei Wittenschwand
Nächste Seite: Magischer Kultplatz bei Hammereisenbach

a. Totenkulte, Jenseitsglaube und Naturgottheiten

Heilige Haine und Quellen

Die Synode von Nantes im Jahre 659 n.Chr. verfügte an die Adresse der christlichen Missionare im Heidenland: »Mit größtem Eifer müssen sich die Bischöfe und ihre Diener dafür einsetzen, dass die den Dämonen geweihten Bäume, die das Volk verehrt und so sehr anbetet, dass es nicht einmal einen Ast oder einen Zweig abzuschneiden wagt, mit der Wurzel ausgerissen und verbrannt werden.«[1] Das Problem mit diesen Plätzen und mit diesen Heiden war nämlich folgendes: »Diese Heiden verehren die heiligen Bäume, deuten den Gesang der Vögel, treffen ihre Entscheidungen nach den Phasen des Mondes, verkleiden sich als Kälber oder als Hirsche am ersten Tag des Jahres, feiern die Sonnwenden mit Zeremonien und Tänzen, beschwören die Dämonen und Ortsgeister, arbeiten nicht am Donnerstag und an den den Raupen und Ratten geweihten Tagen.«[2]

Der Kirchenheilige Augustinus (354–430 n. Chr.) gab bereits die dringende Empfehlung, Tempel und heilige Haine der Heiden nicht zu zerstören, sondern sie Jesus Christus zu weihen.[3] Wenn dies solch eine heikle Materie und solch ein drängendes Problem war und bis ins 7. oder 8. Jahrhundert n.Chr. ganz oben auf der Prioritätenliste stand bei der Ausrottung heidnischer Sitten und Bräuche, dann sollten wir etwas gründlicher nach diesen Orten fahnden. Was könnte man von längst zerstörten »heiligen Hainen und Quellen« zum Beispiel noch finden, außer Namen wie »Teufelsküche« oder »Engelstritt«? Und können wir untermauern, dass auch unsere Gegend solche Plätze besaß? Was passierte überhaupt an diesen Plätzen? Warum waren sie für die Heiden so wichtig und für die Christen so gefährlich? Erst vor wenigen Jahrzehnten wurden durch erste Ausgrabungen in Frankreich überhaupt archäologische Belege für die von Menschen der Latènezeit (5.–1. Jahrhundert v.Chr.) ausgeübten Religionen entdeckt. Seither erschlossen Archäologen zahlreiche keltische Heiligtümer, Kultplätze in der Natur, die meist monumental und planvoll angelegt waren und häufig von einer Nutzung über Jahrhunderte hinweg zeugten.[4] Aber: »Diese An-

---

1 Martin Gerbert: Geschichte des Schwarzwaldes, S. 92.

2 Jaean Décarremeaux: Die Mönche, S. 295.

3 Vgl. Gert Meier/Hermann Zschweigert: Die Hochkultur der Meghalithzeit, S. 239.

4 Vgl. Jean-Louis Bruneaux: Gefasste Heiligtümer. Opfer- und Versammlungsplätze, in: Archäologisches Landesmuseum (Hg.): Die Welt der Kelten, S. 285–291, hier S. 285.

»Die Heiden verehren heilige Bäume …«

lagen hatten […] mit naturheiligen Plätzen wie Quellen, Flüssen oder markanten Felsen, die religiöse Empfindungen hervorrufen konnten, nichts gemeinsam.«[5] Wir müssen also unterscheiden: zwischen künstlich geschaffenen Kult- und Zeremonialplätzen und Naturheiligtümern.

Diese Naturheiligtümer, in der Fachwelt als »naturheilige Plätze« bezeichnet, sind besonders spannend und rätselhaft, weil mit der rationalen Grundausbildung des modernen Gegenwartsmenschen kaum nachzuvollziehen ist, welchen Kräften und welcher Ausstrahlung solche Plätze ihren Status als Heiligtum verdanken. Im großen Buch zur keltischen Landesausstellung 2012, das den aktuellen Forschungsstand wiedergibt, heißt es dazu: »Dabei darf man nicht vergessen, dass die Natur für religiöse Menschen nicht einfach ›natürlich‹ ist, sondern überall Manifestationen höherer Mächte gesehen werden. Deshalb kann der Mensch solche Heiligtümer nicht ›machen‹ und ihre Stätten nicht ›wählen‹, sondern er kann sie nur durch übernatürliche Zeichen ›finden‹ – ein wesentlicher Unterschied zu Tempeln und Heiligtümern, die als bauliche Anlagen vom Menschen geplant platziert werden. Charakteristisch für naturheilige Plätze ist auch, dass sie häufig über Jahrhunderte oder gar Jahrtausende hinweg aufgesucht wurden.«[6]
Man möchte hinzufügen: und ungeachtet der jeweils gerade herrschenden Amtsreligion, wenn man die ungebrochene Attraktivität bestimmter Quellen, Grotten oder Felsen bedenkt. Im Dreiländereck sind die bekanntesten die Ottilienquelle(n) im Elsass, in Freiburg und Arlesheim (Basel), der Petersfelsen bei Beuron, Scheuerlesfels und Rockenbusch im Oberen Donautal, Hägelsberg und Messelstein auf der Schwäbischen Alb, das Heidentor im Landkreis Tuttlingen, der Siebenfelsen bei Yach.[7]

5 Ebd.
6 Günther Wieland: Besondere Orte. Naturheilige Plätze, in: Archäologisches Landesmuseum (Hg.): Die Welt der Kelten, S. 277–284, hier S. 277.
7 Vgl. ebd., S. 278ff.

Naturheiligtum: der Siebenfelsen bei Yach

Die im Zitat oben aufgeworfene Frage, wie die Menschen früher solche heiligen Stätten »durch übernatürliche Zeichen finden«, wollen wir uns vorerst noch aufbewahren. Hier soll es zunächst nur um die Plätze als solche gehen. In seinem Standardwerk über die keltischen Druiden schreibt Peter Berresford Ellis,[8] es habe bei den Kelten auch eine Art Taufe gegeben, ein Reinigungsritual, welches an heiligen Quellen und Bächen vollzogen wurde.[9] Die Verehrung von Wasser, insbesondere in Gestalt von Quellen und Flüssen, gehörte zu den wesentlichen Faktoren der vorchristlich-keltischen Religion. Wir haben bereits weiter oben auf den bemerkenswerten Umstand hingewiesen, dass ein wesentlicher Teil all unserer ungeklärten Steinbauwerke in der Nähe von oder direkt auf Quellsituationen sitzt. In der Lochwiese in Blasiwald ist das so, im Mettma-Quellgebiet, bei zahlreichen kleinen Quellbächen, die von Schwarzhalden zur Schwarza hinunterfließen, oder ganz markant auch auf dem Ballenberg bei Wittenschwand. Dort entspringen unterhalb eines mit alten Mauern und Aufschüttungen umgebenen Felsgebildes, wel-

[8] Peter Berresford Ellis: Die Druiden. Von der Weisheit der Kelten, Köln 1994.
[9] Vgl. ebd., S. 143.

Einer der ›Bootshügel‹

ches Kreuzfelsen heißt, in einem Wald drei kleine Bächlein, die nach wenigen Metern zusammenfließen und später zusammen mit weiteren Zuflüssen das Stumpfenbächle bilden, welches in die Alb mündet. In allen drei Quellen sitzt jeweils ein markanter Steinhügel von mehr als zwei Metern Höhe und sechs Metern Länge. Wir haben diese Hügel Bootshügel getauft, weil sie die Form von an Land umgedrehten Booten haben, kieloben abgelegt. Zwei dieser Bootshügel weisen mit ihrem steinernen ›Bug‹ direkt in Fließrichtung der kleinen Quellbächlein, auf denen sie aufgeschichtet sind, der dritte Hügel hingegen zeigt mit seinem ›Bug‹ auf den etwas oberhalb befindlichen Kreuzfelsen mit seinen rätselhaften Ummauerungen. Er liegt übrigens unmittelbar an der Route des von uns vermuteten und weiter oben vorgestellten Hotzenweges.

Die Rede war auch bereits von der Bedeutung der Donauquellflüsse Brigach und Breg und von dem steinernen Quellheiligtum, welches bei der Brigachquelle geborgen wurde. Eine Kopie dieser steinernen Platte ist noch heute in die Quellfassung beim Hirzbauernhof eingemauert. Aus der inselkeltischen Literatur geht hervor, dass die alten Kelten glaubten, die Quellen seien von Gottheiten geschaffen worden.[10] Die Donau betrachteten die Kelten als große Muttergöttin. Über Quellheiligtümer am Zusammenfluss der keltischen Flüsse Elz, Glotter und Dreisam in der Nähe von Köndringen gibt es etliche Sagen und Ortsüberlieferungen, die alle in heidnische Zeit zurückführen.[11] Von der Kraft und von der bis in die Gegenwart reichenden Wirksamkeit solcher Überlieferungen zeugt die ungebrochene Verehrung der Ottiliengrotte und der dortigen Quelle bei der St.-Ottilien-Kapelle bei Freiburg. Bis heute brennen dort die Opferlichter am Eingang zur Grotte und bei der Quelle, Besucher füllen das Quellwasser in Flaschen ab und Wünschelrutengänger fahnden nach energetischen Phänomenen rund um die Kapelle. Insgesamt gilt Günther Wielands (Archäologische Denkmalpflege des Regierungspräsidiums Karlsruhe) Feststellung zu diesem Themenkomplex: »Das meiste davon wird uns aber für immer verborgen bleiben, schon weil uns die existentiale Denk-

10 Vgl. ebd., S. 145.
11 Vgl. Georg Schmidt-Abels: Wunderquell und Heidenstein, Tübingen 2010.

weise einer prähistorischen Bevölkerung heute völlig fremd ist. Klar scheint, dass die Menschen in keltischer Zeit ein ausgeprägtes transzendentales Denken hatten und sich in ständiger Abhängigkeit von übernatürlichen Mächten wähnten. Mit diesen mussten sie Kontakt aufnehmen und zwar an Plätzen, an denen sie sich diesen nahe fühlten.«[12] An Quellen war dies in besonderem Maße der Fall, symbolisierten sie doch den ewig sprudelnden Lebensquell. Bei den Verweisen auf Quellen, Flüsse, Bäche und Sümpfe in der irisch-keltischen Literatur ist im Allgemeinen immer auf die Anderswelt Bezug genommen, die jenseitige Dimension, aus der alles Leben hervorsprudelt, aber auch wieder nach dem Tod zurückkehrt.[13] Alle Heilquellen und Brunnenheiligtümer sind demnach ein Abbild der Urquelle, sie sind der Schoß einer großen Muttergöttin, aus der alles irdische Leben hervordringt.[14]

Die Ottiliengrotte

Geburt – Leben – Tod – Jenseits

Die Entdeckung künstlich errichteter keltischer Heiligtümer, also Kultplätze, Opfersteine, Altäre, Tempel, setzte 1977 mit Ausgrabungen am französischen Fundort Gournay-sur-Aronde ein und hat seither einen jährlich wachsenden Bestand an gesicherten Plätzen in ganz Frankreich, in Belgien, Luxemburg, im südlichen Deutschland, im Norden Italiens und in Österreich erbracht.[15] Was weiß man bisher über solche Plätze? Sie waren nicht zufällig gewählt, sondern markierten das Territorium der Gemeinschaft, die dieses Heiligtum verehrte. Die Topografie solcher Plätze weist Regelmäßigkeiten auf. Immer handelte es sich um offenes, weitläufiges Gelände außerhalb der besiedelten Plätze, aber in exponierter Lage. Der eigentliche sakrale Bereich war dabei nicht größer als 25 auf 60 Meter.

12 Günther Wieland: Besondere Orte, S. 283.
13 Vgl. Holger Kalweit: Das Totenbuch der Kelten, S. 128.
14 Vgl. ebd., S. 120.
15 Vgl. Jean-Louis Bruneaux: Gefasste Heiligtümer, S. 285.

Vielleicht doch ein »Altar«?

Das sind Dimensionen, die wir mühelos auf den Gipfel des Eis bei Blasiwald übertragen könnten oder auf die Steinkreise bei Eisenbreche.

Solche Kult- und Versammlungsplätze waren »von einem Baum oder einer Baumgruppe dominierte« Orte, mit einem »Altar in zentraler Position«.[16] Über Aussehen und Funktion dieses »Altars« ist es schwierig, Aussagen zu treffen, weil »archäologisch [...] nicht alle Elemente nachgewiesen werden können«.[17] Schalensteine, steinerne Becken, Steintische und steinerne Einfassungen dürften ebenso dazugehört haben wie Opfergruben und Feuerplätze, höchstwahrscheinlich auch hölzerne Zubauten, wie Bruneaux vermutet: »In der Regel waren sie [die Altäre/Opferplätze, Anm. d. Verf.] mit einer Art Baldachin überdacht, der auf Holzsäulen stand und vage an einen klassischen Tempelbau erinnerte.«[18]

Bei einer Begehung der Wallanlage von Berau sind wir unverhofft auf ein Areal gestoßen, bei dem es sich um einen solchen Altarplatz gehandelt haben könnte. Wir hatten das Glück, dass Anfang Januar 2013 starke Regenfälle sämtlichen Schnee hatten schmelzen lassen und gleichzeitig um diese Jahreszeit der Wald von jeglicher störenden Bodenvegetation freigeräumt war. So fiel uns unter einer dicken Schicht modernden Laubes an einer Richtung Alb hin abschüssigen Stelle zunächst die auffällige Rundung eines Steines auf, der aus dem Laub herausragte. Wir räumten mit Schuhen und Stöcken immer mehr von dem Laub zur Seite. Unter einer zehn Zentimeter dicken Schicht schälte sich schließlich der komplette Stein heraus, eine runde Scheibe, etwa 1,5 Meter im Durchmesser und 25 Zentimeter hoch, die waagrecht auf einem Fundament von sorgfältig aufgesetzten kleineren Steinklötzen justiert ist. Links und rechts von dieser Scheibe liegen jeweils zwei große, leicht gerundete, längliche Quader, als hätten sie einst eine Einfassung oder Seitenwand zur runden Steinplatte gebildet. Das Bemerkenswerteste an diesem Gebilde aber ist, dass die Steinscheibe sehr symmetrisch ausgehöhlt ist, sie bildet quasi eine große, flache Schale. Da wir nicht schon wieder an einen angefangenen

---

16 Ebd.
17 Ebd.
18 Ebd.

und dann misslungenen Mühlstein glauben wollten, nahmen wir die gesamte Situation in Augenschein. Dieser Steinaltar, wenn wir ihn so nennen, befindet sich in Hanglage, wobei der abfallende Geländestreifen an dieser Stelle innerhalb der ersten und zweiten Wallmauer auf einer Strecke von etwa 50 oder 60 Meter wie befestigt wirkt. Dazu tragen mächtige Steinquader in Koffergröße bei, die exakte Kanten und ebene Flächen aufweisen. Teilweise liegen sie über diese abschüssige Böschung verstreut, teilweise sind sie aufgesetzt und bilden regelrechte Mauern. Unmittelbar neben unserem Steinalter sitzt eine solche Mauer im Hang, ragt etwa vier Meter lang und halbrund in den Berg hinein, sodass sich ein halbkreisförmiger Vorplatz zum Steinaltar ergibt. Zu Füßen der runden Steinscheibe liegt ein etwa 1,50 Meter langer, flacher Stein, der an einem Ende eine auffällige Kante oder Nut aufweist. Würde man diesen Stein aufstellen, so würde er an der Hangseite perfekt als eine Art Rückwand hinter die Steinscheibe passen, in das Erdreich hineingesetzt und mit der erwähnten Kante auf dem runden Stein aufsitzend. In der Literatur wird dieser ganze Komplex bislang noch an keiner Stelle erwähnt. Konfrontiert man die etablierte Denkmalarchäologie mit Aufnahmen von dieser Situation, so kommt der recht fantasielose Reflex, es könne sich hier nur um eine »Naturbildung« handeln, denn »die Moose, die sich auf solch geborstenen

Das Altar-Ensemble innerhalb der Wallanlage Berau

kissenartig heraus gewitterten Graniten und Gneisen festsetzen, lösen den Stein [...]. Frost und Regen verstärken dann den Effekt der Napf- und Schalenbildung.«[19] Die Fotos von der Fundstelle sowie der Augenschein vor Ort sprechen allerdings ihre eigene Sprache. Wenn man das Gebilde als von Menschen hergestellt akzeptiert, untermauert es massiv die Spekulationen um die vorgeschichtliche Herkunft und Funktion der Berauer Wallanlage.

Ausgrabungen an solchen Opfer- und Kultplätzen andernorts in Mitteleuropa haben im Wesentlichen Hinweise auf zwei Arten von Ritualen ergeben: Das erste war das Speiseopfer, nachgewiesen durch Abertausende von aufgefundenen (Haustier-)Knochen, das

19 Korrespondenz des Verfassers mit Verena Nübling, Referatsleiterin a.D. des Regierungspräsidiums Freiburg, Abt. Denkmalschutz. Antwortschreiben vom 30.01.2013.

Für die Kelten existierte die Anderswelt, ein transzendentales Jenseits, das man betreten und wieder verlassen konnte.

zweite waren Weiheopfer, also Gaben an die Götter, wie etwa Waffen, Kriegsbeute, Pferdegeschirr und Ähnliches.

Die religiöse Welt der Kelten ist über die Druidenforschung sowie über die irisch-walisischen Überlieferungen und hierzulande durch archäologische Befunde halbwegs befriedigend erschlossen. Aus dem Fund einer 210 Kilogramm schweren Sandsteinstatue bei Hochdorf nahe Stuttgart hat man beispielsweise einen ausgeprägten Ahnenkult rekonstruiert.[20]

Die zahlreichen schriftlichen Überlieferungen aus dem keltisch-irischen Fundus erzählen von Feen, Kobolden, Elfen, Zwergen, Rittern und Königen, zeichnen sich durch eine überladene Symbolsprache aus, in der die Elemente Stein, Feuer, Wasser und Luft unerhörte Bedeutung erlangen, erst recht die Gestirne Sonne, Mond und Sterne, das Übersinnliche dominiert das Jenseitige.[21] In dieser spirituellen und transzendentalen Verknüpfung von realer, fassbarer Welt und übersinnlichem Kosmos galten für die keltische Ge-

20 Vgl. Thomas Hoppe: Ahne, Heros, Totenbild – Der Krieger von Hirschlanden, in: Archäologisches Landesmuseum (Hg.): Die Welt der Kelten, S. 226–227, hier S. 227.

21 Vgl. Holger Kalweit: Das Totenbuch der Kelten, S. 25f.

sellschaft Gewissheiten, die uns heutigen Menschen als völlig fremd, irreal und absurd erscheinen. Erstens: Es gibt eine Welt hinter der Welt, eine Anderswelt, ein Totenreich und dort ein Leben nach dem Tod; zweitens: Wir können als Lebende bereits Kontakt mit den Toten und mit diesem Totenreich herstellen, in ihre Dimension wechseln und auch wieder zurück; drittens: Der Mensch ist nicht alleine, es existieren weitere Wesen, Feen, Elfen, Riesen, Zwerge;[22] viertens: Es gibt Naturkräfte zwischen diesen Welten, die man spüren, beherrschen und nutzen kann. So beschreiben alte irische Sagen, wie Druiden einen dichten Nebel heraufbeschwören können, der die Landschaft verhüllt, oder einen Sturm, um Feinde zu vernichten. Der Druide Mug Ruith ließ Quellen versiegen, der Druide Cathbad verwandelte eine Ebene in »ein großes, welliges Meer«, wieder andere vermochten sich unsichtbar zu machen.[23]

In einigen Texten finden sich Verweise auf einen Zauberstab. Eine weitere Gabe, die man den Druiden zuschrieb, war die Fähigkeit, die Gestalt zu verwandeln. Auch »druidischer Schlaf« wird erwähnt, der einer Art hypnotischem Zustand gleiche.[24]

Bei ihren Begräbnisritualen feierten die keltischen Druiden, die in der Literatur wahlweise als Priester, Richter, Wissenschaftler und Magier dargestellt werden, manchmal auch alle Funktionen in sich vereinigend,[25] die Wiedergeburt des Verstorbenen in der Anderswelt. Ralph Hauptmann bezeichnet den Glauben an die Wiedergeburt und Unsterblichkeit sogar als »die stärkste Waffe der Kelten« habe sie ihnen doch jegliche Angst vor dem Tod auf dem Schlachtfeld genommen.[26]

Der Sitte gemäß wurde der Leichnam eines Verstorbenen gewaschen und in ein Leichentuch gewickelt. Dann wurde Totenwache gehalten, je nach Stand der verstorbenen Person bis zu zwölf Tage, üblicherweise aber sieben Tage und sieben Nächte. Der Leichnam wurde mit Birkenzweigen bedeckt, aufrecht, mitsamt Waffen beerdigt, gelegentlich auch in sitzender Haltung, manchmal tötete man die Haustiere des Verstorbenen und gab sie mit ins Grab.[27]

Inwieweit die Themen »Seelenwanderung« und »Seelenbefreiung« bei den historischen Kelten aus viel früheren Traditionen herrühren, ist so offen wie die ganze Vorgeschichte der Kelten. Zu Recht weist Holger Kalweit darauf hin, dass die gesamte Geschichte der Kelten im Dunkeln liegt und wir ihre Ursprünge irgendwo im indogermanischen Völkersubstrat des 2. und 3. vorchristlichen Jahr-

---

22 Vgl. ebd., S. 27f.

23 Peter Berresford Ellis: Die Druiden, S. 276.

24 Vgl. ebd., S. 277.

25 Vgl. ebd.; Jean-Louis Bruneaux: Phantom der antiken Schriftsteller. Die Druiden, in: Archäologisches Landesmusem (Hg.): Die Welt der Kelten, S. 396–397; Ralph Hauptmann: Herrscher der Eisenzeit, München 2012, S. 137ff.; Gerhard Herm: Die Kelten, Düsseldorf 1975, S. 219f.

26 Ralph Hauptmann: Herrscher der Eisenzeit, S. 138.

27 Vgl. Peter Berresford Ellis: Die Druiden, S. 150.

tausends suchen müssen.[28] Der Heidenstein von Niederschwörstadt oder der bereits beschriebene Menhir von Degernau weisen ›Seelenlöcher‹ auf, die auf die (neuzeitliche) Interpretation zurückgeht, hier hätten die jungsteinzeitlichen Erbauer absichtsvoll Löcher in die Schlusssteine ihrer Grab-Dolmen gebohrt, um der Seele des Verstorbenen die Reise ins Jenseits zu ermöglichen. Unsere Steinkammern am Ganzmanngut in Schwarzhalden weisen zum Beispiel Öffnungen auf, Schlitze und Löcher, die in einem solchen Kontext erst Sinn ergeben würden. Das würde an dieser Stelle eine uralte Begräbnisstätte unterstellen, für die es ein überraschendes Indiz aus der Gegenwart gibt. Der heute beinahe zugewachsene Weg nämlich, der als Trampelpfad von hier weiter hinauf auf den Hochstaufen führt, trägt im Volksmund bis heute den Namen »Totenwegle«,[29] der selbst beim dauerskeptischen Manfred Haderer Erwähnung findet.[30] In seiner Weiterführung

Steinerne Felskammer und Zugang, direkt am Totenwegle.

[28] Vgl. Holger Kalweit: Totenbuch der Kelten, S. 34.
[29] »Auf dem Totenwegle von Grab zu Grab«, in: Badische Zeitung, Lokalausgabe Neustadt, Oktober 1998.
[30] Vgl. Manfred Haderer: Spurensuche, S. 137.

den Berg hinauf stößt man auf zahlreiche steinerne Hügelbauwerke, am Ende auf den im ersten Kapitel bereits beschriebenen Großhügel mit dem aufgesetzten Pyramidenstein. Ist die Volksmundbezeichnung also wörtlich zu nehmen? Gab es hier einstmals einen Weg der Toten?

Opfer und Kulte am Schalenstein

Die Schalensteinforschung ist mehr oder weniger eine eigene Unterdisziplin der Frühgeschichtsforschung.[31] Was sie bisher zutage gefördert hat, lässt auf jeden Fall den Schluss zu, dass Schalensteine, wenn sie denn kultischen Zwecken dienten, keine Erscheinung erst der Keltenzeit sein können, sondern viel früher schon eine Rolle gespielt haben müssen. Der älteste bisher datierte Schalenstein wurde in der Dordogne in Frankreich aus einer unteren Moustérienschicht ausgegraben – eine Epoche, die von 120 000 bis 40 000 v.Chr. gereicht hat. In der Regel sind die ältesten datierbaren Schalensteine aber der Mittel- und Jungsteinzeit zuzuordnen und reichen in der nachweisbaren Nutzung bis in die Bronze- und Eisenzeit.[32] Schalensteinfunde streuen sich weiträumig im gesamten Südalpenbogen von Südtirol bis Nizza, von da durch die Westschweiz, den gesamten Jura entlang in die Nordschweiz, durch Süddeutschland, Mitteldeutschland, Norddeutschland bis nach Dänemark, Südnorwegen, Südschweden, Finnland sowie Schottland und Irland.[33] Die Deutungen all dieser Funde reichen vom eiszeitlichen Schriftsystem über die Idee, es könne sich um Mörserlöcher handeln, bis hin zu der Interpretation, hier seien Tier- oder Pflanzenopfer dargebracht worden. Die gewagte Hypothese von den Schalensteinen als prähistorische Schriftträger stammt von Dieter Knauer[34] und baut auf der Überlegung auf, dass Schalen und Ringe auf Felsen in bestimmten, immer wiederkehrenden Mustern auftreten. Hier geht es aber um sehr kleine Kerbungen zwischen einem und acht Zentimetern Durchmesser, die andernorts auch als Näpfchen bezeichnet werden und deren Sorte im Hochschwarzwald kaum aufzufinden ist.

Die größeren Schalen, etwa ab einem Durchmesser von 15 und mehr Zentimetern, sind laut Knauer Mörserlöcher, die für verschiedenste Verarbeitungszwecke genutzt worden bzw. dabei erst entstanden seien. So etwa bei der Zerkleinerung von Getreide oder Nüssen, beim Zermahlen von Mineralien, Farbstoffen oder Kräutern. In Schweden heißen Schalensteine bis heute *elfenstar* (= Elfensteine) oder *elfquarnar* (= Elfenmühlen), weil man glaubt, dass unter ihnen Elfen wohnen und

[31] Vgl. Dieter Knauer: Schalensteine als Schriftträger, Karlsruhe 1990.
[32] Vgl. Piere Hänni: Schalensteine, in: ders.: Magisches Bernbiet, S. 40–42.
[33] Vgl. Gert Meier/Hermann Zschweigert: Die Hochkultur der Megalithzeit, S. 197.
[34] Vgl. Dieter Knauer: Schalensteine als Schriftträger.

Schalenstein in der Anlage Kuckucksweiher bei Hammereisenbach

sich der Schälchen bedienen, um ihr Mehl darin auszumahlen. Bis in die Neuzeit wird in Schweden auf solchen Steinen geopfert, indem man die Schälchen mit Fett salbt und eine kleine Gabe dazugibt (Nadeln, Münzen, Bändchen, Blumen).[35] Näpfchen an einer Kapelle im Kanton Wallis werden immer tiefer hineingeschliffen, weil das herausgeriebene Ziegenmehl Kranken als Medizin gereicht wird.[36] Auf der schweizerischen Alp Robiei stellte man noch 1943 fest, dass einige Schalen Überreste von Alpenkäse und saurer Milch enthielten, weil Einheimische mit diesen Gaben die Berggeister günstig zu stimmen glaubten.[37] Herman Wirth (1885–1981), ein ebenso kühner wie umstrittener Vorgeschichtsforscher, der aufgrund seiner nationalsozialistischen Vergangenheit unter Generalächtung geraten ist, glaubte, dass Schälchen und Näpfchen auf Megalithen einst mit Butter oder Fett beschmiert worden seien. Der ursprüngliche Sinn habe in der Erneuerung durch die Ahnenseelen bestanden, in der Sicherung der Wiedergeburt. Die Butter sei das indogermanische Sinnbild des Samens gewesen, der Zeugungskraft.[38] Vielfach tragen Megalithen im Volksmund heute noch den Namen »Kindlistein«.
Mit all dem ist nicht gesagt, dass sämtliche Schalen von Menschenhand geschaffen sein müssen. Genauso gut können die Schalen, wie sie eindeutig bei den großen Steinen an der Lochwiese, am Hirschbühl oder beim Bübleshof vorhanden sind, natürlicher Her-

Mit Wasser gefüllte Schale am Stein in der Lochwiese bei Blasiwald

35 Vgl. Eduard Hoffmann-Krayer/Hanns Bächtold-Stäubli: Handwörterbuch des deutschen Aberglaubens, Berlin/Leipzig 1932, Art. »Schalensteine, Näpfchensteine«, S. 991–992, hier S. 991.

36 Vgl. ebd., S. 992.

37 Vgl. Piere Hänni: Schalensteine, S. 41.

38 Vgl. Hermann Wirth: Urglaube an Höchstes Wesen, zit. bei Gert Meier/Hermann Zschweigert: Hochkultur, S. 201.

kunft sein. Es bleibt aber die Annahme, dass sie von Menschen genutzt wurden. Dafür spricht schon der spätere Versuch, diese Steine gewaltsam zu zerstören. Egon Gersbach hat auf eine Reihe von Schalensteinen im Wehratal aufmerksam gemacht und darauf hingewiesen, dass dort der Mensch zumindest eine Auswahl nach Größe und Gestalt getroffen haben muss.[39] Als besonders markant in diese Reihen gehörig listet Gersbach einen großen, zwei bis drei Zentner schweren Granitblock südlich von Ölflingen (bei Säckingen) auf, auf dessen Vorderseite je zwei Schalenpaare in einem Rechteck angeordnet sind, eine fünfte Schale bildet eine Art Spitze in dieser geometrischen Anordnung. Alle Schalen sind nahezu kreisrund und messen 14 bis 15 Zentimeter im Durchmesser. Auf der Rückseite des Steines gibt es drei weitere als Dreieck angeordnete Schalen.

Im Odilienkloster auf dem elsässischen Odilienberg findet man das Tränenloch, eine Vertiefung im Felsen der Tränenkapelle, welche der Legende zufolge durch inständiges Weinen der Odilie entstanden sein soll. Für Archäologen handelt es sich hingegen um eine der typischen megalithischen Schalen, die nach Ansicht der einschlägigen Forschung durch die ständigen Abschabungen der Pilger im Laufe der letzten Jahrhunderte stark vergrößert wurde.[40] Schon 1699 hatte man deshalb ein eisernes Gitter über das Felsenloch gelegt.

Schalenstein am Odilienberg. Im Hintergrund die Heidenmauer

Die Schalensteine von Schonach werden vom Hornberger Heimatforscher Wolfgang Neuss als »Naturdenkmale, die in frühgeschichtlicher Zeit von Menschen als Opferschalen genutzt wurden«, bezeichnet.[41] Die Schalensteine waren in dieser Interpretation Naturaltäre, auf denen verschiedenen Gottheiten Nahrungsmittel, Blumen und Räucherpflanzen, wie etwa Wacholder, dargeboten wurden. Wer das für abwegig hält, der sei nur an den bis heute nicht ausgestorbenen Brauch der Kräuterweihe erinnert. In manchen Regionen heißt der Kräuterweihe-Tag (Christi Himmelfahrt)

39 Vgl. Egon Gersbach: Urgeschichte des Hochrheins, S. 176.
40 Vgl. Gert Meier/Uwe Topper/Hermann Zschweigert: Das Geheimnis des Elsaß, S. 26.
41 Die Schonacher Schalensteine, Informationsblatt der Tourist-Information Ferienland Schonach.

Besonders auffälliger Eulenstein am Schalensteinweg in Schonach

auch Maria Würzweih.[42] Es sollen immer sieben Kräuter zusammengebunden werden, aber auch Neuner-Sträuße sind möglich. Ein solcher besteht aus Johanniskraut, Schafgarbe, Baldrian, Arnika, Königskerze, Kamille, Wermut, Pfefferminze und Tausendgüldenkraut. Die geweihten Kräuter sollen gegen Verzauberungen, böse Geister und Krankheiten verschiedener Art helfen, aber auch für Eheglück und Kindersegen sorgen.[43] Urheidnischer geht es kaum noch. Einer der Schalensteine von Schonach dient als Trog des Trachtenbrunnens und ist der Bevölkerung seit Generationen als Heidenstein oder Lebendiger Stein bekannt. Die weiteren acht zum Schalensteinweg zusammengefassten Schonacher Schalensteine haben ihre Namen »Teufelsritt«, »Altarstein« oder »Geisterfelsen« erst in jüngster Zeit erhalten, liegen aber noch an ihren Ursprungsfundorten. Und dies ist das Besondere daran: Auf einem Areal von wenigen Quadratkilometern versammeln sich diese Schalensteine in so gehäufter Zahl, darum herum tritt kein einziger mehr auf. Und dies obwohl das Schalenstein-Areal und die benachbarte Landschaft sich nicht unterscheiden. Hier wie dort wimmelt es von Granitfindlingen und von felsübersäten Berghängen. Hat es also auf der Anhöhe Holtzeck und am Mühleberg, wo wir diese auffällige Häufung antreffen, anders geregnet als in der Nachbarschaft? Oder hat der Wind hier anders geblasen? Oder sorgte ein spezielles Mikroklima hier und nur hier für solche Verwitterungsspuren? Jeder mag sich selbst seinen Reim darauf machen.

---

42 Vgl. Beate Funke: Zauberpflanzen – Pflanzenzauber, München 2007, S. 50.

43 Vgl. ebd.

b. Sonne, Mond und Sterne

Mond- und Sonnenkalender

Der Mensch, der zum Himmel blickt, ganz gleich ob in der frühesten paläolithischen Vergangenheit, im Mittelalter oder heute, erblickt mit bloßem Auge zuverlässig Tag für Tag bzw. Nacht für Nacht zwei Himmelskörper: die Sonne und den Mond. Die Frühgeschichtsforschung ist sich längst einig, dass sich schon die Menschen der Steinzeit der Bewegungen von Sonne und Mond bewusst waren und daraus auch Zeitmessungen abgeleitet haben.[44] Es sei hierzu lediglich auf die zahlreichen Untersuchungen von Stonehenge[45] oder die Interpretationen der bronzezeitlichen »Himmelscheibe von Nebra«[46] verwiesen. Über die Beobachtungen des Mondes, so die Generalthese, habe der frühe Mensch den Zugang zum Verständnis einer archaischen Kosmologie entwickelt: »Alle siebenundzwanzig Tage, sieben Stunden und dreiundvierzig Minuten kehrt der Mond zu seiner früheren sichtbaren Position unter den Gestirnen zurück. Die Wiederkehr des Vollmondes, des Neumondes und anderer Phasen geschieht im Abstand von neunundzwanzig Tagen, zwölf Stunden, vierundvierzig Minuten. […] Der Mond zieht die Aufmerksamkeit als universale Uhr durch die signifikanten Aspekte seiner Verwandlung auf sich.«[47] Gleichzeitig ist zu vermuten, dass sich der Mensch in seinen Anfängen bereits den Sternen als Wegweiser anvertraute. Denn natürlich bot der Nachthimmel mit dem Auf- und Untergang der Sterne und dem Umlauf des Mondes die beste Möglichkeit der Zeitmessung. Dies ist ganz sicher ein Grund für die vielen megalithischen Observatorien und Kalenderbauten, für die Anlage von Cromlechs, Erdwerken und steinernen Visurlinien der Megalithiker, der Bandkeramiker und anderer Kulturkreise bis hin zu den Kelten. Die gleiche Aussage, etwas größere Beobachtungsgeduld vorausgesetzt, können wir auch auf die Sonnenbeobachtung münzen. So sind die Beispiele megalithischer Kalendarien, die sowohl auf Sonnen- als auch auf Mondbeobachtungen basieren, so zahlreich, dass es hierzu keiner spezifischen Beweisführung mehr bedarf. Für uns bleibt

44 Vgl. Richard Rudgley: Abenteuer Steinzeit, S. 160f.

45 Zur Einführung: Bernhard Maier: Stonehenge. Archäologie, Geschichte, Mythos, München 2005.

46 Zur Einführung: Harald Meller (Hg.): Der geschmiedete Himmel. Die weite Welt im Herzen Europas vor 3600 Jahren, Stuttgart 2004.

47 Richard Rudgley: Abenteuer Steinzeit, S. 161.

hingegen die spannende Frage: Finden wir davon etwas in unserem Südschwarzwald- und Oberrheingebiet?
Den ersten Hinweis gibt bereits der Grabhügel auf dem Magdalenenberg. Er wurde offenbar nach dem Lauf von Sonne, Mond und Sternen ausgerichtet.[48] Die kleinen Grabgruppen rund um das Fürstengrab, so haben die Wissenschaftler Allard Mees und Bruno Deiss ermittelt, stellen Sternbilder dar, zu denen der Fürst einen freien Blick haben sollte.[49]
Noch eindrucksvoller finden wir den Beleg für die keltischen Himmelskenntnisse im System der Belchenberge. Bereits der Heimatdichter Johann Peter Hebel war diesem System im 18. Jahrhundert auf der Spur und widmete ihm die Geheimsprache »Belchismus«. In seinem *Wörterbuch des Belchismus* formulierte Hebel: »Es ist wahr, dass die erste Station von der Erde zum Himmel auf dem Belchen ist.«[50] Gemeint ist mit dem »Belchismus« die geheimnisvolle Konstellation, die sich aus der geografischen Lage mehrerer Belchenberge ergibt. Das sind der Elsässer Belchen »Ballon d'Alsace« (1171 m), der Große Belchen »Grand Ballon« (1424 m), der Kleine Belchen »Petit Ballon« (1267 m), der Schwarzwald-Belchen (1414 m) und der Jura-Belchen (1123 m) in der Nordwestschweiz. Das kalendarische System dieser Belchenberge ist von verschiedenen Heimat- und Hobbyforschern entschlüsselt und zum Teil auch mit waghalsigen Theorien unterlegt worden. Im Kern ist es aber unangreifbar.[51] Die Überlegungen sind hier kurz zusammengefasst: Die keltische Einteilung des Jahres basierte auf acht zentralen Daten. Anfang Mai ist *Beltene,* der Beginn des keltischen Sommerhalbjahres; Anfang August ist *Lugnasad,* die Feier des keltischen Erntedank; Anfang November ist *Samhain,* der Beginn des keltischen Winterhalbjahres, und Anfang Februar ist *Imbolc,*

Nach jüngsten Untersuchungen war auch das Fürstengrab Magdalenenberg nach Sonne und Mond ausgerichtet.

48 Vgl. »Faszinierender Himmel über Keltengrab«, in: Südkurier, Ausgabe Villingen vom 04.02.2012.
49 Vgl. ebd.
50 Johann Peter Hebel: Wörterbuch des Belchismus, in: Briefe von Johann Peter Hebel an Friedrich Wilhelm Hitzig und andere Schriftstücke, K-1216, Badische Landesbibliothek Karlsruhe 2011.
51 Vgl. Edith Schweizer-Völker/Martin Schulte-Kellinghaus: Mythische Orte am Oberrhein, Basel 2006.

die Mitte der dunklen Jahreszeit. Diese vier bedeutsamen Jahresereignisse liegen jeweils 40 Tage von der Tagundnachtgleiche, der Sommersonnwende, der Tagundnachtgleiche und der Wintersonnwende entfernt. Das ›Belchensystem‹ am Oberrhein bildet dieses Kalendersystem ab. Vom Elsässer Belchen, dem Ballon d'Alsace, aus gesehen, geht die Sonne am 20./21. März (Tagundnachtgleiche) und 23. September (Tagundnachtgleiche) genau über dem 73 Kilometer entfernten Schwarzwald-Belchen auf, am 21. Dezember (Wintersonnwende) über dem Jura-Belchen. Sonnenaufgangsfixpunkt am 21. Juni (Sommersonnwende) ist vom Grand Ballon aus gesehen der Petit Ballon. Am 1. Mai geht die Sonne vom Ballon d'Alsace aus gesehen über dem Grand Ballon auf. Vom Schwarzwald-Belchen aus gesehen geht die Sonne zur Zeit der Tagundnachtgleiche genau am Grand Ballon unter und steht am kürzesten Tag des Jahres exakt über dem Schweizer Jura-Belchen. Der Fotograf, Naturwissenschaftler und Buchautor Martin Schulte-Kellinghaus hat diese jeweiligen Sonnenauf- und Sonnenuntergänge an den entsprechenden Schlüsseltagen eindrucksvoll fotografiert und stellt diese Ansichten und die Theorie um das Belchendreieck auch auf seiner Hompage vor.[52] Es handelt sich um ein gegenseitiges Referenzsystem, wie man es sicher in der Kombination anderer Berge in anderen Mittelgebirgen auch konstruieren kann, schließlich geht die Sonne zu bestimmten Zeiten und von bestimmten Standpunkten aus gesehen stets am gleichen Bezugsort auf. Übrigens ist inzwischen das Dreieck Großblauen-Zeller Blauen-Schweizer Blauen im gleichen Sinne als Messsystem für die Mondauf- und Monduntergänge identifiziert worden.[53] Das Verblüffende im Belchensystem liegt darin, dass sich wohl darauf die Namensgebung für diese Berge gründet. Und dies wiederum bedeutet, dass sich eine genaue Kenntnis der Zusammenhänge und eine absichtsvolle, zielgerichtete Benennung der Berge dahinter verbergen. Auf allen diesen Belchenbergen werden deshalb Stätten eines

msk

Am Tag der Tagundnachtgleiche (20./21. März und 23. September) geht die Sonne vom Ballon d'Alsace aus gesehen exakt über dem Schwarzwald-Belchen auf.

[52] Vgl. www.schulte-kellinghaus.de (Stand: 21.06.2013).

[53] Vgl. Rolf d'Aujourd'hui: Zum Genius Loci von Basel: ein Zentraler Ort im Belchen-System, Basler Stadtbuch 1997, 1998, S. 125–138.

Waren solche Steinkreise Anlagen zur Mond- und Sonnenbeobachtung?

keltischen Sonnenkultes vermutet, allerdings haben sich bislang keinerlei archäologische Spuren auf den genannten Berggipfeln finden lassen. Das wird in neueren Untersuchungen damit begründet, dass sich die eigentlichen Kultstätten möglicherweise in den umgebenden Tallagen befanden, aber so auf die Berggipfel ausgerichtet waren, dass diese als Visierpunkte für Sonnen- und Mondbeobachtungen dienten.[54] Die Annahme solcher Sonnenkultstätten gründet sich auf Namensherkunft vom keltischen Gott Belenos oder Belakos. Diesen Gott brachten die Kelten mit Sonne, Wasser und Heilkräften in Verbindung. Der Ballon d'Alsace, der Jura-Belchen und der Belchen im Südschwarzwald ergeben, wenn man sie auf der Landkarte mit einem Lineal verbindet, ein nahezu rechtwinkliges Dreieck. Davon ausgehend, sind von Heimatforschern, Keltenszene und Parawissenschaften allerlei weitere geometrische, geomantische und geodätische Ableitungen hergestellt worden, die allerdings in der Fachwissenschaft keine Resonanz gefunden haben. Unter Geomantie versteht man die (esoterische) Interpretation von Landschaft und Plätzen, insbesondere die Vermittlung von innewohnenden positiven oder negativen Erdkräften (zum Beispiel Feng Shui, Erdstrahlen, Wasserstrahlen etc.), während die Geodäsie (Geodätie) als die Wissenschaft von Vermessungslinien zwischen geografischen Punkten begriffen wird. In Bezug auf das Belchensystem sind beispielsweise weitere Dreiecke gebildet oder die Schenkel der Dreiecke als gerade Linien auf der Landkarte fortgesetzt worden. Daraus ist zum Beispiel bei der Verlängerung der Linie Ballon d'Alsace –

Welche Erdkräfte sind unter den Steinkreisen von Blasiwald versammelt (hier eine ältere Aufnahme als der Wald noch stand)?

[54] Vgl. ebd.

Grand Ballon exakt der Blindstein im Rohardsberger Wald getroffen worden. Das ist einer der schon mehrfach erwähnten Schalensteine rund um Schonach. Die Tatsache, dass der Wald an dieser Stelle Belchwald oder Belgwald heißt, wie bereits die ältesten topografischen Karten ausweisen, hat zu der Vermutung geführt, es hier mit einem sechsten Belchenberg zu tun zu haben. Einem siebten – denn dann wäre die heilige Zahl 7 der Kelten erreicht – ist man noch auf der Spur. Ein heißer Kandidat, ohne dass wir entsprechende Linien auf den Landkarten gezogen haben, wäre dafür vielleicht der Ballenberg (Gemarkung Dachsberg) mit seiner Nähe zur Großen Muur und zum Bildstein. Diesem ganzen Theoriekomplex von Visurlinien und geodätischen Linien und Kraftfeldern versuchen wir im übernächsten Abschnitt etwas auf den Grund zu gehen.

Drei Steine und ein Dreizack

Inspiriert vom nahezu rechtwinkligen Dreieck, welches der Ballon d'Alsace, der Jura-Belchen und der Belchen im Südschwarzwald ergeben, wenn man sie durch Linien verbindet, machen wir an dieser Stelle noch einen kurzen Exkurs. Uns ist eine mehrfache gemeinsame Erscheinung der drei markanten Symbole Kreis, Pyramide und Kugel aufgefallen. Passt das hierher? Hat das etwas mit

Auf dem Steinhügel sitzen nebeneinander drei Steine: Pyramide, Scheibe, Halbkugel.

Glaubensfragen, Kulten und Ritualen zu tun? Wie so vieles in diesem Buch hat es vor allem etwas mit dem Zulassen von Gedankenspielen zu tun. Auch hier gibt es keine Theorie. Es geht lediglich darum, auf diese Besonderheit aufmerksam zu machen, die natürlich wie immer auch bloß ein ›reiner Zufall‹ mit natürlicher Ursache sein kann, möglicherweise aber eine Bedeutung in sich trägt.
Erstmals stießen wir auf den erwähnten Dreiklang beim Besuch eines schon mehrfach beschriebenen großen Steinhügels am Wagnersberg bei Schluchsee. Es ist jener Großsteinhügel, zu dem das oben erwähnte Totenwegle führt. Der ganze Wagnersberg ist übersät mit Steinhügeln aller Art; für jene, die dem Gipfel am nächsten liegen, gibt es sogar eine Zuordnung in die Grabhügelpraxis der späten Hallstatt-Zeit.[55] Angeblich werden

[55] Vgl. »Auf dem Totenwegle von Grab zu Grab«.

diese ›keltischen Gräber‹ auf die Zeit um 500 v.Chr. geschätzt. Die Steinhügel am Wagnersberg unterscheiden sich aber streckenweise erheblich. Besonders auffällig sind solche, die links und rechts von zwei besonders großen einzelnen Findlingen eingefasst und in der Mitte mit vielen kleineren, etwa kopfgroßen Gesteinsbrocken verfüllt sind. Auf halber Höhe am Berg erreicht man dann den auffälligsten Hügel, etwa elf Meter lang und zwei Meter hoch. Auf seiner Spitze sitzt dieses seltsame Gebilde, bestehend aus drei auffällig geformten Steinen. Der erste sieht für den Betrachter, der vor dem Hügel steht, wie eine Halbkugel aus. Der zweite hat die Gestalt einer Pyramide oder eines Dreizacks, der dritte liegt als flache, gerundete Scheibe auf den Steinen. Zu diesem Steinhügel gehört auch noch ein stark von Büschen und Unterholz überwucherter Steinkreis, der aber keine Kreis-, sondern eher eine Ellipsenform hat.

Die drei Steine, Pyramide, Scheibe und Halbkugel, wären für sich alleine schon ein Grund zum Staunen, zur echten Herausforderung werden sie aber erst, weil ein nahezu identisches Dreierteam keine zehn Kilometer entfernt im Wald bei Brenden liegt. Die Steine hier sitzen nicht auf einem Hügel, sondern scheinen direkt aus dem Waldboden gewachsen. Sie sind bemoost und verwittert, aber die Grundbotschaft ist die gleiche: eine Pyramide (oder spitzer Dreizack), eine Halbkugel und eine Scheibe mit Rundung. Auch die drei Steine von Brenden liegen nicht alleine auf weiter Flur, sondern sie gehören zu einem Areal nahe des Rappenfelsens, auf welchem

Die drei gleichen Symbole: Pyramide, Scheibe und Halbkugel bei Brenden

ebenfalls zahlreiche Steinhügel verstreut sind. Als weitere Besonderheit wird dieses Areal von gleich drei Mauern durchzogen, die irritierenderweise im Abstand von jeweils 30 bis 40 Metern nahezu parallel verlaufen. Sie ziehen sich in sanftem Bogen in Richtung der erwähnten Steinhügel hin und scheinen jeweils eine Art flache Terrasse zu begrenzen, wobei das Gelände insgesamt so flach ist, dass es eigentlich keiner Terrassierung bedürfte.

Wenn wir ganz kühn interpretieren, dann bietet auch unser berühmter Sonnenstein von Blasiwald-Straß die gleiche Dreierkombination: die flache Scheibe (der Sonnenstein), die Halbkugel (der große Stein dahinter) sowie der Dreizack (die umgestürzte Steinplatte daneben).

Am Falzberg, das ist nun wieder am jenseitigen Schwarza-Ufer, liegt am Berghang im Wald ein großer Findling, auf dessen Rücken ein Dreizack eingemeißelt oder eingraviert scheint. Dieser Dreizack sticht deshalb sofort ins Auge, weil er mit einem schwarzen Bitumen eingefärbt oder eingestrichen wurde. Diese Bitumenfarbe hat man verwendet, um auf dem gleichen Findling eine neuzeitliche Grenzmarkierung nachzuziehen. Der Dreizack hat aber erkennbar mit dieser Grenzmarkierung nichts zu tun. Es scheint vielmehr so, als habe man ihn aus Unkenntnis schlichtweg miteingefärbt.

Dreizack, Dreistein-Kombinationen und Bergdreiecke wie das Belchendreieck lassen es jedenfalls als einen nicht völlig abwegigen Versuch erscheinen, einmal nach Themen und Motiven zu fahnden, die mit der Zahl 3 in Verbindung stehen. So haben wir sofort die drei magischen Gipfelkreise auf dem Odilienberg im Sinn, also jene drei Ringe, welche von der großen Heidenmauer auf dem Odilienberg gebildet werden.[56] Des Weiteren bildet auch der Odilienberg selbst wiederum ein Dreieck mit zwei anderen Bergen in seiner Nachbarschaft: dem Taennchel und dem Côte de Répy. Auch auf diesen beiden Gipfeln gibt es geheimnisvolle und bis heute nicht befriedigend gedeutete Felsheiligtümer, unter anderem einen Sonnenstein und zahlreiche Becher- und Schalensteine. Alle drei Berge verbindet eine Noah-Sage. So soll jeder dieser Gipfel dem biblischen Noah als Anlegestelle gedient haben.[57]

Viele dieser Dreierkombinationen werden in der einschlägigen Literatur als symbolhafte Erinnerung an die ›drei Urmütter‹ gedeutet.[58] Bei diesen ›drei Müttern‹ handelt es sich um die drei ›Bethen‹, nämlich Ambeth, Wilbeth und Worbeth, die als die wichtigsten Göttinnen der matriarchalisch verfassten Altsteinzeit-Gesellschaften gelten und im Volksglauben bis ins hohe Mittelalter nachweisbar

Der ›Dreizack‹ auf dem Stein beim Falzberg

[56] Vgl. Petra van Cronenburg: Geheimnis Odilienberg, S. 102.
[57] Vgl. ebd.
[58] Vgl. Gert Meier/Uwe Topper/Hermann Zschweigert: Das Geheimnis des Elsaß, S. 50f.

Der Magie des Odilienberges kann sich auch heute noch kaum ein Besucher entziehen. Die drei aus dem Felsen gehauenen Grabkammern auf dem Gipfel sind noch immer nicht schlüssig erklärt.

sind.[59] Ihre Dreiheit – man könnte auch sagen: Dreieinigkeit – beschreibe auch die drei sichtbaren Zyklen des Mondes (aufgehender Mond, Vollmond, abnehmender Mond), die zusammen dem 28-tägigen Zyklus der weiblichen Menstruation entsprechen. Das vollständige Sinnbild beschreibe demnach die weiblichen Urmütter als die ›drei Ewigen‹ in einem immer wiederkehrenden Reigen, der letztlich zum Glauben an die menschliche Wiedergeburt geführt habe.[60] Die 3 als symbolhafte Zahl ist demnach als religiös motivierter kultischer Begriff aus frühesten Vorzeiten anzusehen. Am Neandertaler-Fundort La Ferrassie fand man zum Beispiel eine Grablegung von dreimal drei Skeletten und jeder einzelne Leichnam war durch eine Dreizahl geschmückt – sei es eine dreieckige Steinplatte, drei beigegebene Werkzeuge, drei Linien, auf einen Langknochen geritzt.[61] Es gibt eine seit Jahren wachsende Literatur zu diesem Themenkomplex, die uns für unseren Untersuchungsraum nicht näher interessieren muss. Wichtig ist nur zu wissen, dass es mit der 3 etwas auf sich hat und dass deshalb alles, was den Charakter eines Dreier-Symbols zu haben scheint, wie etwa unsere steinerne Kombination Pyramide-Halbkugel-Platte, ein kurzes Innehalten und Nachdenken verdient.

59 Vgl. ebd.
60 Vgl. ebd., S. 58.
61 Vgl. Richard Fester: Die Steinzeit liegt vor deiner Tür, S. 182.

c. Grenzen der Wissenschaft – Grenzwissenschaft

Radiästhesie

In seinem bemerkenswerten Buch über sensationelle Erfindungen und Leistungen prähistorischer Kulturen macht Richard Rudgley[62] der konventionellen prähistorischen Archäologie einen schweren Vorwurf. Mit ihrer Standardauffassung von der Steinzeit – lineare Entwicklung vom primitiven Jäger zum modernen Menschen – liefere die Schulbuchwissenschaft keine hinreichende Erklärung, wie die historischen Zivilisationen sich aus dem vorgeblich primitiven prähistorischen Erbe heraus entwickeln konnten. Als Ergebnis dieses Mangels seien »viele abenteuerliche Theorien« wie Pilze aus dem Boden geschossen, »die vorgeben, die Ursprünge der Zivilisation zu erklären.«[63] Die berühmteste und nach Anhängern gerechnet erfolgreichste dieser »abenteuerlichen Theorien« stammt von Erich von Däniken und besagt, dass die plötzliche Entstehung der Zivilisation einer Intervention von Außerirdischen zu verdanken sei. Auch versunkene Kontinente wie Atlantis, Mu oder Lemuria werden als Zivilisationsspender bemüht, gerne im Kontext mit Katastrophentheorien. Und dies alles nur deswegen, weil es eine große »Unzufriedenheit der Öffentlichkeit mit der akademischen Standardauffassung« gebe, welche die Ursprünge der Zivilisation nicht in rational überzeugender Weise zu erklären vermöge.[64] Was aber, wenn es rationale Erklärungen gar nicht gibt? Wenn man sich auf Irrationales einlassen muss? Das ist freilich eine Option, die für den in universitären Seminaren großgezogenen Prähistoriker nicht infrage kommt. Die Fachwissenschaft, die nur sich selbst anerkennt, nimmt zu allen Grenz- und Parawissenschaften ebenso kategorische Abgrenzungen vor, wie zu allen Katastrophen- und sonstigen Theorien. Das ist schade, denn zu Recht fordert Gert Meier: »Wer Wissenschaftsgeschichte betreiben will, darf sich nicht zu schade dafür sein, auch in manche geistige Dunggrube zu steigen. Es lohnt sich wegen der Zufallsfunde am Rande fast immer.«[65]

Nicht jeder kennt solche Berührungsängste. Beim Gegenstand unseres Interesses, näm-

---

62 Richard Rudgley: Abenteuer Steinzeit.
63 Ebd., S. 25.
64 Ebd., S. 26.
65 Gert Meier/Uwe Topper/Hermann Zschweigert: Das Geheimnis des Elsaß, S. 227.

Wer weiß wirklich zu sagen, welche Naturkräfte von Menschen gezielt erspürt werden können?

lich den steinernen Rätseln im Südschwarzwald, begegnet uns permanent eine Grenzwissenschaft, die zu ignorieren sich schon alleine deshalb verbietet, weil sie sich nicht nur einer wachsenden Anhängerschaft erfreut, sondern auch weil sie teilweise verblüffende Ergebnisse zutage fördert. Die Rede ist von der Radiästhesie. Was ist das? Kurz gesagt: die Kunst des Rutengehens und des Pendelns. Mit Rute oder Pendel spüren die Radiästhesisten verborgenen Erdkräften und -zuständen nach. Wünschelrutengänger, die Wasseradern aufspüren, sind dabei noch am ehesten gesellschaftlich akzeptiert. Bei der Fachwissenschaft stoßen sie hingegen auf einhellige Ablehnung, wenngleich die Treffsicherheit mancher Rutengänger bei speziell inszenierten Tests doch auch Verblüffung ausgelöst hat.[66] Einen Gedanken sollte man vorausschicken, ehe man sich mit den ›Erkenntnissen‹ beschäftigt, welche die Radiästhesie hinsichtlich der Steinsetzungen im Südschwarzwald beisteuert. Wir sind gerne bereit, zu akzeptieren, dass es physikalische Zustände gibt, die vom Menschen nicht, von anderen Lebewesen aber sehr wohl wahrgenommen werden können. Nehmen wir nur beispielhaft das Farbenspektrum. Die Fähigkeit, Licht in Abhängigkeit von der Wellenlänge der elektromagnetischen Strahlung verschieden wahrzunehmen, reicht beim Menschen vom Wellenlängenbereich 380 bis 780 Nanometer. Außerhalb dieses Lichtspektrums sprechen wir von Infrarot oder Ultraviolett. Viele Vögel, Fische, Schildkröten oder Echsen nehmen Licht auch unterhalb 400 Nanometer wahr, also im Ultraviolettbereich. Der afrikanische Smaragdprachtbarsch ›sieht‹ auch im Infrarotbereich. Auch Klapperschlangen und bestimmte Käferarten können über Sensoren Infrarotstrahlung wahrnehmen. Noch eklatanter sind die Differenzen im Schallbereich. Das menschliche Ohr nimmt Töne zwischen 20 und 20 000 Hertz wahr. Was darüber

[66] Vgl. Herbert L. König/Hans-Dieter Betz: Erdstrahlen? Der Wünschelruten-Report – Wissenschaftlicher Untersuchungsbericht, München 1989; von denselben Autoren stammt der unveröffentlichte Schlußbericht 01 KB8602 an das Ministerium (BMFT, 1990).

liegt, ist der Ultraschallbereich, darunter der Infraschallbereich. Im Infraschallbereich verständigen sich Elefanten. Der Mensch bekommt davon nichts mit, weil er in diesem Bereich schlicht nichts hört. Es gibt ihn aber trotzdem. Ähnliches gilt für den Ultraschallbereich, wo sich die Fledermäuse mit bis zu 200 000 Hertz ihre Botschaften zufiepen. Auch Delfine, Nachtfalter und selbst unsere Haushunde verständigen sich in Ultraschalltonlagen weit jenseits des menschlichen Hörvermögens.

Kein Mensch käme auf die Idee, diese Fähigkeiten in Abrede zu stellen, nur weil er selbst nicht über sie verfügt. Bei der Radiästhesie hingegen ist genau dies die Argumentationslinie. Jene, die weder Erdkräfte noch Wasseradern spüren können, schließen kategorisch aus, dass andere vielleicht dieses Vermögen besitzen. Was spricht dagegen, dass es Menschen gibt, die mehr spüren, mehr fühlen und mehr erkennen können als andere? Dass ein solches behauptetes Vermögen bisher nicht physikalisch überprüfbar ist, kann nicht als komplettes Ausschlussargument akzeptiert werden, denn genauso gut könnte dieser Mangel damit erklärt werden, dass die dahinterliegende Physik schlicht noch nicht erkannt ist. Auch in der modernen Physik geschieht es bisweilen, dass ein Phänomen neu entdeckt und erst nach und nach erklärbar wird. Unbestreitbar ist auch, dass die Fähigkeit, mit Rute und Pendel umzugehen, als eine uralte Wissenschaft gilt, zusammen mit Astronomie und Mathematik vielleicht zu den ältesten Wissenschaften der Menschheit gehört. In der Nordsahara wurden Gravuren von Rutengängern gefunden, die 8000 Jahre alt sind.[67] Ein Gegenstand aus dem bei der Gletscherleiche Ötzi gefundenen Zubehör, nämlich eine durchbohrte und an einem Lederriemen befestigte Steinscheibe, ist sogar schon als radiästhesisches Pendel interpretiert worden.[68] So gilt das Plädoyer an dieser Stelle der Grundbereitschaft, sich einfach einmal hypothetisch auf die Radiästhesie einzulassen. Was wäre, wenn ...? Radiästhesie bedeutet »Strahlungsempfindlichkeit« oder »Strahlungswahrnehmung«. Nach der gängigen Lesart sendet jeder dem Licht ausgesetz-

Ist wirklich alles unsichtbar, was für das menschliche Auge nicht sichtbar ist?

[67] Vgl. Gert Meier/Uwe Topper/Hermann Zschweigert: Das Geheimnis des Elsaß, S. 70.

[68] Vgl. Helmut Seifert: Das Steinzeit-Abenteuer, S. 71.

SÜA

Das ›Pendel von Ötzi‹ – glauben jedenfalls die Radiästhesisten

te Gegenstand Strahlen aus, die der Radiästhesist empfangen kann.[69] Demnach können Radiästhesisten die Energieemission von Materie spüren. Für die Untersuchung steinerner Hinterlassenschaften bedienen sie sich dabei als Werkzeug eines Pendels. So kommen sie auf die Datierung archäologischer Stätten und zugleich auf die Ermittlung der dort herrschenden Schwingungen. Diese werden auf einer Skala von 0 bis 14 000 Bovis-Einheiten gemessen.[70] Niedrige Bovis-Einheiten unter einem Wert von 6000 weisen für Radiästhesisten auf einen ungesunden ›geopathologischen‹ Ort hin, bei Werten bis 9000 Bovis-Einheiten handelt es sich um einen normalen Ort, alle Werte darüber deuten auf einen besonderen Kraftort hin.[71]

Ausgehend von der Annahme, dass alle Naturvölker, auch unsere prähistorischen Vorfahren bis in die Zeit der Kelten, über die intuitive Fähigkeit verfügten, solche Schwingungen und Strahlungen unmittelbar in der Landschaft zu spüren und zu lokalisieren, ziehen die Radiästhesisten den Schluss, dass beispielsweise ein Steinkreis, eine Mauer oder ein Steinhügel, an dem sie selbst starke Strahlungen und hohe Bovis-Schwingungen erpendeln, demnach ein kultisch genutzter vorgeschichtlicher Kraftort gewesen sein muss. Menhire, Dolmen und Statuen markieren deshalb in der Theorie der Radiästhesisten stets starke tellurische Adern oder Ausgänge solcher Adern, also Plätze, an denen Erdkräfte besonders wirksam sind, sowohl positiv als auch negativ. Das können die Kreuzungen unterirdischer Wasseradern sein, Stellen mit besonderem Erdmagnetismus, Plätze über *blind springs,* unterirdischen Quellen, starke Austrittsstellen von Erdstrahlen etc. Solche Plätze sind nicht zufällig über die Landschaft verstreut, sondern sie folgen nach der Wissenschaft der Radiästhesisten bestimmten Linien- und Gitternetzen, die über den gesamten Globus hinweg rekonstruierbar sei-

---

69 Die Darstellung folgt hier und im Folgenden den Erläuterungen von Adolphe Landspurg, dem Vorsitzenden des Vereins der Elsässischen Radiästhesisten in: Adolphe Landspurg: Orte der Kraft, S. 24f.

70 Der französische Physiker Alfred Bovis (1871–1947) entdeckte, dass man man die Lebensenergie von Substanzen, Organismen und Orten in Einheiten messen kann. Diese wurden nach ihm benannt: Bovis-Einheiten (BE). Die Lebensenergie eines gesunden Menschen liegt demnach zwischen 7000 und 8000 BE. Naturwissenschaftlich ist die Existenz solcher Strahlungen allerdings unbelegt.

71 Vgl. Adolphe Landspurg: Orte der Kraft, S. 27.

Ein Platz mit starken Erdkräften in Schwarzhalden – im Hintergrund leuchtet geisterhaft ein vier Meter hoher Findling in der Sonne.

en, ähnlich wie die Akupunkturlinien am menschlichen Körper. In letzter Konsequenz steht dahinter der Glaube, dass der Mensch über geistige Kräfte mit der Erde als lebender Organismus in Verbindung zu treten vermag. Was die Radiästhesie für unser Untersuchungsthema so interessant macht, ist die Tatsache, dass Radiästhesisten nicht nur vorgeben, die Kraft eines Ortes ermitteln zu können, sondern gleichzeitig auch das Alter bzw. den Zeitpunkt, zu dem an einem bestimmten Ort Menschen gewirkt haben. Stark vereinfacht steht dahinter die Annahme, dass in der Materie alles Wissen der Vergangenheit gespeichert und dass dieses Wissen über elektromagnetische Wellen anzapfbar sei. Ohne die Messmethode hier im Einzelnen darzulegen oder gar das Für und Wider ihrer Plausibilität zu erörtern, seien dennoch einige Ergebnisse präsentiert, so wie Adolphe Landspurg sie in seinem Buch *Orte der Kraft* dargestellt hat:

- Beim Menhir von Degernau entdeckte Landspurg »eine unsichtbare Schranke, die aus zwölf zusammengerückten Erdstrahlen besteht und den Menhir abschirmt«.[72] Ein erster Kult habe hier um 1850 v.Chr. stattgefunden, ein zweiter um 725 v.Chr.

[72] Ebd., S. 71.

– Auf dem Gipfel des Belchens ermittelte Landspurg zwei Kultphasen, eine um 560 v.Chr., eine weitere um 125 v.Chr.
– Der Heidstein am Wiedener Eck (Belchen) ist nach Landspurg um 700 v.Chr. Gegenstand von kultischen Handlungen gewesen und gleichzeitig »einer der am stärksten schwingenden Orte des Schwarzwaldes«.[73]
– Am Vögelefelsen auf dem Hochfirst bei Neustadt datierte Landspurg gleich mehrere und sehr frühe Kultperioden: um 2350 v.Chr., um 750 v.Chr. und um 100 v.Chr.
– Der Steinhügel im Mettma-Quellgebiet bei Faulenfürst bringt es bei Landspurg ebenfalls auf drei Kultperioden, nämlich 2425 v.Chr., 775 v.Chr. und 100 v.Chr. Außerdem stellte Landspurg hier einen »kosmotellurischen Kamin« fest, also eine Stelle, an der sich kosmische und irdische Energien austauschen
– Den Bildstein am Schluchsee datierte Landspurg auf Kulte um 2375 v.Chr., 825 v.Chr. und 320 v.Chr., und auch hier stellte er einen kosmo-tellurischen Kamin fest.
– Die Steinkreise in Schluchsee-Blasiwald stehen nach Landspurg über einer Kreuzung dreier Erdstrahlen, bei denen er einen frühesten Kult um 720 v.Chr. ermittelte.
– Auch am Sonnenstein oberhalb von Blasiwald ergab Landspurgs Pendeln einen Kult um 725 v.Chr.
– Beim Siebenfelsen oberhalb von Yach im Elztal stieß Landspurg auf eine Reihe von unsichtbaren Energieschranken, die nach seiner Interpretation eine Tabuzone markieren.[74] Er erpendelte einen ersten Kult um 1900 v.Chr., einen weiteren um 730 v.Chr.

Das alles mutet dem Rationalisten aufs Höchste befremdlich an. In den 1990er Jahren tourte ein indianischer Schamane namens Sun Bear durch Deutschland und kam auch in verschiedenen Medien zu Wort. Den Schwarzwald nannte er damals den kraftvollsten Ort, den er je kennengelernt habe.[75] Eines jedenfalls vermögen wir nicht abzustreiten: Jeder von uns kennt das Gefühl, sich an bestimmten Orten, in bestimmten Häusern ohne unmittelbaren Grund besonders wohl oder besonders unwohl zu fühlen. Da gibt es Naturplätze, an denen wir im wahrsten Sinne des Wortes »Kraft tanken« können, und wiederum andere, die uns düster und depressiv stimmen.

Hier nahe beim Sonnenstein von Blasiwald ermittelten die Radiästhesisten einen »Kult um 725 v.Chr.«.

[73] Ebd., S. 84.
[74] Ebd., S. 103ff.
[75] Vgl. Sun Bear/Wabun/Janet Woolverton: Das Medizinrad. Eine Astrologie der Erde, München 2004.

Geomantie

Mindestens ebenso faszinierend und beinahe ebenso unglaublich wie die Radiästhesie mutet auch die zweite Grenzwissenschaft an, die hier Erwähnung verdient: die Geomantie. Wie auch der Radiästhesie haftet an ihr der Makel, dass es bislang mit modernen physikalischen Messmethoden nicht gelungen ist, diese ›Wissenschaft‹ zu verifizieren. Unter moderner Geomantie/Geomantik versteht man »[d]ie Kunst, aus [...] geographischen Gegebenheiten (z.B. Gewässernetz) zu weissagen.«[76] Nach Ansicht der esoterisch motivierten Anhänger dieser Grenzwissenschaft ist die ganze Erde mit globalen Gitternetzsystemen überzogen, die als »Curry-Gitter«, »Hartmann-Gitter« oder »Benker-Linien« Eingang in die einschlägige Literatur gefunden haben. Diesem Gitter- und Liniensystem werden energetische Eigenschaften und damit biologische Wirkungen zugesprochen.

In England kennt man besondere tellurische Kraftlinien, die sogenannten *ley lines.* Es handelt sich meist um geradlinige Verbindungslinien zwischen uralten Kultplätzen, die sich weitläufig über das ganze Land erstrecken. Auf diesen Linien sind die bekanntesten Kathedralen des Landes errichtet. Das trifft sich wiederum mit der Tatsache, dass viele christliche Sakralbauten ihrerseits auf alten heidnischen Kultplätzen erbaut wurden.

Dass die Menschen Alteuropas eine besondere Vorliebe für Höhen-, Fels- und Quellheiligtümer hatten, wie weiter oben bereits mehrfach dargestellt, gilt als unstrittig. Aber warum? Die Geomantie liefert angeblich eine plausible Erklärung.[77] Denn nach ihr bilden Berge und Täler Kraftfelder, die ineinander verwoben sind und in einem gemeinsamen Kreislaufsystem arbeiten. »Auf den Höhenkämmen im Bereich der Wasserscheiden strebt der Kraftstrom von der Erde aus mit meist hohen Intensitäten nach oben, im Bereich des Gewässerlaufs zur Erde hin nach unten. So entsteht in den beiden Spannungsfeldern ein Kreislaufsystem mit Kräften, die im Tal nach unten und in den begleitenden

Ein Kreuzfelsen genannter Platz bei Wittenschwand, direkt bei den ›Bootshügeln‹ und an der Route des Hotzenweges gelegen

[76] Brockhaus Enzyklopädie, 19. Aufl., München 1995, Bd. 8, S. 323.
[77] Vgl. Gert Meier: Die deutsche Frühzeit war ganz anders, S. 150ff.

Höhenzügen nach oben gerichtet sind.«[78] Die Konsequenz für Naturvölker, die in der Lage waren, diese Naturkräfte zu »spüren«, bestand darin, dass sich Talräume demnach nicht für die wohnliche Nutzung eigneten, sehr wohl jedoch die Talränder, wo die konkave Form des Tals in die konvexe Form des Berges übergeht. In diesen Bereichen ist das Energiepotenzial von Berg und Tal harmonisch ausgewogen. Auf den Berggipfeln hingegen, wo die größten Kraftpotenziale zusammentreffen, fanden die kultischen Handlungen statt. Ähnliches gilt für Heiligtümer auf spornartigen Geländeformen und am Zusammenfluss von Gewässern, wenn sich dort Bergzungen spornartig zwischen die beiden Wasserläufe schieben.

An den Quellen vermuteten die Kelten das Wirken von Kräften aus der Anderswelt – darum die vielen Quellheiligtümer.

Das Ganze könnte man leicht als Hirngespinst abtun, wenn nicht die Fundstellen im Südschwarzwald eine frappante Übereinstimmung mit dieser Naturlogik aufwiesen. Das Horn von Berau mit der dortigen Wallanlage entspricht den geomantischen Prinzipien ebenso wie die Anlage des Krumpenschlosses im Bregtal, die Lage der Steinkreise bei Eisenbreche und am Hochstaufen, die Schalenstein-Fundstelle am Hirschbühl bei Titisee, die Mauern und Steinsetzungen am Ballenberg, ebenso die Häufung von Steinbauten in und an Quellen und Quellflüssen. Unsere vorgeschichtlichen Vorfahren seien Meister im Erkennen und Nutzen der Erdkräfte gewesen und hätten es vermocht, durch Überbauung von Ausgängen starker Strahlen schädliche in nützliche Wellen umzuwandeln, die unmittelbare Umwelt ins Gleichgewicht zu bringen. Sie hätten sozusagen eine Akupunktur der Erde betrieben.[79] Und mit diesen Fähigkeiten sei es ihnen auch möglich gewesen, die Heilkräfte von Quellen, Felsen und Felsengruppen für ganzheitliche Therapien nutzbar zu machen, auf diese Weise ganze Heilzentren zu unterhalten. Um nichts anderes habe es sich bei den prähistorischen Anla-

78 Ebd., S. 150.
79 Vgl. Adolphe Landspurg: Orte der Kraft, S. 30.

gen auf dem Odilienberg im Elsass gehandelt als um ein vorgeschichtliches Naturheilsanatorium.[80] Die Odilienquellen als starke Orte der Kraft ergänzten sich dabei mit einem Komplex von Heilfelsen und Heilnischen. Dieser Komplex liegt auf dem Sporn, auf dem auch die Klosteranlage erbaut ist. Nach Meier/Topper/Zschweigert ist die Kenntnis von der Heilwirkung der Felsen auf dem Odilienberg nie ganz verloren gegangen.[81] Noch heute wird der Odilienberg mit der Heilung von Augenleiden in Verbindung gebracht, das Heilwasser der Odilienquelle gilt dabei als wirkungsvollste Medizin. Radiästhetische Mutungen von Landsperg und anderen kommen auf eine früheste Nutzung des Komplexes um 2920 v.Chr.[82]

»Soll man überrascht sein, dass viele Orte der Kraft in der Schweiz sich dort befinden, wo einmal die Kelten ihre Wohnstätte errichtet haben?« Diese Frage stellt Blanche Merz[83] in ihrer Untersuchung über Kraftorte in der Schweiz. Da auch die Helvetier ein Stamm der Kelten gewesen sind, ursprünglich sogar in Südwestdeutschland beheimatet, ist der Gedanke nicht abwegig, dass ihre Hinterlassenschaften an Heiligtümern und Kultplätzen in der Schweiz Rückschlüsse auf ihr früheres Wirken in Südwestdeutschland erlauben. Hier gilt insbesondere die Kernfeststellung: Wenn es den helvetischen Keltenstämmen mühelos

Im Kloster auf dem Odilienberg befindet sich in der Tränenkapelle dieser vergitterte Schalenstein.

möglich war, die Mittel- und teilweise Hochgebirgsregionen der Kantone Bern, Wallis, Uri, Waadt, Graubünden, Obwalden, Nidwalden, Schwyz usw. zu besiedeln und zu durchqueren, so dürften Süd- und Hochschwarzwald für diese Stämme gewiss kein Hindernis dargestellt haben.

Blanche Merz erklärt auch die Wirkung und Funktionsweise von Menhiren: »Als Energiesammler der kosmo-terrestrischen Kräfte wirken sie ebenfalls wie eine Antenne [...]. Wenn man sich an so einen Menhir anlehnt, wird unser Wesen energetisch aufgeladen. Steht der Menhir nicht mehr an seinem ursprünglichen Standort, wie es leider immer öfter der Fall ist, hat er überhaupt keine Wirkung mehr.«[84]

---

80 Vgl. Gert Meier/Uwe Topper/Hermann Zschweigert: Das Geheimnis des Elsaß, S. 74ff.
81 Vgl. ebd., S. 80.
82 Vgl. ebd., S. 81.
83 Blanche Merz: Orte der Kraft in der Schweiz, S. 22.
84 Ebd., S. 20.

Mitten in einer Quelle im Wald bei Wittenschwand sitzt dieses drei Meter hohe und sechs Meter breite Steinbauwerk.

Gitternetze und Pilgerstraßen

Die Forschung und Beschäftigung mit den Kraftlinien der Erde und mit den von diesen Kraftlinien gebildeten Gittern und Linienmustern führten die einschlägige Wissenschaft auf die Spur von alteuropäischen Vermessungssystemen und Maßeinheiten. Man muss an dieser Stelle nicht extra erwähnen, dass diese Erkenntnisse von Archäologen und Prähistorikern bis heute nicht akzeptiert werden. Dies gilt grundsätzlich für alles, was hier unter dem Absatz »Grenzwissenschaften« zusammengetragen wurde. »Man kann auf einem Standpunkt stehen, aber man sollte nicht darauf sitzen«, so zitierte bereits Erich von Däniken süffisant Erich Kästner,[85] als er die zahlreichen verblüffenden und nicht aus der Welt zu diskutierenden Belege für die Existenz frühgeschichtlicher Maße und Ver-

85 Erich von Däniken: Die Steinzeit war ganz anders, München 1991, S. 31.

messungsmethoden darstellte. Die Mühe, alle Fundstellen im Südschwarzwald zu vermessen und miteinander in Beziehung zu setzen, haben wir uns nicht gemacht. Wir können somit für nichts einen Beweis oder Gegenbeweis antreten. Dennoch wollen wir zumindest die interessantesten Theorien auf diesem Gebiet hier kurz referieren.

Bereits zu Beginn der Jungsteinzeit müsse in Europa und in Teilen der übrigen nördlichen Hemisphäre ein Maßsystem in Gebrauch gewesen sein, das sich aus dem Erdumfang ableitete. Dieses Maßsystem, so rekonstruiert Gert Meier, sei über 7000 Jahre alt und habe sich in Resten bis in die Gegenwart erhalten, zum Beispiel als Nautische Meile (1852 m), als Bogenminute (1852 m) oder als Bogensekunde (30,8 m) des über den Polen gemessenen Erdumfangs.[86] Leitmaß dieses alteuropäischen Maßsystems sei das aus der Antike

[86] Vgl. Gert Meier: Die deutsche Frühzeit war ganz anders, S. 507ff.

Dass System und Vermessungskenntnisse hinter den Anlagen steckte, sieht man beim Schalensteinkreis Kuckucksweiher in Hammereisenbach. In die Anlage scheint zwischen den talseitigen Steinen hindurch von Osten am Morgen die aufgehende Sonne und am Abend geht sie exakt zwischen den bergseiten Steinen wieder unter. Außerdem geht von diesem Steinkreis der Blick ins Bregtal exakt auf den Höhenrücken vor dem Krumpenschloss, auf dem sich auch eine Reihe von Keltengräber befindet.

bekannte ›Stadion‹ gewesen. Dieses Stadion hatte eine Länge von 185 Metern. Es müsse aus dem über den Polen gemessenen Umfang der Erde abgeleitet sein, aus der Meridianlänge, wie unser heutiger Meter. Meier ortet das Stadion in nahezu allen bekannten prähistorischen Stätten und in allen frühzeitlichen Sagen und Überlieferungen. Er findet es in der Grundkonstruktion der Pyramiden, in den heidnischen Heiligtümern Norddeutschlands und Skandinaviens, in den Anlagen von Stonehenge und New Grange, in den Texten der *Edda* und in der Atlantis-Überlieferung. Die Ungeheuerlichkeit dieser Theorie liegt darin, dass damit eine prähistorische Kenntnis von der Kugelgestalt und vom exakten Umfang unseres Planeten unterstellt wird. Sie geht aber noch weiter. Aus dem Leitmaß Stadion, so die Theorie, seien weitere prähistorische Urmaße abgeleitet, insbesondere eine Gruppe von Bogenmaßen, die dann in der megalithischen Architektur ihre Anwendung fanden. Das bekannteste dieser Bogenmaße ist das Megalithische Yard, das in West- und Mitteleuropa seit der frühen Jungsteinzeit an vielen Orten auf breiter Basis nachzuweisen ist. Ein Megalithisches Yard entspricht 82,9 Zentimetern. Der schotti-

Bootsgräber am Ballenberg

sche Ingenieur Alexander Thom hat das Megalithische Yard in nahezu allen bekannten Megalithanlagen und Steinsetzungen Mitteleuropas nachgewiesen.

Der Astronom Heinz Kaminski, Gründer der Sternwarte in Bochum, hat das diesen Maßen und Maßeinheiten zugrunde liegende Gitter- und Vermessungssystem mathematisch und astronomisch seziert und den für sich schon gewagten Überlegungen noch eine viel spektakulärerer Theorie hinzugefügt: Zahlreiche in Europa noch auffindbare megalithische Bauwerke seien metrologisch und astronomisch geplant und unter strikter Einhaltung der Planungsvorgaben errichtet worden.[87] Sie stünden auf den Knotenpunkten eines Vermessungsnetzes, dessen Hauptverbindungslinien Kaminski »Sternstraßen« nennt. Selbst in der heutigen Ordnung West- und Mitteleuropas, in der Anlage von Großstätten und Hauptverkehrswegen, sei dieses megalithische Netzwerk, dieses Sternstraßen-System noch erkennbar. Die Nord-Süd-Sternstraßen entsprächen den heutigen geografischen Längengraden und sie seien untereinander vernetzt durch ein weiteres System von Straßen und Bauwerken, rekonstruierbar anhand der Urpfarreien, karolingischen Kapellen, frühromanischen Basilisken und frühgotischen Kathedralen sowie anhand der Trassen unserer bedeutendsten Verkehrsadern, Autobahnen und Bundesstraßen.

Aus diesen prähistorischen Sternenstraßen, so lautet die Fortsetzung der Theorie, seien schon in vorchristlicher Zeit Pilgerstraßen geworden, die dann bei der Christianisierung von der katholischen Kirche okkupiert und zu heutigen Pilgerrouten *à la* Jakobsweg umgewidmet wurden.[88] Interessant für unseren bescheidenen regionalen Blickwinkel ist die Tatsache, dass wir auch hier auf Nebenstrecken des Jakobsweges stoßen, die keineswegs entlang der modernen Hauptachsen verlaufen, sondern zunächst einmal auf schwer er-

Hinweis auf den Jakobsweg beim Krumpenschloss

[87] Vgl. Heinz Kaminski: Sternstraßen der Vorzeit – Von Stonehenge nach Atlantis, München/Essen 1995.

[88] Vgl. Rolf Legler: Sternenstraße und Pilgerweg. Der Jakobs-Kult von Santiago de Compostela – Wahrheit und Fälschung, Bergisch-Gladbach 1999.

klärbaren entlegenen Routen. So führt der Jakobsweg vom Bregtal Richtung Südschwarzwald ausgerechnet in den kleinen und völlig entlegenen Krumpendobel, um hier Richtung Mistelbrunn und Brändgebiet aufzusteigen. An genau jener Stelle, an der einst die keltische Siedlung Laubenhausen gelegen hat. Dass der Jakobsweg »uralten heidnischen Linien« folgt, schnurgerade von der französischen Mittelmeerküste über die Pyrenäen nach Santiago de Compostela, ebenso wie andere Sternstraßen kerzengerade Europa queren, etwa von Straßburg über St. Odile bis zum atlantischen Inselchen Quessant, wird von den Anhängern dieser Theorie als Beleg gewertet, dass vorgeschichtliche Wegführungen keineswegs dem Zufall oder den topografischen Verhältnissen geschuldet waren, sondern vielmehr einer planvollen Vermessung, die hochkomplexe Kenntnisse von der Beschaffenheit und den Dimensionen unseres Globus voraussetzten.[89]

[89] Am Ende hat sich auch Erich von Däniken dieser Theorie bemächtigt, in: Erich von Däniken: Die Steinzeit war ganz anders, S. 256ff.

V. Teil: »Rätsel im Nebel«

Über den Ruinen blinken Sterne,
immer noch – auch wenn einst alles fällt!
Neues nähert sich aus großer Ferne,
dieser alten und verbrauchten Welt ...

[...]

Schau nicht auf Ruinen, zu Fassaden,
und vergiß den alten, grauen Stein ...
Bald ergießt der Himmel in Kaskaden
Neues Wort in unser neues Sein ...

Vorherige Seite: Wuhr bei Hottingen
Diese Seite: Die Heidenmühle an der Mettma bei Berau
Nächste Seite: Gewölbe beim abgegangenen Bübleshof

a. Das Land der Wassergräben

Kanäle im Hotzenwald

Durch den Hotzenwald fließen drei lange und zahlreiche kleinere Wasserkanäle. Sie sind so rätselhaft wie faszinierend. Die Schulbuchwissenschaft hat – nach langen Diskussionen und unter Ausklammern der heikelsten Fragen – zu einer Theorie gefunden, um was es sich bei diesen Kanälen handeln könnte und zu welchem Zweck sie einst erbaut worden sind. Wir kommen gleich dazu. Zuvor jedoch seien sie in ihrer ganzen Länge vorgestellt. Sie firmieren überall in der Literatur unter »Wuhre«, »Wühre« oder »Wühren«. Nach Gerhard Endriss handelt es sich bei diesem Wort um einen Ablaut zu dem bekannten »Wehr«, das hier aber »Abdämmung« bedeute.[1] Bei den drei großen Wuhren des Hotzenwaldes handelt es sich um die Hänner Wühre mit 11,5 Kilometern Länge, um das Heidenwuhr mit 14 Kilometern und um die Hochsaler Wühre mit 19 Kilometern. (Zwischen Wühre [Femininum] und Wuhr [Neutrum] springen die Bezeichnungen hin und her.) Alle drei Wuhre/Wühre haben wir bereits bei der Rekonstruktion des Hotzenweges kennengelernt, der ihre Trassen mehrfach quert oder an ihnen entlangführt. Neben diesen drei großen Hauptwuhren gibt es noch eine Reihe von kleineren Kanälen, zum Teil mit diesen drei großen verbunden, wie etwa das Stän-

Eines der kleinsten und kürzesten Wuhre ist das Rüßwihler Wuhr.

[1] Gerhard Endriss: Über die Wühren, in: Der Kreis Waldshut, Stuttgart/Aalen 1975, S. 303–306, hier S. 303.

genmattwuhr, das Brutschywuhr, die Rotzelwühre, das Rüßwihler Wuhr oder das Hintere und Vordere Görwihler Wuhr sowie – für uns von besonderem Interesse – das Berauer Wuhr. All diese Wuhre weisen einige spezifische Eigenheiten auf. Es handelt sich in der Regel um Kanäle rechteckigen Querschnitts mit Sohlenbreiten zwischen 0,3 bis einen Meter und einer Tiefe von 0,2 bis 0,7 Meter. Die Wasserführung schwankt zwischen 50 und 300 Liter/Sekunde.[2] Sämtliche Wuhre sind in Höhenlagen zwischen 700 und 800 Metern von den größeren und kleineren Rheinzuflüssen des Hotzenwaldes abgezweigt und führen dann in einem stets dem natürlichen Gelände angepassten Verlauf unter Aufnahme von kleineren Bächlein mit einem stetigen Gefälle zwischen ein und zwei Prozent abwärts Richtung Hochrhein. Dabei überwinden sie auf ihrem schlängelnden Lauf rund 600 Höhenmeter. Sämtliche Fachleute sind sich einig, dass die Planung, der Bau und der jahrhundertelange Unterhalt dieser Wuhren »beachtliche wasserbauliche Kenntnisse voraussetzte[n]«.[3] Die drei großen Wuhre, Heiden-, Hänner und Hochsaler Wuhr münden direkt in den Hochrhein, andere, wie etwa das Vordere und Hintere Görwihler Wuhr, das Rußwihler Wuhr oder das Berauer Wuhr, beginnen irgendwo in den Höhenlagen und fließen lediglich über einige Berghänge oder an einem Bergsporn entlang, ehe sie wieder in natürliche Gewässer zurückmünden. Verfolgen wir kurz den Verlauf der drei größten dieser Kanäle: Das Heidenwuhr erhält sein Wasser bei Hütten in der Öhmdmatt oberhalb von Rickenbach aus dem Schneckenbach, der in fast 1000 Metern Höhe am Fuße des Lang Ecks entspringt. Von Hütten fließt das Heidenwuhr durch den Talgrund und verlässt diesen bei Hasenrütte, um im weiteren Verlauf in vielen Windungen dem Westhang des Seelbachtales zu folgen. Unterhalb Bergalingen und zwischen Jungholz und Willaringen wendet sich das Heidenwuhr in Krümmungen südwärts, nimmt dabei kleine Bäche wie den Kühnemoosbach auf und quert den Landhag unterhalb von Egg. Hier stand einst eine aus dem Wuhr angetriebene Sägmühle. Nunmehr als Schöpfbach nutzt das Heidenwuhr das Bett eines einst natürlichen Bachlaufes und fließt Richtung Säckingen. Ein Teil des Wassers wird durch den Bergsee geleitet. Im Stadtgebiet

Die längste Wühre ist die Hochsaler Wühre (hier zwischen Rotzeln und Oberwihl).

2 Alle technischen Angaben nach Rudolf Metz: Geologische Landeskunde des Hotzenwaldes, S. 143ff.

3 Ebd., S. 144.

von Säckingen verläuft das Heidenwuhr in heutiger Zeit unterirdisch und mündet als Gewerbebach in den Hochrhein. Etwa zwischen Bergsee und Neumatt begleitet das Heidenwuhr mehr oder weniger die von uns vermutete Trasse des oben vorgestellten Hotzenweges.

Das Hänner Wuhr (oder die Hänner Wühre) zweigt als Kanal oberhalb von Hottingen aus der Murg ab. Die Wassermenge, die dabei von der Murg in den Kanal abfließen darf, ist äußerst raffiniert durch die sogenannte Schaale geregelt, einer hölzernen Rinne, die heute noch dafür sorgt, dass nicht mehr als 35 Prozent des Murgwassers in den Kanal abgeleitet werden. Auf dem Höhenrücken zwischen Murg und Andelsbach fließt das Hänner Wuhr nach Südosten und nimmt bei Oberhof den Sägbach auf, folgt dann dem Lauf des Schreibachs bis Niederhof und mündet schließlich in Kleinlaufenburg in einem Wasserfall beim Kriegerdenkmal in den Rhein.

Mit 19 Kilometern längstes Wuhr ist das Hochsaler Wuhr. Es beginnt zwischen Herrischried und Segeten und wird über drei kleine Staubecken ebenfalls von der Murg abgezweigt. Das Hochsaler Wuhr unterquert die Landstraße Todtmoos-Rickenbach-Säckingen, fließt um den Petersbühl an Hogschür vorbei und überschreitet bei Oberwihl die Wasserscheide zwischen Murg und Andelsbach. Vor Oberwihl mündet mit dem Seltenwuhr ein weiterer Kanal, der vom Breitenbach abgeleitet wird, in das Hochsaler Wuhr und speist es mit zusätzlichem Wasser. Nördlich von Rotzel

Südlich von Egg geht das Heidenwuhr im Schöpfbach auf.

Bei Oberwihl überwindet das Hochsaler Wuhr die Wasserscheide.

verzweigt sich das Hochsaler Wuhr erneut in zwei Arme, die jeweils zu gleichen Teilen Wasser erhalten. Der westliche Kanal ist die 5,1 Kilometer lange Rotzeler Wühre, die bei Bingen in den Andelsbach mündet, der östliche Kanal behält den Namen »Hochsaler Wuhr« und führt weiter über Hochsal und Grunholz, um sich dann erneut in mehrere Arme zu teilen, die jeweils getrennt zwischen Hauenstein und Laufenburg in den Rhein fließen. An allen drei Wuhren, wie auch an allen übrigen kleineren Wuhren des Hotzenwaldes, standen schon immer zahlreiche Sägen und Mühlen, die durch das Wuhrwasser angetrieben wurden, einige existieren bis in die heutige Zeit. Am Unterlauf der Wuhre, dort, wo sie in den Hochrhein münden, standen einst auch ganze Ketten von Hammerwerken und Schmieden, welche die Erze verarbeiteten, die aus dem schweizerischen Fricktal und den Bergwerksrevieren am Hochrhein angeliefert wurden. Die ingenieurstechnische Meisterschaft, die hinter der Anlage und dem Betrieb dieser Wuhre steckt, springt noch heute sofort ins Auge. Sowohl die Berechnung der jeweiligen Trasse, die Ausführung des Kanalbaus, die sorgsame Einhaltung des stetigen Gefälles von nicht weniger als einem und nicht mehr als zwei Prozent als auch die Berechnung der Wassermengen – auch im Winter oder in sommerlichen Trockenzeiten –, des Mengenverlustes unterwegs, der nötigen Zuspeisung durch Seitenbäche, der Trennung in verschiedene Arme und Abzweigungen sowie die Organisation von Pflege und Unterhalt müssen eine planerische, logistische und finanzielle Herausforderung erster Güte gewesen sein. Vom Bau und dem Bauaufwand gar nicht zu sprechen. Die Anlage dieser Kanäle in einer Zeit ohne Maschinen und technische Hilfsmittel der Neuzeit muss Jahre, vielleicht Jahrzehnte in Anspruch genommen haben. Teilweise müssen gewaltige Erdbewegungen stattgefunden haben, denn nicht immer spielte das natürliche Gelände freiwillig mit. So wurden Böschungen aufgeschüttet, Felsen gesprengt, Hügel abgegraben, tiefste Gräben ausgehoben, Tausende von Tonnen Erdreich bewegt. Allerdings gibt es keine einzige Urkunde, die vom Bau dieser Wuhre berichtet! Man spekuliert zwar kräftig, aber man weiß in Wahrheit nicht, wer die Erbauer sind. Denn die Wuhre waren einfach immer schon da.

Deshalb interessiert uns die Frage: Wer hat sie gebaut? Und zu welchem Zweck?

Auch Jahrhunderte nach ihrer Erbauung sind die Wuhre noch immer staunenswerte Meisterleistungen der Ingenieurskunst.

Ein Bauwerk der Mönche?

Die früheste Erwähnung der Wuhre stammt laut Rudolf Metz aus dem Jahre 1335.[4] Damals verkaufte das Kloster Säckingen den halben Berg Gersegge bei Hochsal an acht freie Leute in Hochsal. In der Kaufurkunde wurde die *wasserfurte,* das Hochsaler Wuhr, erwähnt. Namentlich genannt ist das Hochsaler Wuhr erstmals in einer Urkunde von 1453, das Heidenwuhr in einer Urkunde von 1457 und das Hänner Wuhr in einer Urkunde von 1544.[5] Schon in diesen alten Urkunden findet sich in Bezug auf die Wuhre und ihre Nutzungsberechtigten die Wendung »als von Alter herkommen ist«,[6] was darauf hindeutet, dass die Wuhre im 15. und 16. Jahrhundert schon längst etablierte Anlagen waren. Da die Lehrbuchmeinung sich darauf festgelegt hat, dass die Wuhre angelegt wurden, um die Hammerschmieden und Schmelzöfen am Hochrhein anzutreiben – was sie ja tatsächlich auch über Jahrhunderte hinweg taten –, können die Existenz der Wuhre und die Existenz der Eisenschmelzen immerhin zeitlich synchronisiert werden. Und dies bedeutet: Eine Urkunde aus dem Jahre 1207, die das Vorhandensein von Eisenschmelzöfen in Laufenburg belegt, gilt damit gleichzeitig auch als Beweis dafür, dass damals schon die Wuhre existiert haben. Daraus folgt weiter: Die Wuhre »müssten demnach vor 1200 erbaut worden sein.«[7]

Folgt man der Schulbuchwissenschaft, dann wurden solche Kanäle bis zu 20 Kilometer durch den Hotzenwald gebaut, um Eisenschmieden am Hochrhein anzutreiben.

Wir haben nun also folgenden Stand der Erkenntnis: Die Wuhre stammen aus der Zeit vor 1200 und wurden gebaut, um die Hammerwerke und Eisenschmieden am Hochrhein mit Wasserkraft zu versorgen, unterwegs natürlich auch noch zahlreiche Sägen und Mühlen, und zur Bewässerung von Feldern und Weiden wurden sie ebenfalls beiläufig noch genutzt.

---

4 Vgl. ebd., S. 145.
5 Vgl. ebd.
6 Gerhard Endriss: Über die Wühren, S. 305.
7 Ebd.

Wie logisch, wie schlüssig sind all diese Annahmen eigentlich? Braucht der Betrieb von Hammerschmieden und Eisenschmelzen im südliche Hotzenwald wirklich solch aufwändige Kanäle, wo es doch in der Gegend von Wasserläufen wimmelt, die Richtung Hochrhein fließen, ganz zu schweigen vom Hochrhein selbst mit seiner geballten Wasserkraft? »Hinter der Anlage der Hotzenwälder Kanäle müssen wir eine ordnende Hand vermuten.«[8] Das ist eine kaum abzustreitende Grundannahme. Gerhard Endriss stellt sie an, um damit das Argument zu entkräften, es könnten vielleicht die Bauern des Hotzenwaldes die Wuhre angelegt haben, um ihre Felder zu bewässern. Die Bauern hatten aber, wie Endriss zutreffend bemerkt, weder die Macht noch die Organisation, ein solches Logistikprojekt zu koordinieren und zu realisieren. Immerhin reden wir von Kanälen, die bis zu 20 Kilometer lang sind und mehr als 500 Höhenmeter überwinden. Also dürfte klar sein, dass die Bauern lediglich Nutznießer waren. Sie profitierten davon, dass es die Wuhre gab und haben die daraus sich ergebenden Wässerungsmöglichkeiten für ihre Weiden und Äcker genutzt.

Das Rüßwihler Wuhr diente eindeutig lediglich der Wässerung der Wiesen und der Hausversorgung in Rüßwihl. Mit den Eisenschmelzen hatte es nichts zu tun.

Können wir die gleiche Annahme nicht auch für die Schmieden und Hammerwerke anstellen? War es am Ende vielleicht nicht so, dass die Hammerschmieden und die Schmelzen nur deshalb an ihren Standorten gebaut wurden, weil es dort bequemerweise bereits die Wuhre gab? Über die Industriegeschichte am Hochrhein, speziell über die um die Jahrhundertwende vom 19. zum 20. Jahrhundert erfolgte Ansiedlung großer Schweizer Unternehmen auf beiden Seiten des Hochrheins heißt es bei Peter Christian Müller: Für die Ansiedlung »bot sich der Hochrhein [aus folgenden Gründen] an: die gemeinsame Sprache, erfahrene Arbeitskräfte, die Wasserenergie der natürlichen Bäche sowie der künstlich angelegten Kanäle [Wuhren] [...].«[9] Was vor 100 Jahren galt, dass nämlich die Wuhre ein Grund zur Ansiedlung bestimmter Industrie waren, kann gewiss auch vor 1000 Jahren schon gegolten haben. Nicht wegen der Schmieden und Schmelzen entstanden die

---

8 Ebd., S. 306.

9 Peter Christian Müller: Die Industrie, in: Fricktalisch-Badische Vereinigung für Heimatkunde (Hg.) Nachbarn am Hochrhein, Bd. 2, S. 65–76, hier S. 65.

Wuhre, sondern umgekehrt: Wegen der Wuhre stellten sich hier die Schmieden und Schmelzen auf. Dieser Theorie wollen wir im Folgenden auf den Zahn fühlen.
Über die Entstehung und Organisation dieser Eisenwerke am Hochrhein wissen wir deutlich mehr als über die Wuhre. So waren die Hammerwerke und die Schmieden ursprünglich sehr kleine und selbstständige, nahezu autark arbeitende Handwerksbetriebe. Erst im 15. und 16. Jahrhundert verbanden sie sich zu koordinierten Betriebseinheiten und nannten sich dann auch Großschmieden.[10] Die früheste urkundliche Erwähnung der Eisenschmelzen stammt aus dem Jahre 1207. Es wurde hier im Wesentlichen Erz aus dem Aargau bezogen und verarbeitet. Die ältesten Eisenverhüttungen standen ohnehin im Fricktal (Herzenach-Wölfinswil), eben möglichst nahe bei den Abbaugebieten. Erst als im 13. und 14. Jahrhundert im Erzrevier Fricktal das Holz zur Neige ging, verlegte man die Hochöfen über den Rhein an den Südrand des Schwarzwaldes, wo Wasserkraft und Kohlholz ausreichend zur Verfügung standen.[11] Der rechtsrheinische Hammerschmiedbund ist überhaupt erst im Jahre 1494 gegründet worden, vorher existierten lediglich einzelne, nicht organisierte Schmieden.[12] Wo soll hier die von Gerhard Endriss beschworene ›ordnende Hand‹ gewesen sein? Der organisatorische Zusammenschluss der Eisenhütten Ende des 15. Jahrhunderts hatte ja gerade eben dieses Ziel, eine ›ordnende Hand‹ zu schaffen, die es zuvor 300 Jahre lang in diesem Gewerbe nicht gegeben hat. Es ging um die »Erhöhung des Kleinbetriebes«.[13] Erst nach dieser Neuordnung begannen wohlhabende und einflussreiche Bürger Besitzer der Hammerschmieden zu werden, aber selbst jetzt blieben die Kleinbetriebe noch die Regel.[14] Auch weiterhin, so stellt Eberhard Gothein in seiner *Wirtschaftsge-*

Bau, Betrieb und Kontrolle der Wuhre im südlichen Hotzenwald erforderte eine ›ordnende Hand‹.

[10] Vgl. Rudolf Metz: Geologische Landeskunde des Hotzenwaldes, S. 456.
[11] Vgl. ebd., S. 458.
[12] Vgl. ebd., S. 474.
[13] Ausführlich dargestellt bei: Eberhard Gothein: Wirtschaftsgeschichte des Schwarzwaldes, Strassburg 1892, S. 654f.
[14] Vgl. ebd., S. 655.

schichte des Schwarzwaldes fest, habe sich »keine kapitalistisch geleitete Eisenindustrie in den österreichischen Vorlanden entwickelt.«[15] Die ›ordnende Hand‹ in diesem Gewerbe im 11., 12. oder 13. Jahrhundert ist eine Schimäre, eine Wunschvorstellung. Es gab sie schlichtweg nicht.

Es glaube also niemand, dass die einzelnen Schmieden und Schmelzen, Klein- und Kleinstbetriebe, oft in Konkurrenz zueinander stehend, den Bau dreier Wuhre durchgesetzt und finanziert haben, die bis zu 20 Kilometer aus dem Hinterland heranführten, dort, wo wieder völlig andere Grundherren herrschten und völlig andere Interessen walteten. Und hat diese ›ordnende Hand‹ bereits vor 1200 die Wuhre angelegt, weil sie voraussah, dass nach 1200 die Schmieden und Hammerwerke auf die rechte Hochrheinseite ziehen würden? Seit dem frühen Mittelalter und durch das ganze Mittelalter hindurch gehörte die Landschaft Hauenstein verschiedenen Herrschaften an. Alleine die 20 Kilometer umfassende Trasse des Heidenwuhrs durchfloss gleich vier Herrschaften: die des Klosters St. Blasien, die der Deutschordenskommende Beuggen, die der Herren von Schönau und Bärenfels sowie, zum geringsten Teil, die Herrschaft des Stifts Säckingen. Es ist völlig abwegig, zu glauben, dass drei dieser vier Herrschaften ein so wichtiges Recht wie das Wasserrecht bei der in jener Gegend vorherrschenden Wasserarmut den üblicherweise natürlich Berechtigten, nämlich den direkten Anliegern, entzogen haben sollen, um es einigen wenigen, im fernen Säckingen operierenden Gewerksgenossen zukommen zu lassen. Und genauso undenkbar ist es, dass das Stift in Säckingen sich dieses Recht etwa gewaltsam gesichert und über Jahrhundert gegenüber St. Blasien und den anderen Herrschaften verteidigt haben könnte. Vor allem aber hätte eine solche Konstellation über die Jahrhunderte eine Flut von Urkunden hinterlassen, von denen aber weit und breit keine Spur vorhanden ist. Kurzum: Die ganze Indizienlage spricht dafür, dass die Wuhre zu einer Zeit vor diesen mittelalterlichen Verhältnissen entstanden sind, zu einer

Zerfallene Sägemühle an einer Wuhr

15 Ebd., S. 656.

Zeit, als es noch die eine ›ordnende Hand‹ gegeben hat.

Für Johann Vetter, den großherzoglichen Registrator und Sekretär des »Vereins für Badische Ortskunde«, war, als er sich Mitte des 19. Jahrhunderts mit der Thematik beschäftigte, der Fall deshalb eindeutig. Für ihn kamen nur die Römer als Bauherren infrage,[16] sowohl für das Heidenwuhr als auch für Hänner Wuhr und Hochsaler Wuhr. Nach Vetter habe in Säckingen, dort, wo die heutige Vorstadt steht, eine römische Befestigung bestanden, die von den Bewohnern der benachbarten keltischen Siedlung Ca-Sanglia mit dem täglichen Lebensbedarf versorgt wurde. So hätten die Römer mit ihren Ingenieurskenntnissen die Wuhre gebaut, damit die Kelten dort Mühlen unterhalten konnten, um Brot für die römischen Besatzer liefern zu können. Daher rühre auch das nie unterbrochene Recht von Säckingen zur Benutzung des Heidenwuhrs.

Dies ist ziemlich um die Ecke gedacht und ebenso wenig stichhaltig, wie die Eisenwerketheorie. Alleine in Binzgen, wo die meisten Hammerschmieden und Mühlen entlang dem Rotzeler Wuhr aufgereiht waren, gibt es den Schreiebach, den Enzenbach, den Dorfbach/Andelsbach, den Grünholzbach, den Hochsaler Bach und den Mühlbach, mindestens sechs Bäche, die in der Lage gewesen wären, ein Mühlrad anzutreiben. Der Hochrhein selbst bot genügend Möglichkeiten zur Nutzung der Wasserkraft, auch für die Bedürfnisse der Eisenwerke, wie uns der Standort Albbruck beweist. Dort gab es die meisten Hüttenwerke und dort wurde die größte Eisenmenge erzeugt – ohne dass es dazu eines einzigen Wuhrs bedurft hätte. Es lässt sich mühelos beweisen, dass sowohl Mühlen als auch Eisenwerke sehr wohl auch ohne Wuhre hätten entstehen können. Da es aber die Wuhre bereits gab, nutzten Müller, Säger und Schmiede natürlich diese optimalen Standorte und reihten sich dort auf.

Ganz nebenbei: Wie begründen die Vertreter der Römer-These und die Vertreter der Eisenwerke-These dann die Existenz der vielen weiteren Wuhre, die nicht bis an den Hochrhein reichen? Rüßwihler Wuhr, Stängenwuhr, Vordere Wühre, Hintere Wühre, Berauer Wuhr? Diese liegen irgendwo oben im Hotzenwald und tragen zur Eisenverarbeitung am Hochrhein ebenso wenig bei wie zur Römerverpflegung. Für diese Wuhre werden gerne die mittelalterlichen Mönche verantwortlich gemacht, so wie etwa in der Lokalpresse[17] oder auch in Veröffentlichungen des Denkmalamtes.[18] Aber wären es tatsächlich die Mönche gewesen, jene von St. Blasien oder jene von Säckingen? Wieso haben sie von dieser Großtat keinerlei schriftliche Zeugnisse hinterlassen? Gerade die Klöster, die es in der Kunst, sich mit tatsächlichen und erfundenen Leistungen durch Urkunden und Schriften zu brüsten, besonders weit

---

16 Vgl. Johann Vetter: Das Heidenwuhr bei Säckingen, Karlsruhe 1866.

17 Vgl. »Eine Lebensader für die Gemeinde«, in: Südkurier vom 17.04.2008, Seite Region Hochrhein.

18 Vgl. Andreas Haasis-Berner: Wasser für die Nonnen, in: Denkmalpflege in Baden-Württemberg 40/2 (2011), S. 120–121.

Die Existenz solcher kleiner, lokal genutzter Wuhre kann weder durch die Hammerschmieden noch durch die Römertheorie plausibel erklärt werden.

brachten, sollen in diesem Falle ganz bescheiden Stillschweigen gewahrt haben? Und wieso sollten ausgerechnet die Mönche, die sich doch der Ausmerzung des Heidentums verschrieben hatten, es dann zugelassen haben, dass ein von ihnen geschaffenes und derart nutzbringendes Bauwerk Heidenwuhr heißen darf? Nein, dieses Argumentationsgebäude wankt und wackelt schon in den Fundamenten und beim ersten schwachen Wind fällt es um.

Macht man sich einmal frei von allen gewünschten Ergebnissen, dass es nämlich die Römer für ihre Brotversorgung gewesen seien oder die mittelalterlichen Schmieden und Schmelzen für die Eisenproduktion oder die Mönche für die allgemeine Wohlfahrt der Region, so bleibt nur ein Motiv übrig, das den aufwändigen und so viel geografischen Raum umfassenden Bau all dieser Wuhre erklärt: Es muss sich um ein vormittelalterliches Bewässerungssystem gehandelt haben. Um das zu erkennen, reicht es eigentlich schon, einfach nur den Namen »Heidenwuhr« ernst zu nehmen. Wer tauft denn einen neu gebauten Kanal Heidenwuhr, wenn die Zeit der Heiden längst vorbei ist? Mit Beginn der christlichen Zeit, die man im Raum Säckingen mit dem Klosterstifter Fridolin guten Gewissens ins 6. Jahrhundert legen kann,[19] wurde es übliche Praxis, alle größeren, von Menschenhand stammende Bauwerke, welche aus früheren Zeiten stammten, als »heidnisch« zu bezeichnen. Daher haben wir so sprechende Zeugen wie das Heidentor, den Heidenwall, die Heidenmatte, Heidenfelsen oder Heidenhäuser

Landschaft bei Rickenbach. Durch den Wald im Hintergrund fließt auf halber Höhe das Hochsaler Wuhr.

[19] Vgl. Martin Gerbert: Geschichte des Schwarzwaldes, S. 64ff.

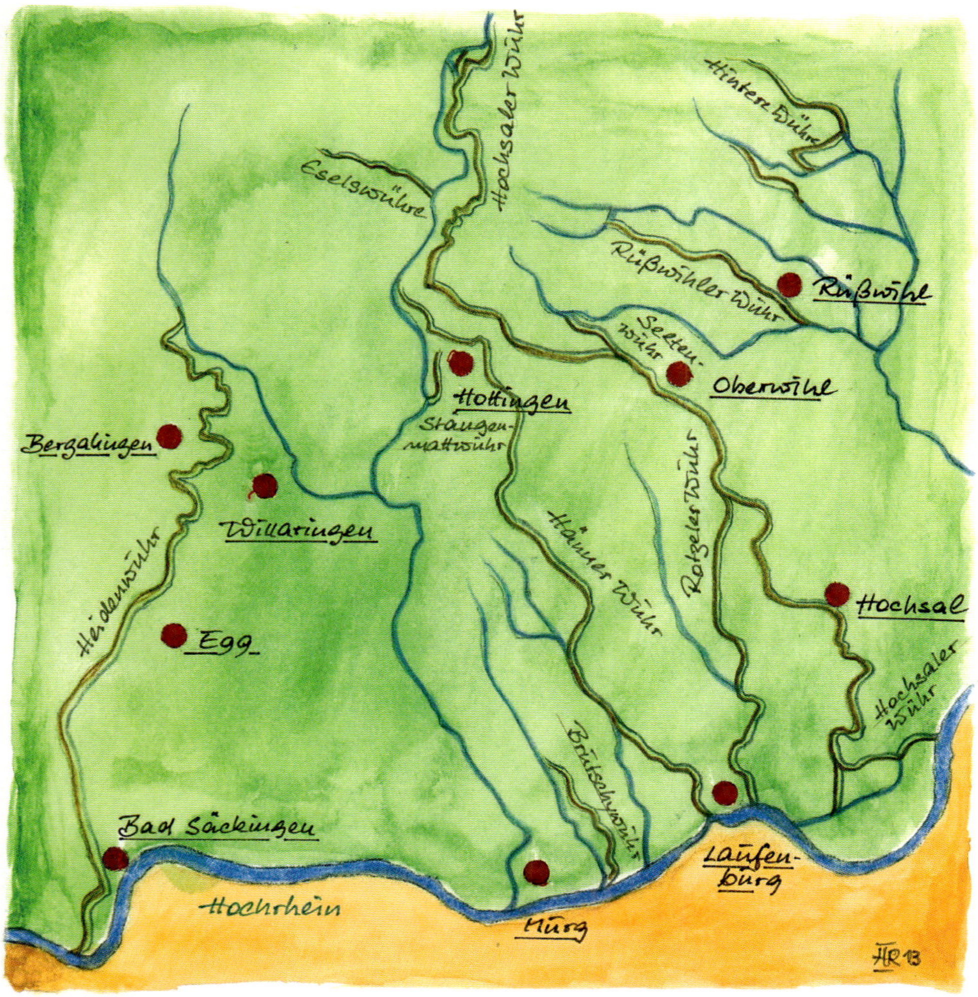

Verlauf der Wuhre

zuhauf in unserer Gegend. Wo es ein Heidenwuhr gibt, an dessen Verlauf im Übrigen auch noch eine Heidenschmiede (bei Wieladingen) sowie in vielen Orten die sogenannten Heidenhäuser (bei Bergalingen, Rickenbach, Hänner, Oberhof und anderen) in Flur- und Gewannnamen erhalten geblieben sind, sollten eigentlich alle Zweifel ausgeräumt sein. Es bleibt allerdings die offene Frage, welche Heiden es letztlich waren, die die Wuhre zur Bewässerung der Hochtäler und Bergflanken des südlichen Hotzenwaldes anlegten. Gegen die Alamannen spricht neben der Tatsache, dass von ihnen solche Gewässerbauten generell nicht bekannt sind, ein gewichtiges Indiz, das schon Johann Vetter aufgefallen war. Das ist die Tatsache, dass das Heidenwuhr trotz seiner geländebedingt oft kuriosen und unorthodoxen Krümmungen bis heute die exakte Grenze für verschiedene anstoßende Gemarkungen bildet. Das spricht dafür, dass das Wuhr bereits existierte, bevor sich die umliegenden Orte konstituierten. Dazu gehören Hottingen, Bergalingen, Willaringen, Egg, Jungholz, Rickenbach und Hütten, Orte, deren urkundliche Ersterwähnung zwar erst nach 1200 erfolgte, die jedoch zu den frühen Rodungssiedlungen des Klosters Säckingen aus dem 7. bis 9. Jahrhundert oder zu noch früheren alamannischen Streusiedlungen zu zählen sind.[20]

Wenn es also nicht die mittelalterlichen Herrschaften waren, nicht die Mönche, nicht die Alamannen und auch nicht die Römer, dann bleiben, wenn man nicht noch weiter zurückgehen will, nur noch die Kelten. Eine ungeheuerliche Vorstellung. Aber wirklich so abwegig? Ist es denkbar, dass diese frühen Herren unserer Landschaft die Erbauer der Wuhre waren? Ein keltischer Fürst als ›ordnende Hand‹? Das würde jedenfalls das völlige Fehlen jeglicher schriftlicher Belege und Zeugnisse zu Bau und Entstehung der Wuhre erklären, denn die Kelten hinterließen generell nichts Geschriebenes. Es fordert von uns

Von Heiden erbaut – das ist eine atemberaubende Vorstellung.

aber eine hohe Bereitschaft, ein paar festgefügte und als unumstößlich geltende Glaubenssätze umzustoßen. Dass es uns an dieser Bereitschaft nicht mangelt, haben wir hoffentlich in den bisherigen Kapiteln demonstriert. Darum treffen wir uns nunmehr zur gemeinsamen Begehung des Berauer Wuhrs.

Das Berauer Wuhr

Beim Berauer Wuhr, das schon seit Jahrhunderten nicht mehr in Betrieb ist,[21] handelte es sich um einen rund acht Kilometer langen Hangkanal, der sein Wasser in der Nähe des heutigen Straßenübergangs der Straße Bulgenbach-Buggenried aus der Mettma bezog und es dann in einem gleichmäßigen Gefälle von nur 0,5 Prozent Richtung Berau führte.

20 Zu den Rodungssiedlungen vgl. Paul Eisenbeis u.a.: Wissenswertes aus den Städten und Gemeinden des Landkreises, in: Der Kreis Waldshut, S. 209–260, hier S. 244; zum Themenkomplex »Alamannische Besiedlung« und Bedeutung der »ingen«-Orte: Hans Ulrich Nuber u.a. (Hg.): Römer und Alamannen im Breisgau, Sigmaringen 1974, S. 30f.

21 Schon Ende des 15. Jahrhunderts endete der Mühlenbetrieb in Berau und das Wuhr wurde dem Zerfall preisgegeben bzw. der Wuhrgraben als Holzabfuhrweg missbraucht. Ausführlich unter: www.historisches-berau.de (Stand: 24.06.2013).

Das Berauer Wuhr zweigte einst bei der Heidenmühle (links) von der Mettma ab und floss dann rechts oberhalb der Mettma am Hang entlang. Der einstige Kanalgraben ist heute zugeschüttet, aber noch erkennbar, weil er jetzt die Trasse für einen Forst- und Spazierweg bildet.

Dabei verlief der Hangkanal zunächst oberhalb der Mettma und querte östlich der Inneren Höfe den Brendener Erzgang. Dann durchquerte der Kanal den heute noch so geheißenen Wuhrwald und verlief östlich der Äußeren Höfe über die Wuhrhalde bis in den Bereich des Großmooses zur Wasserscheide zwischen Mettma und Schwarza. Von hier aus floss das Wuhrwasser im Bett des Weiherbaches nach Berau, versorgte dort eine Obere Mühle und eine Untere Mühle und speiste mit einem abzweigenden Kanal auch noch den Klosterweiher des Berauer Frauenklosters. Das Frauenkloster Berau als Filiale des Klosters St. Blasien wurde 1112 erbaut. In diese Zeit legt Andreas Haasis-Berner vom Landesdenkmalamt auch den Bau des Berauer Wuhrs.[22] Haasis-Berner begründet diese Annahme – denn Urkunden oder schriftliche Zeugnisse gibt es darüber keine – mit dem Wissen, dass »ein Steinmetz Bernherus aus Basel mit Hilfe einiger Brüder aus St. Blasien in Berau einen ersten Klosterbau mit Konvent, Bäckerei, Mühle und Wohnung für den Probst errichtete.«[23] Der Bau einer Mühle auf dem nahezu wasserlosen Berauer Sporn habe aber nur Sinn gemacht, wenn gleichzeitig ein künstliches Fließgewässer angelegt werden

22 Vgl. Andreas Haasis-Berner: Wasser für die Nonnen, S. 121.
23 Ebd.

konnte. Somit sei es sehr wahrscheinlich, so Haasis-Berner weiter, »dass der Bau des Klosters, der Klostermühle und des Wuhrs in einem Zuge kurz nach 1112 erfolgt« sei.[24] Ein derartig kühnes Wasserbauwerk sei für jene Zeit keineswegs zu ehrgeizig gewesen, eher sogar typisch, denn »die Versorgung mit fließendem Wasser war eine Frage von Prestige und Selbstdarstellung«.[25] Wieso erwähnen dann die klösterlichen Quellen und Urkunden zwar den alltäglichen Bau einer Mühle, nicht aber das prestigeträchtige Wunderwerk der Wuhre? Es gibt nur eine Erklärung: Weil das Wuhr schon vorhanden war. Das steht auch nicht in Widerspruch zu den Überlegungen von Haasis-Berner. Es stimmt, dass sowohl die Anlage eines Klosters als auch der Bau einer Mühle auf dem wasserarmen Sporn von Berau nur Sinn macht, wenn dort künstlich Wasser herbeigeführt wurde. Da dies aber bereits der Fall war, handelte es sich um einen günstigen Platz zur Anlage von Kloster und Mühle. Nicht das Wuhr wurde wegen des Klosters dort gebaut, sondern das Kloster wegen des bereits vorhandenen Wuhrs.

Wieso sollten die Mönche als Bauherren eine Mühle »Heidenmühle« und ein Wuhr »Heidenwuhr« nennen?

Sammeln wir weitere Indizien für diese kühne These. Auch das Berauer Wuhr trug im Volksmund lange die Bezeichnung »Heidenwuhr«.[26] Es entnahm sein Wasser aus der Mettma an einer Stelle, die heute noch Heidenmühle heißt. Diese beiden Bezeichnungen alleine sollten uns schon verwundern. Der Verein »Historisches Berau« unter Führung von Ralf Hindsches hat die gesamte Trasse des Berauer Wuhrs 2011 als Geschichtspfad wieder begehbar gemacht.[27] Man sieht heute aber nur noch auf wenigen Passagen die Kanalform. Vielfach ist der einstige Kanal verschüttet und die Trasse dient heute als Forst- oder Wanderweg. Dennoch hat der Heimatforscher Franz Falkenstein sehr anschaulich rekonstruiert, wie wohl der Bau dieses Wuhrs in der Praxis stattgefunden hat. Denn klar ist: Der Bau eines so verschlungenen Wasserkanals durch ein derart unwegsames Gelände stellte die größten Anforderungen an Vermessungstechnik und Ingenieurskunst dar und erforderte die Fähigkeit, gewaltige Erdbewegungen planvoll zu organisieren. Seit der Antike kannte man den Chorobaten, ein bis zu sechs Meter lan-

---

[24] Ebd.
[25] Ebd.
[26] Vgl. Franz Falkenstein: Vor Jahrhunderten durchzog ein Wasserkanal Wald und Wiesen, in: Waldshuter Erzähler, Wochenendbeilage des Alb-Bote 64 (2001).
[27] »Neuer Geschichtspfad ›Berauer Wuhr‹ ist eingeweiht«, in: Badische Zeitung vom 15.11.2011.

Der Verein für Heimatgeschichte »Historisches Berau« hat die Trasse des Berauer Wuhrs als Geschichtspfad wieder begehbar gemacht. Deutlich ist die Kanalform erkennbar.

Teilweise gewaltige Erdbewegungen müssen erforderlich gewesen sein.

ges Richtscheit, als Vermessungsinstrument. An den Enden dieses Richtscheits waren zwei gleichmäßig im 90-Grad-Winkel feststehende Schenkel angebracht. Diese abgewinkelten Streben hatten lotrechte Linien eingefügt, die bei der Benutzung des Gerätes mit Bleiloten in Deckung gebracht wurden. Zusätzlich war auf dem Rücken des Richtscheits eine etwa fingerdicke Rinne eingelassen, in die Wasser eingefüllt wurde. Mit dieser ›Wasserwaage‹ erzielten die Baumeister der Antike bereits eine erstaunliche Genauigkeit. Franz Falkenstein unterstellt die Verwendung eines solchen Gerätes, wenn er den Bau des Wuhrs wie folgt beschreibt: »War endlich die gesamte Länge des Wuhrs vermessen und ausgepflockt, konnte auf mehreren Teilstrecken gleichzeitig ausgegraben werden. Die gewaltigen Erdbewegungen, die beim Aushub für das Wuhr nötig waren, stellen den Arbeitsaufwand zum Bau der Heidenschanzen [gemeint sind die Berauer Wälle, Anm. d. Verf.] leicht in den Schatten. Streckenweise musste der Kanal mit einfachem Gerät, das damals zur Verfügung stand, weit über fünf Meter tief in den Hang gegraben werden, um Unebenheiten im Gelände auszugleichen. Immer wieder waren die Erbauer gezwungen, vorstehende Felsnasen ganz ohne Sprengstoff abzutragen. Und wenn dies zu schwierig war, wurde das Gestein durch Erhitzen mit einem Feuer und schockartiges Abkühlen durch Wasser gebrochen. Den Wasserlauf in den Geröllhalden und im sandigen Hangschutt dichtete man mit Bohlen und Lehm ab. Um das Kanalbett vor Unterspülungen zu schützen, wurden Bäume und Sträucher mit kräftigen Wurzeln angepflanzt. Der Wasserverlust durch Verdunstung und undichte Stellen konnte auf dem langen Weg ständig aus dem Seitenwasser vieler Bäche ausgeglichen werden [...]. Aufgrund des geringen Gefälles setzte sich leicht Schwemmmaterial ab, das laufend entfernt werden musste. Im Sommer verkrautete das von der Sonne beschienene Kanalbett recht schnell; im Herbst machte das Laub der Bäume dem fließenden Wasser zu schaffen, und im Winter konnten Schneeverwehungen und das Eis leicht das Bett aufstauen.«[28]

Große Teile des Berauer Wuhrs wurden schon vor Jahrhunderten zugeschüttet und heute als Trasse für Fußwege genutzt.

Dies alles, um zwei Klostermühlen zu betreiben? Das ist nicht stichhaltig. Dem Kloster Berau wäre es ein Leichtes gewesen, seine Getreidemühlen im Mettma-, Schlücht- oder Schwarzatal zu bauen und einen Karrenweg dort hinunter anzulegen. Der Aufwand wäre um ein Vielfaches geringer gewesen.

Beim Blick auf die Landkarte fällt auf, dass das Berauer Wuhr zielgerichtet auf das Berauer Horn führt. Die Rekonstruktion endet aber mitten im Ort, im Bereich des einstigen Klosterweihers und Klosters. Was geschah dann mit dem Wasser? Alle Untersuchungen zum Thema machen um diese Frage einen Bogen. Soll man annehmen, dass rund um den Klosterweiher und das Kloster das ganze Wasser entweder von den Menschen verbraucht wurde oder im Gelände versickert ist? Der Klosterweiher ist heute verlandet und alle Gräben unterhalb des Ortes sind seit langem zugeschüttet.

Nur 500 Meter unterhalb des einstigen Klosterareals beginnt auf dem letzten Teil des Berauer Sporns die keltische Wallanlage Heidenschanze. 500 Meter flach abfallender Bergrücken liegen dazwischen, heute Wald und Wiesen, durch die hindurch Franz Falkenstein den Verlauf eines heute noch erkennbaren Grabens rekonstruiert hat, der

[28] Franz Falkenstein, Von den bedeutungsvollen Bodendenkmälern auf dem Berauer Berg, in: Heimat am Hochrhein 27 (2002), S. 103–116, hier S. 107.

unmittelbar im Wallgraben vor dem ersten großen Befestigungswall der Heidenschanze endet.[29] Wir haben weiter oben, bei der Vorstellung dieser Wallanlage, bereits darauf hingewiesen, dass das gesamte Areal der Wallanlage völlig frei von Quellen und natürlichen Wasserläufen ist. Es ist also, unabhängig vom Wuhr, die Frage zu beantworten, woher die Bewohner und Nutzer dieser Anlage, die es ja gegeben haben muss, ihr Trinkwasser bezogen. Die Menschen mit ihrem Vieh, die auf einer so großen Höhensiedlung lebten, brauchten ganz sicher eine große Menge des lebensnotwendigen Wassers. Nach Lage der Dinge kann die Antwort nur lauten: Das Wasser wurde künstlich fließend herbeigeführt. Und damit macht die ganze Anlage des Berauer Wuhrs plötzlich richtig Sinn. Sie führte von der Heidenmühle zum Heidentor und ihre Erbauer waren die Heiden, dieselben Menschen, die auch die Wallanlage auf dem Berauer Berg erbaut und bewohnt haben. Damit schließt sich der Kreis zu allen Mutmaßungen hinsichtlich der übrigen Wuhre im südlichen Hotzenwald. Denn wenn wir bereit

Das ganze Gelände innerhalb der Berauer Wallanlage ist ohne Quellen und ohne natürlichen Bachlauf.

sind, der Berauer Beweisführung zu folgen, dann sind analoge Annahmen zu Entstehung, Zweck und Erbauern der anderen Wuhre ebenfalls statthaft. Damit verliert die Annahme, es könnten vielleicht bereits die Kelten diese Kanäle angelegt haben, ihren Schrecken und macht diese Option mindestens so legitim wie alle anderen bisher im Umlauf befindlichen Varianten.

---

[29] Vgl. ebd., S. 106.

b. Irrtum eingeschlossen

Zwei düstere Terrassen

Egal ob Wuhre, Grabhügel, Hotzenweg, Steinkreise, Menhire, Namensüberlieferungen, Sagen und Legenden: Der Eifer des Forschers ist nie davor gefeit, bei manchen Entdeckungen und Annahmen in die völlig falsche Richtung zu galoppieren. Diese Gefahr sei ausdrücklich eingeräumt, ebenso wie die Gefahr, einen Irrweg überhaupt nicht als solchen zu erkennen. Umso wichtiger scheint es, solche Fälle offenzulegen, wiederum auch um zu zeigen, dass hier keine kategorischen Theorien aufgestellt, sondern lediglich tastend Varianten und Plausibilitäten abgewogen werden.

Diese kleine Vorrede ist auch dem Umstand geschuldet, dass die Zeiten und Epochen gerade nicht fein säuberlich sortiert nebeneinanderstehen, sondern sich in allen menschli-

Rätselhafte Terrassen und Steinreihen im Staatswald an der Schwarza

chen Hinterlassenschaften verzahnen und überlagern. Ein steinerner Großhügel kann durchaus einst heidnischen Ursprungs gewesen sein, wurde aber vielleicht dennoch in die mittelalterliche Anlage eines Hofes integriert und später als Steinbruch für den Bau einer Feldmauer genutzt.

Eine der ersten Stellen, die wir im Zuge der Recherchen zu diesem Buch einst am Schluchsee aufsuchten, wurde uns vom Heimatforscher Helmut Frings gezeigt und als »das Rätselhaftestes« was er je gesehen habe, beschrieben. Wir machten uns von Blasiwald zu Fuß auf hinunter in den Staatswald Richtung Schwarza. Die Schwarza schlängelt sich hier vom Fuße der Staumauer kommend als kleines Bächlein durch einen sumpfigen Talgrund. Mitten in diesem Wald, unterhalb eines Wirtschaftsweges, ist das Gelände plötzlich auffällig terrassiert. Mit bloßem Auge erkennt man zwei sehr symmetrische Terrassen in der Form eines Dreiecks. Die obere und größere Terrasse ist an ihrer breitesten Stelle ziemlich exakt 50 Meter breit und läuft dann am Hangrelief entlang Richtung Schluchsee-Staumauer auf einer Länge von 150 Metern spitz zu. Diese Terrasse ist über dem natürlichen Gelände um mindestens 20 Meter aufgeschüttet. Das Auffüllmaterial besteht aus feinem Granitgranulat. Auf der Terrassenfläche findet man keinen einzigen Stein, sie ist bewachsen mit düsteren Reihen

Auf der unteren Terrasse finden sich diese fast geometrisch anmutenden Steinreihen und Karrees.

astloser Fichten. An ihren talseitigen Kanten ist diese Terrasse exakt und gleichmäßig abgeschrägt wie eine künstliche, 20 Meter hohe Böschung. Am Fuße dieser Böschung beginnt die zweite Terrasse, 35 Meter breit und dann auf einer Länge von 90 Metern ebenfalls spitz Richtung Staumauer zulaufend. Beide Terrassen befinden sich keine 100 Meter oberhalb des Schwarzabachbettes und keine 300 Meter entfernt von der Staumauer. Auch die zweite Terrasse ist mit traurigen Fichtengalerien bewachsen, aber im Unterschied zur oberen Terrasse sitzt auf ihr ein monumentales steinernes Rätsel. Es handelt sich um drei parallel nebeneinandersitzende Reihen von jeweils quadratischen Steinhaufen. Diese Reihen laufen an der Spitze des Terrassendreiecks zusammen. Die Quadrate sind alle nahezu identisch groß, jeweils etwa drei auf drei Meter, und bestehen aus koffergroßen Granitquadern, die alle eindeutig behauen oder bearbeitet sind. Zwischen den jeweiligen Reihen und Quadraten sind längs und quer Durchgänge von etwa zwei Metern Breite. Eine Allee? Eine Steinreihe? Ein Riesenfriedhof? Die geisterhafte Anordnung hat tatsächlich etwas Bedrohliches. Wenn hier von magischer Stätte gesprochen werden kann, dann von Schwarzer Magie. Wer schuf die Terrassen? Der anonyme Verfasser der Schrift *Buch aus Stein,* der diesen Platz ebenfalls in seine Sammlung aufgenommen hat, sprach von einem »Felsenmeerfriedhof«.[30] Wir hatten jedenfalls keine Idee, mit was wir es hier zu tun haben könnten. Auch die Pendelkünste des praktizierenden Radiästhesisten Helmut Frings halfen hier nicht weiter. Er, der sonst nahezu jedem künstlichen Steingebilde per Pendel ein Datum zuordnen konnte, verließ das Areal kopfschüttelnd und beklagte sich, er könne nicht »muten«, sein Pendel zeige keinerlei Reaktion. Gemeinhin gebe es dies nur dann, wenn an einer Stelle ein kolossales Durcheinander menschlicher Eingriffe herrsche oder wenn diese Eingriffe nicht zeitlich zu verorten seien, weil sie sich mehr oder weniger in der Gegenwart abspielten.

Hier half nun kurz und schmerzlos die Hinzuziehung des Kirchzartener Archäologen Heiko Wagner. Auch ihn befiel zunächst verblüff-

[30] Anonymus: Buch aus Stein.

tes Staunen, als wir ihn zu dieser Örtlichkeit führten. Doch nach kurzer Begehung und einigem Nachdenken offenbarte er nüchtern seinen Befund: Die Anordnung der steinernen Quader in Reih und Glied sowie in fast identischen, quadratisch angelegten Haufen, zusammen mit den Durchgängen zwischen diesen Haufen, erinnere ihn doch sehr an ein befahrbares Materiallager. Die Steinquader selbst sähen noch nicht sonderlich verwittert aus, sie wiesen nur geringe Moosspuren auf und der Bewuchs auf den Steinhaufen habe auch noch keinerlei Zerstörungen angerichtet, wie man sie annehmen müsste, wenn schon Generationen von Bäumen hier gewuchert hätten. Die Fichtenreihen auf beiden Terrassenebenen seien auf ein Alter von etwa 80 bis 90 Jahren zu schätzen und somit ergebe sich, dass diese Terrassen und die Steinhaufen höchstwahrscheinlich aus den 1930er Jahren stammten. Und was wurde zu dieser Zeit nur wenige hundert Meter entfernt errichtet? Die Schluchsee-Staumauer. Auf alten Fotos von der Baustelle sieht man auch, dass von der halbfertigen Staumauer am Hang entlang genau in Richtung unserer Terrassen Baustellengleise verlegt waren, auf denen mit Draisinen Material herangeführt wurde. Die Gleistrassen sind heute noch als überwachsener Waldweg erhalten und führen exakt zu unseren Terrassen. Zusammenfassende Schlussfolgerung in dieser Angelegenheit: Die Terrassen wurden aus dem Aushub der Staudamm-Baustelle aufgeschüttet. Auf der unteren Terrasse wurde Steinmaterial zum Bau des Staudammes abgelagert und während des Baus nach Bedarf von dort per Draisine herbeigeführt. Was heute noch im Wald liegt, das sind die Reste dieser Lagerhaltung. Auch wenn hier keine Mönche, keine Alamannen, keine Heiden und keine Kelten mitwirkten, so handelt es sich doch um ein bemerkenswertes Kulturdenkmal, das eine Bauorganisation anschaulich macht, wie man sie heute schon lange nicht mehr kennt. Und wenn wir auch sonst nichts aus dieser Fundstelle verwenden können, so doch immerhin dieses eine: Der Radiästhesist, der hier an seinem stummen Pendel verzweifelte, lag doch irgendwie richtig!

MG-Nester und Flakstellungen

Ein weiterer Holzweg, den fast jeder einschlägt, der mit Keltenbegeisterung nach Schluchsee pilgert, führt zu den vermutlichen MG-Nestern (Maschinengewehr-Nestern) und Flakstellungen am Ruthenberg oberhalb der Schluchsee-Staumauer. Wir schreiben »vermutliche«, weil es kleine Fragezeichen gibt. Keine 50 Meter oberhalb des Staumauerweges, der vom Gelände des Yachtclubs Blasiwald nach Eisenbreche führt, verläuft parallel im Wald ein Weg. An einer Stelle durchbricht er ganz markant den Felsrücken, der sich vom Berggipfel herunterzieht bis zu jenem Steinbruchgelände, welches heute als Kletter- und Incentive-Park genutzt wird. Dieser Durchbruch stammt aus der Zeit des Staumauerbaus. Wiederum aus dieser Zeit gibt es Aufnahmen, die das Hanggelände an dieser Stelle als terrassiert und

Ein quadratisches Fundament im Wald oberhalb der Schluchsee-Staumauer

weitgehend frei von Bauwerken zeigen.[31] Deshalb muss alles, was auf dieser etwa 20 Meter breiten Terrasse heute an steinernen Fundamenten und Hügeln zu finden ist, aus späteren Zeiten stammen. Zum Schutz vor Fliegerangriffen oder Sabotageakten errichtete das NS-Regime mehrere Bunker in der Nähe der Staumauer. Sie sind zum Teil heute noch sicht- und begehbar. Auf dem erwähnten terrassenartigen Weg oberhalb der Staumauer, der heute teilweise bewachsen ist, sitzen dicht nebeneinander etwa ein Dutzend nahezu quadratische und brusthohe Steinfundamente jeweils etwa vier auf vier Meter groß. Im Inneren bieten sie Platz für etwa zwei bis drei Personen. Teilweise sitzen sie so auf dem Rand des Terrassenweges, dass sie talwärts zum Schluchsee hinunter nochmals mit bis zu drei Meter hohen Steinmauern abgestützt sind. Diese auffälligen Bauwerke sind ohne Mörtel oder Zement aus grob behauenen Granitblöcken zusammengesetzt, wobei die Steinbrocken selten größer als ein Bierkasten sind. Schriftliche Zeugnisse zum Bau und Zweck dieser Anlagen gibt es nicht, aber unter den Einheimischen kursiert die Version, es habe sich hier um Flakstellungen zur Verteidigung der Staumauer gehandelt. Bekannt ist auf jeden Fall, dass in Seebrugg bis in die letzten Kriegsjahre ein Luftwaffenhelfer-Ausbildungslager existierte, in dem Jugendliche zu Flakhelfern ausgebildet wurden.[32] Ausbildungseinheit war die 3. leichte Flakabteilung 932, die auf der gegenüberliegenden Seeseite in Seebrugg stationiert war und die Staumauer vor Tieffliegerangriffen schützen sollte.

Flakstellungen waren es jedoch sicher nicht, dies ergab die Rückfrage des Verfassers beim Militärgeschichtlichen Forschungsamt (MGFA) in Potsdam.[33] Demnach war der Schluchsee zu unbedeutend, um ihn mit festen Flakstellungen zu schützen. Das MGFA schreibt dazu: »Flakstellungen wurden auf erhöhten Stellungen bezogen, um ein möglichst großes Schussfeld zu haben. […] Bei der Auswahl einer Flakstellung sind vor allen Dingen das Schussfeld, die Anflugschneise und Möglichkeiten für die Deckung und Lagerung von

31 Vgl. Rudolf Morath/Wolfgang Schnee: Heimatbuch Blasiwald, S. 290.
32 Vgl. Friedbert Zapf: Erinnerungen eines Stationierten, in: Hochschwarzwald-Kurier vom 03.04.2013.
33 E-Mail-Antwort des Militärgeschichtlichen Forschungsamtes (Oberstleutnant Bormann) vom 01.11.2012 auf Anfrage des Verfassers.

Hangseitig türmten sich die Mauern der MG-Nester teilweise bis zu drei Meter hoch.

Munition zu bedenken. [...] Flakstellungen werden in der Regel disloziert, damit anfliegende Flugzeuge über einen möglichst langen Zeitraum von mehreren Seiten aus bekämpft werden können. Ein Dutzend Stellungen direkt nebeneinander sind schon wegen der geringen Ressourcen des Deutschen Reiches [...] sowie der nur geringen Kriegswichtigkeit des Objektes unwahrscheinlich.«[34]

Das Dutzend dicht beieinander sitzender Steinumfassungen muss also anderen Zwecken gedient haben. Man weiß, dass seit Kriegsbeginn zum Objektschutz an der Staumauer – meist österreichische – Landwehrsoldaten in Blasiwald und Seebrugg einquartiert waren. Einzelne verheirateten sich sogar vor Ort.[35] Diese Soldaten, so ist anzunehmen, haben in Handarbeit die Stellungen auf dem Terrassenweg gebaut, und zwar als sogenannte MG-Nester, wiederum zum Schutz der Staumauer. Das erklärt einerseits die doch erheblichen Aufwand erfordernde Bauweise, andererseits die beschränkte Größe der verwendeten Steine und das Fehlen von Mörtel und Zement. Freilich bleiben auch hier noch Fragezeichen, vor allem deshalb, weil oberhalb und unterhalb des Terrassenweges weitere steinerne Bauwerke sitzen. Jene unterhalb des Weges gleichen in allen Details denjenigen, die direkt auf dem Weg platziert sind, gehören also mit großer Wahrscheinlichkeit zum gleichen Themenkomplex. Vielleicht waren es die Fundamente der Soldaten- oder Bauarbeiterbaracken. Einige Steinsetzungen oberhalb des Weges unterscheiden sich allerdings. Sie sind aus größeren und deutlich verwitterteren Steinen gesetzt, haben andere Grundmaße und bilden oft eine Einheit mit den Felsrücken, an die sie sich anlehnen. Hier treffen wir wieder auf die Schwierigkeit, Hinterlas-

Ungefähr ein Dutzend solcher Plätze liegen dicht beieinander.

---

34 Ebd.

35 Vgl. Rudolf Morath/Wolfgang Schnee: Heimatbuch Blasiwald, S. 294.

▲ *Einige Steinkammern unterscheiden sich deutlich von den MG-Nestern, liegen dicht bei den Felsen und bestehen aus wesentlich größeren Steinbrocken.*

➤ *Dieser Stein mit seitlich eingefügter (wassergefüllter) Schale und Abflussrinne gehört sicher auch nicht zu den MG-Nestern aus dem Zweiten Weltkrieg.*

senschaften der Neuzeit von älteren Zeugnissen unterscheiden zu müssen. Wir befinden uns an den Ausläufern jener Felsrücken, in deren Nischen und Plateaus – wie weiter oben dargelegt – steinzeitliche Siedlungsplätze ihre Plausibilität hätten. In direkter Nachbarschaft beginnt der Große Graben. Und mitten in diesen Fundstellen sitzt ein bemerkenswerter Schalenstein von den Ausmaßen eines Kleinwagens mit einer ganz außergewöhnlichen Schale. Diese befindet sich nämlich nicht oben auf dem Stein, sondern sie ist seitlich, etwa in Brusthöhe, in den Stein eingearbeitet. In dieser Schale von der Größe einer Melone sammelt sich Wasser, das bei einem bestimmten Füllstand über eine seitlich fortführende Rinne ablaufen kann. Die Anordnung insgesamt sowie die Kombination aus Schale und Abflussrinne macht es nicht leicht, hier wieder einmal an eine ›Laune der Natur‹ zu glauben. Das wird zusätzlich dadurch erschwert, dass auf dem Rücken des Schalensteines selbst nochmals ein länglicher, großer, runder Stein liegt, etwa zwei Meter lang und 80 Zentimeter im Durchmesser. Zusammen gibt das Gebilde auf frappierende Weise das Bild eines Altars ab, jedenfalls einer Konfiguration, die mit den MG-Nestern und den Überresten des Staumauerbaus sicherlich nichts zu tun hat.

Ein Rest vom Bübleshof

Eine andere Stelle auf der Schönenbacher Seite der Schwarza stiftet ebenfalls Verwirrung dadurch, dass hier offensichtlich die Zeiten und ihre Spuren durcheinandergeraten sind. Es ist der schon häufiger erwähnte Hofplatz des abgegangenen Bübleshofes, eines Hofgutes, das zur aufgegebenen Gemeinde Schwarzhalden gehört hat. Man weiß einiges von dieser ehemaligen Siedlung Schwarzhalden.[36] Sie befand sich auf der Gemarkung des heutigen Ortsteils Schönenbach und erstreckte sich in einer Länge von fünf Kilometern auf der östlichen Schwarzahald – daher der Name »Schwarzhalden« – vom Schluchsee bis knapp südlich des Stausees von Schwarzabruck. 1861 hatte der Ort noch 120 Bewohner, die auf 14 großen Hofgütern lebten. Einer dieser Höfe war der im 17. Jahrhundert erbaute Bübleshof. Er lag einsam in der Mitte der Gemarkung, am Rande einer bachdurchflossenen, zur Schwarza abfallenden Senke. Auf manchen Karten wird der benachbarte Kechenhof als Bübleshof bezeichnet, weswegen es immer wieder zu Verwechslungen

36 Vgl. Bernhard Steinert: Schluchsee, S. 114–116.

Diese mächtigen Überreste des Bübleshofes gelten in der einschlägigen Forschung als die einstige Hofzufahrt.

kommt. Die alte Hofstelle des Bübleshofes liegt oberhalb des erwähnten Baches und einer Wiesenlichtung. Sie ist bereits aus der Entfernung durch eine lange und hohe Steinmauer am Rande der Wiese erkennbar. Rechtwinklig stoßen Fundamentmauern auf diese Steinmauer und zeigen heute noch an, wo etwa einzelne Gebäudeteile gestanden sein könnten, teilweise ist sogar noch die Raumaufteilung zu identifizieren. Immer noch erhalten sind zwei tiefe gewölbte Kellerräume unter dem Wohnteil des einstigen Gebäudes. Sie drohen aber zunehmend, unter dem Druck von Baumwurzeln und Erdreich einzubrechen. Es sind weniger die eindeutig identifizierbaren Gebäudereste oder die logisch einem ehemaligen Hof zuzuordnenden Mauern, die an dieser Fundstelle faszinieren, als vielmehr einige Überreste an Mauern, Aufschüttungen und künstlichen Geländeveränderungen, die Fragen offenlassen. So zum Beispiel grundsätzlich die Dimension der ganzen Anlage. Sie sprengt bei Weitem das übliche Maß vergleichbarer Höfe. Alleine die bis zu zwei Meter hohe und mehr als 80 Meter lange Steinmauer, die die Terrasse des Hofgeländes bildet, ist schon eine Besonderheit. Nehmen wir an, dass sie neben dem eigentlichen Gebäude auch noch Nebengebäude und vielleicht einen zum Hof gehörenden Garten von der darunterliegenden, zum Bach hin abschüssigen Wiese abtrennte, so wäre dies eine Erklärung für die Dimensionen. Die als Grundrisse noch erkennbaren Mauerteile oberhalb dieser Mauer sind teilweise in sie integriert, weisen aber ein Hofgebäude aus, das befestigt gewesen sein muss wie eine Burg und geräumig wie ein kleines Schloss. An die zerfallenen Ruinen des einstigen Hofes schließen sich jene großen Findlingsmauern an, von denen bereits mehrfach die Rede war. Hier beginnt die Vermischung von Nutzungen und Epochen. Diese Mauern, megalithisch wie sie sind, stellenweise fast vier Meter breit, waren keinesfalls Einfriedungen von Viehweiden oder eines Hofgartens. Auch der zersprengte Schalenstein an der Eingangsseite – ebenso das christliche Kreuz in seiner einstigen Schale – sind nicht plausibel mit dem Hofzweck in Einklang zu bringen. Noch dunkler wird die Deutung bei den nur wenige hundert Meter entfernten Riesendfindlingen, die im Wald eine gigantische Terrasse bilden. Wie und warum hätten sie zum Hof gehören sollen? Wer sollte diese tonnenschweren Findlinge aufgetürmt haben? Un-

Noch gut erhaltenes Kellergewölbe

terhalb dieser Findlingsterrasse befindet sich die Quelle des erwähnten Bachlaufes. Und in dieser Quelle sitzen wiederum eine ganze Reihe von Steinbauten und ein ganzes Feld von Steinhügeln. Da stimmt doch etwas nicht. So viel aber scheint klar: Den Hof selbst und seine Reste können wir zweifelsfrei der Neuzeit zuordnen. Daraus zu schließen, alles andere um ihn herum sei ebenfalls neuzeitlich, wäre aber fahrlässig. Im Gegenteil: Alles spricht dafür, dass der Hof an einer Stelle errichtet wurde, an der schon längst andere Dinge existierten, deren Herkunft für uns wie so vieles im Dunkeln bleiben muss.

Die mehr als 80 Meter lange und bis zu 2,50 Meter hohe Steinmauer, oberhalb derer der Bübleshof stand

Auch kein Fürstengrab

Räumen wir der Vollständigkeit halber noch einen weiteren Irrweg ein, der uns aus keltischen Träumen unsanft in eine unromantische Nachkriegswirklichkeit geführt hat. Die keltische Vergangenheit von Löffingen ist unstrittig. Die dortigen Gräberfunde und viele namenkundliche Belege sprechen diesbezüglich eine eindeutige Sprache.[37] So war die Versuchung groß, einen unglaublich symmetrischen Hügel am Ortsausgang Richtung Göschweiler näher ins Auge zu fassen, als mögliches keltisches Fürstengrab. Was sprach dafür: die Symmetrie – eindeutig von Menschenhand aufgeschichtet; die Ausmaße – etwa 30 oder 40 Meter hoch, kegelrund, am Fuße vielleicht 100 Meter im Durchmesser – erinnerte dies nicht eklatant an das Fürstengrab am Magdalenenberg in Villingen? Die Löffinger selbst kennen den Platz als Wanne und werden, sofern es sich um alteingesessene Einheimische handelt, jetzt bereits wissend schmunzeln. Es handelt sich nämlich mitnichten um ein keltisches Fürstengrab, wenngleich zumindest eine Annahme stimmt, nämlich die, dass der Hügel künstlich von Menschenhand errichtet wurde. Aber dies waren nicht die Kelten, sondern die neuzeitlichen Straßenbauer. Beim Bau der B31 auf der gegenüberliegenden Seite des Ortes, so erzählte uns ein Anlieger, habe man den dort anfallenden Erdaushub genutzt, um diesen kleinen Hügel aufzuhäufen. Er war von Anbeginn gedacht als Aussichtshügel im Sommer und im Winter als Rodelhügel für die Ortsjugend. Und genau so wird er bis heute genutzt.

Markanter Hügel, aber neuzeitlich: die Wanne bei Löffingen

[37] Vgl. Emil Ketterer: Löffingen – Beiträge zur älteren Geschichte, Löffingen 2005, S. 15f.

c. Sagenhaftes und Mysteriöses

Der schwarze Hund

Die Annahme, dass nahezu alle alten Sagen und Märchen einen Kern in sich bergen, der auf die Erinnerung an weit zurückliegende wahre Begebenheiten gründet, hat schon zu manch überraschender Entdeckung geführt. Insbesondere Ortssagen sind unter diesem Gesichtspunkt zu prüfen, ohne dass man bei allzu fantastisch ausgeschmückten Zutaten gleich jede Skepsis beiseitelassen muss. Im Allgemeinen genügt es, eine Ortsage oder Legende als Indiz dafür zu nehmen, dass Überlieferungen eine Erinnerung aus weit vorgeschichtlicher Zeit erhalten haben. Zwar hat auch hier die Wissenschaft versucht, den Gegenbeweis zu liefern,[38] aber den Beispielen, mit denen das scheinbare Kurzzeitgedächtnis sogenannter Volkserinnerungen belegt werden sollen, können mühelos ebenso viele Beispiele gegenübergestellt werden, welche die Langlebigkeit von Wahrheitskernen in Sagen und Überlieferungen untermauern. Seit Heinrich Schliemann die Sage um Troja wörtlich nahm und die reale Stadt dann tatsächlich ausgegraben hat, werden auch hierzulande die heimischen Sagen etwas ernster genommen. In der nördlichen Mark Brandenburg grub man 1899 bei Seddin unter einem riesigen Grabhügel ein unbeschädigtes Königsgrab aus, das aufgrund der Beigaben der Lausitzer Kultur von etwa 1000 v.Chr. zugeordnet werden konnte. Im Volksmund der dortigen Gegend galt der große Hügel von alters her als letzte Ruhestätte eines Königs, der in einem dreifachen Sarg beigesetzt sein sollte. Die Ausgrabung erbrachte, dass die Asche des Toten in einer kleinen Bronzeurne bestattet war, die sich wiederum in einer großen Urne aus Ton befand und diese von einer Grabkammer aus Stein umhüllt war.[39] Hier muss also die Sage über 3000 Jahre hinweg eine uralte Erinnerung transportiert haben. Ein weiteres bemerkenswertes Beispiel schildert Richard Fester:[40] Im oberbayrischen Ludenhausen gibt es seit ewigen Zeiten einen Erdhügel, um den sich eine Sage rankt. Sie erzählt, dass in einem Gewölbe unter diesem Hügel ein Schatz verborgen sei, der von einem großen schwarzen Hund mit glühenden Augen und nur drei Beinen bewacht werde. Der Schatz habe drei edlen Fräulein gehört,

---

[38] Vgl. Wolfgang Seidenspinner: Archäologie, Volksüberlieferung, Denkmalideologie, in: Fundberichte aus Baden-Württemberg 18 (1993), S. 1–15.

[39] Vgl. Reinhard Schmoeckel: Die Indoeuropäer, S. 408.

[40] Vgl. Richard Fester: Die Steinzeit liegt vor deiner Tür, S. 224.

die an dieser Stelle einst ein Schloss bewohnt hätten. Anfang des vorigen Jahrhunderts, so berichtet Fester, habe man schließlich, weil die Sage nicht verstummen wollte, den Erdhügel aufgegraben. »Man fand, genau nach der Sage, ein großes Gewölbe und in diesem Gewölbe – den schwarzen Hund. Nur: Der ›Hund‹ war ein ›Hunt‹, ein eiserner Dreifuß mit einem Glutbecken, wie man es vor zwei- oder dreitausend Jahren zum Verbrennen von duftenden Kräutern in unterirdischen Kulthöhlen verwendet hatte.«[41] Der Ausdruck »Hunt« für ein solches Becken ist laut Fester belegt und in regionalen Mundarten noch erhalten. So löste sich das Rätsel und das auf den ersten Blick so völlig Unerklärliche wurde plötzlich erklärbar. Nachdem sowohl das Objekt »Glutbecken« als auch das dafür gebräuchliche Wort »Hunt« erst einmal in Vergessenheit geraten waren, wurde in der Ortsüberlieferung daraus ein »Hund«, dem aber immerhin die drei Beine und das Glühen geblieben waren. Festers Fazit: »Die große Bedeutung dieses Fundes liegt in dem Umstand, dass hier eine Sage durch zwei oder mehr Jahrtausende hindurch einen Wahrheitskern, wenn auch durch Unverständnis verkleidet, überliefert hat.«[42] Es gibt zahlreiche weitere solcher Beispiele, durch die erst dadurch, dass eine Sage wörtlich genommen und untersucht wurde, eine historische Wahrheit ans Tageslicht kam.

Auch für die Lenzkircher Burgruine Schloss Urach existiert eine Sage vom schwarzen Hund.

Bevor der Leser ungeduldig wird, schlagen wir den Bogen zu unserem Thema: Es waren vor allem Sagen von verborgenen Schätzen, die aus alter Zeit überliefert waren, die zum Beispiel zur Auffindung der keltischen Fürstengräber im Südwesten führten. Dies war beim Kleinaspergle ebenso der Fall wie in Hundersingen und in Villingen am Magdalenenberg.[43] In der Bevölkerung galt der Magdalenenberg seit alters her als Geisterort. Der mündlichen Überlieferung zufolge sollte im Magdalenenberg ein Schatz vergraben sein. Dies hat über die Jahrhunderte immer wieder Grabräuber angelockt. Schon in vorrömischer Zeit entstand ein Raubschacht von sechs Metern Tiefe, sodass das Wissen um die hier verborgenen Schätze noch lange präsent gewesen sein muss.[44] Das Beispiel vom »Schwarzen Hund mit den glühenden Augen« haben wir deshalb vorangestellt, weil es

41 Ebd.
42 Ebd.
43 Vgl. Konrad Spindler: Magdalenenberg, S. 32ff.
44 Vgl. ebd., S. 15.

Sagen-, Schatz- und Hexensagen ranken sich auch um den Villinger Magdalenenberg.

die Sage vom schwarzen Hund, der einen Schatz bewacht, in unserem Untersuchungsgebiet gleich dreimal gibt. Von der Burgruine Wiesneck im Dreisamtal heißt es, dort läge ein Schatz vergraben: »Drei Schatzgräber [...] versuchten geradezu systematisch mit Wünschelrutengang, mit Tiefgrabungen, mit Zauberformeln, Beschwörungen und Hokuspokus an die Verborgenheit der Burgschätze heranzukommen. Ein Windstoß narrte sie, löschte ihre Laterne, dann aber donnerte furchtbares Brüllen in ihre Ohren, und sie sahen die zottigen Tatzen des Höllenhundes, der sie mit feuersprühenden Radaugen anglotzte. Anderntags fand man die Abenteurer bewusstlos in den Trümmern der Burg, zwei von ihnen waren tot, den dritten hatte der dumpfe Wahnsinn gepackt. So mag es ratsam sein, von allzu tiefem Schürfen und Umgraben in Wiesnecks Vergangenheit abzusehen.«[45]

Verschiedene Sagen beschäftigen sich auch mit der Burg Urach bei Lenzkirch, darunter als bekannteste wiederum eine Schwarzer-Hund-Sage. Angeblich liegt auf dem Gelände der Burgruine bis heute eine Schatztruhe begraben, doch werde sie von einem großen schwarzen Hund mit feurigen Augen bewacht.[46]

Die nämliche Sage wird auch von der Burg Enkenstein im Wiesental erzählt. Innerhalb der Burgmauern soll von einem Schlossbesitzer ein bedeutender Schatz vergraben worden sein, welcher unablässig von einem schwarzen zottigen Hund bewacht wird.[47] In dieser Sage wird beschrieben, wie zwei Dorfburschen versuchten, an den Schatz zu kommen: »[...] verschafften sie sich nicht ohne langes Umherhorchen ein durchaus schwar-

Ein »schwarzer Hund« geistert auch auf der Ruine Wiesneck im Dreisamtal.

---

[45] Fritz Röhl/Hans Konrad Schneider: Zauberisches Dreisamtal, Freiburg i.Br. 1983, S. 129.

[46] Vgl. Wendelin Duda: Die Sagen des Hochschwarzwaldes, S. 81.

[47] Vgl. August Schnezler: Badisches Sagenbuch, Leipzig 1978, S. 236.

zes Böcklein als Sühneopfer, machten sich mit den nötigen Zauberformeln und Gebeten bekannt und hingen geweihte Heiligenbilder an die Brust. In einer Freitagnacht zur Geisterstunde begannen sie [...] die Arbeit.«[48] In dieser Version, ebenso wie in der oben vorgestellten Variante von Burg Wiesneck, wimmelt es von Zauberei, heidnischen Ritualen und Geisterglauben, sodass man geradezu mit der Nase darauf gestoßen wird, dass hier vielleicht die Erinnerung an einen einstigen heidnischen Kultplatz bewahrt wird. Den Ursprung vieler solcher und ähnlicher Sagen dürfen wir durchaus in jenen Zeiten suchen, als sich christliches und heidnisches Leben noch überlappten. So beginnt Max Rieple die Sage über den Ursprung der Vöhrenbacher Michelskirche wie selbstverständlich mit dem Satz: »Als in Vöhrenbach noch ein Götzentempel stand, kamen einst sieben christliche Jungfrauen ins Bregtal und führten in der Nähe des Schwarzwaldstädtchen ein heiligenmäßiges Leben.«[49]

Der Dengelegeist

Der Dengelegeist ist eine alemannische Sagengestalt und wird häufig als Sensenmann und bärtiger Greis dargestellt. Er diente der Lenzkircher Narrenfigur »Dengele« als Vorbild. In der Sage sitzt der Dengelegeist auf dem Friedhof und schärft (dengelt) seine Sense, um die zum Tode Bestimmten umzumähen. Fragt man ihn aber, was er da tue, so antwortet er, er mähe nur Futter für den Esel des Christuskindes und für die Kühe des heiligen Fridolin. Schon alleine diese letzte Pointe weist auch den Dengelegeist als ein Geschöpf der heidnisch/christlichen Übergangszeit aus. Gleichzeitig erinnert er uns auch an den keltischen Glauben an eine Anderswelt, an ein Jenseits, das man unter bestimmten Umständen betreten und wieder verlassen kann. Holger Kalweit erklärt dies sehr anschaulich: »Der Kelte empfand das gesamte Dasein als ein Wunder. Ein Wunder, das sich dauernd vor seinen Augen wiederholte, war die Geburt von Kindern. Woher kommen die Kinder? Das andere große Wunder war: Ein Mensch stirbt. Wohin geht er? Die Kelten spürten dieses tiefe Geheimnis. Wir, die Nachfahren der Kelten, haben dieses Geheimnis vergessen, wir haben aufgehört uns zu wundern und zu denken – weil der zu ziehende Schluss zu gewaltig wäre [...].«[50]
Der Schluchseer Heimatforscher Helmut Frings gehörte zu jenen Menschen, die dieses Geheimnis für sich wiederentdeckt haben. Er scheute sich nicht, den »gewaltigen« Schluss auch tatsächlich zu ziehen, der da lautet: Es gibt Wege in die Anderswelt und zurück, und es gibt Wesen, die diese Wege beschreiten (können). In diesem Punkt hielt Helmut Frings unsere keltischen Vorfahren

[48] Ebd.
[49] Max Rieple: Sagen und Schwänke vom Schwarzwald, Konstanz 1994, S. 113.
[50] Holger Kalweit: Das Totenbuch der Kelten, S. 17.

Der Dengelestein auf dem Schluchseegrund – aufgetaucht bei der Seeabsenkung 1983. Die Blumennische befindet sich rechts oben am großen rechten Findling.

mit ihrem Glauben an Naturkräfte und Geistwesen für Wissende und Eingeweihte und nannte das, was wir als den »Fortschritt« seit dieser Zeit bezeichnen, ein »Fortschreiten« vom Ursprünglichen. Es sei kurz an die Überlegungen am Eingang des Abschnittes über die Grenzwissenschaften erinnert: Warum sollte es nicht Menschen geben, die Dinge spüren und fühlen können, die den meisten anderen Menschen, den Verfasser eingeschlossen, verborgen bleiben? So wie Holger Kalweit es unseren keltischen Vorfahren als Ganzes vermacht, so war auch Helmut Frings aufgrund seines Spürens von der Überlappung unserer mit einer dahinterliegenden Geisterwelt felsenfest überzeugt und untermauerte diese Überzeugung mit einer Reihe von Beispielen und Geschichten aus seinem eigenen Erleben. Eine dieser Geschichten handelt vom Dengelegeist, so wie Helmut Frings ihn erlebte.

Als 1983 der Schluchsee abgelassen wurde, tauchte auf dem Seegrund ein großer steinerner Monolith auf, der normalerweise mehr als 20 Meter unter der Wasseroberfläche ruht. Dieser etwa fünf Meter hohe Riesenfindling lag nun also plötzlich trocken und offenbarte eine Überraschung. Auf einer Seite war von unbekannter Hand in diesen Stein vor unbekannten Zeiten, jedenfalls vor dem Aufstauen des Sees, eine etwa zehn Zentimeter tiefe Nische ausgeschlagen worden. Der Stein wies darüber hinaus verräterische Meißelspuren auf. Es handelte sich um die gleichen Meißelspuren, wie wir sie bereits am Schalenstein im Loch in Blasiwald und am Schalenstein vom Hirschbühl bei Titisee beschrieben haben. Also auch diesen Stein hatte in früheren Zeiten jemand zu zerstören versucht. Ein großer Block war auch tatsächlich abgesprengt.

Typische Meißelspuren an einem abgesprengten Steinblock auf dem Schluchseegrund

Die Blumennische am ›Dengelestein‹

Dieser Stein, so erzählten die Alteingesessenen, die sich noch an die Zeit vor der Schluchsee-Aufstauung von 1933 erinnerten, trage den Namen »Bengelestein«. Helmut Frings machte daraus in seinen Erzählungen den »Dengelestein« und landete dann beim Erzählen der weiteren Ereignisse beim »Dengelegeist«. Es geschah nämlich Folgendes: Als Helmut Frings einen Spaziergang durch den abgelassenen See unternahm, entdeckte er eines Morgens, dass in der Nische im Stein frische Blumen lagen. Eine alte Frau, die Frings daraufhin befragte, erklärte, früher hätten die Bewohner des benachbarten Hofes hier oft Blumen deponiert, um einen Geist zu besänftigen, der angeblich an den Stein gebannt sei. Sie wisse noch von der Warnung der Älteren, der Stein sei verzaubert, es wohne der Bengelegeist darin, man dürfe nicht zu nahe herangehen, deshalb habe der alte Fußweg auch in einem Bogen um diesen Stein herum geführt.

Daraufhin ist Helmut Frings mit jener alten Frau zu dem Stein getreten und hat etwa in Höhe der Nische mit den Blumen die Hand auf den Stein gelegt. Dann habe er der alten Frau gesagt: Wenn das tatsächlich stimme, dass an diesen Stein ein geistiges Wesen für Hunderte von Jahren ausharren müsste, so erbitte er von der Kraft, die dies veranlasst habe, über seine aufgelegte Hand ein Signal. Er wolle dafür beten, dass dieser gebannte Dengelegeist befreit werde. Frings erzählte weiter: »Und im selben Moment hörte ich ein lautes Weinen, Schreien, Jubeln, das von innen kam. Und dann wurde es immer leiser und eine Stimme rief ununterbrochen: Danke Helmut, danke Helmut, danke, danke – ich hörte die Stimme bis in die Nacht hinein, als ich schon im Bett lag.«[51] Für Helmut Frings stand fest: Er hatte an diesem Tag den Dengelegeist befreit.

[51] Interview des Verfassers mit Helmut Frings vom Juni 2011, Tonaufzeichnung und Abschrift beim Verfasser.

Weitere Geister und drei Todesfälle

Gibt es die Anderswelt? Gibt es Geisterwesen, die zwischen Anderswelt und unserer Realwelt wandeln können – oder müssen? Sind dann Vergangenheit und Gegenwart aufgehoben? Die Kelten glaubten daran und richteten ihr Leben danach. Viele Menschen der Gegenwart glauben ebenfalls daran, wie uns die reichhaltige Literatur zu diesem Themenkomplex verrät.[52] Auch der Schluchseer Heimatforscher Helmut Frings hat zeitlebens daran geglaubt. Und deshalb glaubte er auch daran, dass es sich bei bestimmten Ereignissen, die im Zusammenhang standen mit seinen Forschungen auf den Spuren der Kelten, um Botschaften aus dieser Anderswelt handelte. Der Verfasser ist sich bewusst: Dies ist nun ein heikles Feld, das man tunlichst nicht betritt, wenn man sich nicht angreifbar machen will. Aber da dieses Buch und die gesamte Recherche zu diesem Buch von Helmut Frings ausgelöst wurde, er quasi durch seine Hartnäckigkeit den Startschuss dazu gab, so soll er auch den Schlusspunkt setzen und damit den Bogen schließen. Das Versprechen im Buchtitel lautet außerdem: »mystisch und magisch«. Die Ereignisse, die nun in diesem kurzen Schlussabschnitt dargestellt werden, sind – will man sie nicht pauschal als ›Spinnereien‹ verurteilen – in der Tat mystisch und magisch.

row

Das Foto mit dem von Helmut Frings vermuteten Geist.

Nach einer Exkursion zu bestimmten Fundstellen im Wald bei Schluchsee legte der Verfasser eines Tages Helmut Frings die Fotoabzüge von dieser Tour vor. Die Bilder waren analog fotografiert, also auf einem Film, der von einem Labor entwickelt wurde. Bei einem Foto stutzte Frings spontan und rief sofort aus: »Hier ist ein Geist auf dem Bild!« Was sieht man tatsächlich? Einen kreisförmigen Nebel in der Mitte des Bildes, dort, wo kein Nebel sein dürfte. Die Linse war nicht beschlagen, alle anderen Bilder der gleichen Serie zeigen keinen Nebel, es war ein sonniger Tag. Die Erklärung von Frings: »Das ist die Seele eines Menschen, reine Energie, an einen Stein gebannt!«[53] Auf die Frage, warum bei einem Foto, an der gleichen Stelle zwei

---

[52] Allein Holger Kalweit listet in seinem *Totenbuch der Kelten* mehr als 100 Titel auf, die sich mit dem Glauben der Kelten an übersinnliche Naturkräfte und an eine Anderswelt beschäftigen. In Peter Berresford Ellis' Buch *Die Druiden – Weisheit der Kelten* sind es nahezu 170 Titel.

[53] Interview des Verfassers mit Helmut Frings vom März 2012, Tonaufzeichnung und Abschrift beim Verfasser.

Steinhügelfeld auf dem Ballenberg bei Wittenschwand. Hier versagten die Kameras.

Stunden später gemacht, der Nebelschatten nicht mehr zu sehen ist, folgte die Erklärung: »Der Stein ist ein Bannort für den Geist. Dort kann der Geist sich einige hundert Meter weit bewegen. Er spürt nicht immer, ob Menschen anwesend sind und zeigt sich auch nicht immer.«[54]

In einem anderen Fall an einer anderen Fundstelle versuchte der Verfasser, ein Waldstück mit Hügelgrabstellen zu fotografieren. In die Kamera war ein neuer Film eingelegt. Doch schon nach zwei Aufnahmen zeigte die Kamera an: Film voll! Die einzige Funktion, die noch aktivierbar war, war das Zurückspulen. In einem dritten Fall knipste der Verfasser einen ganzen Film voll, 34 Aufnahmen, um dann beim Zurückspulen festzustellen, dass nur zwei Aufnahmen transportiert worden waren.

Das alles kann natürlich auch der vollkommenen Unfähigkeit des Amateurfotografen geschuldet sein. Doch gilt diese Annahme nicht mehr für den Profifotografen Ramesh Amruth. Dieser lud sich den alten Geschichtenerzähler Helmut Frings zu einem Fotoshooting ins Studio ein. Diesmal Digitalfotografie. Als der Fotograf später die Aufnahmen am Computer sichten wollte, war die Speicherkarte rätselhafterweise leer, keine einzige Aufnahme erhalten, keine digitale Spur davon, von der gesamten Session auch mithilfe aller Profitricks kein einziges Pixel mehr rekonstruierbar. So etwas sei ihm in über 30 Jahren Berufspraxis noch kein einziges Mal widerfahren, so Ramesh Amruth fassungslos.

---

[54] Ebd.

Im Verlauf unserer bald zweijährigen Vor-Ort-Recherche widerfuhren uns zahlreiche solcher schwer erklärbarer Missgeschicke. Einer wusste eine Erklärung: Helmut Frings. Für ihn handelte es sich um Energien, die zu verhindern suchten, dass die Geheimnisse und verborgenen Zeugen der Vergangenheit öffentlich werden.

Hierzu passt auch, dass in den 1980er Jahren ein Kamerateam des Südwestrundfunks eine Woche lang mit Helmut Frings unterwegs war, um dessen Funde und Thesen zum Gegenstand einer Fernsehreportage zu machen. Als Frings nach einigen Wochen nichts mehr hörte und deshalb beim Redakteur anrief, erfuhr er, dass sämtliches Filmmaterial auf rätselhafte Weise verschwunden sei. Man könne es sich nicht erklären.[55] Das Kamerateam erschien daraufhin ein zweites Mal und diesmal kam die geplante Reportage zustande.

Nach der ersten Tour zu verschiedenen mutmaßlichen Kultplätzen litt Ramesh Amruth unter Schwäche und Kopfschmerzen. Tagelang kam er nicht auf die Beine. Er fühle sich, als habe man ihm sämtliche Energie entzogen, so klagte er gegenüber Helmut Frings. Dieser wusste als Radiästhesist auch hierzu die Erklärung: Die Plätze, die aus der Vergangenheit erhalten geblieben sind, bündelten und konzentrierten Energieströme. Dabei repräsentierten sie wahlweise negative oder positive Energien. Dies sei ja gerade der Grund, warum sie einst von unseren keltischen Vorfahren angelegt worden seien. Negative Plät-

[55] Vgl. ebd.

ze entzögen ihren Besuchern Energie und so sei es Ramesh Amruth widerfahren. Positive Plätze hingegen hätten belebende und heilende Wirkung. Bei einer anderen Tour verletzte sich eine Begleiterin. Sie blieb mit einem Fuß in einem Sumpfloch hängen und beim Versuch, den Fuß herauszuziehen, verdrehte sie sich das Knie. Anschließend konnte sie nur noch unter Schmerzen humpeln, das Knie schwoll an. Dies geschah in der Nähe eines Steinkreises am Weidberg bei Blasiwald. Wir ruhten deshalb am Steinkreis und überlegten den kürzesten Rückweg. Als wir uns nach etwa einer halben Stunde von den Steinen erhoben, waren die Schmerzen bei der Begleiterin vollkommen verschwunden. Sie konnte ihren Fuß belasten und auftreten, als wäre nie etwas gewesen. Sie spürte lediglich noch »ein sanftes Pochen« und war völlig fassungslos ob dieser ›Wunderheilung‹. Positive Energien!

Der Platz der ›Wunderheilung‹: Steinkreis am Weidberg

Wir widersprachen natürlich und suchten allerlei rationale Gegenargumente, als Helmut Frings uns seine Theorien zu diesen Ereignissen unterbreitete, worauf er uns folgende Geschichte erzählte: Nach vielen vergeblichen Versuchen, die Wissenschaft für seine Funde zu interessieren, habe 1984 ein junger Archäologe von der Archäologischen Denkmalpflege des Regierungspräsidiums Freiburg schließlich eine Ausgrabung angekündigt. Er werde mit 20 Studenten einige Grabhügel wissenschaftlich untersuchen. Frings wartete vergeblich auf den angekündigten Besuch. Als er schließlich telefonisch nachfragte, erfuhr er vom Sekretariat, der junge Archäologe sei überraschend 34-jährig an einem Hirnschlag gestorben. Es handelte sich um den Archäologen Wolfgang Struck.

Einige Jahre später gab es einen weiteren Todesfall. Der junge Arzt und Bergsteiger Dr. Lutz Frischauf, Mitglied des »Schwäbischen Albvereins«, ließ sich von Frings die historischen Pingen und Erzgruben bei Brenden zeigen. Der Arzt wollte in einen der Schächte hinabsteigen und kündigte an, mit Ausrüstung und Bergkameraden wiederzukommen. Wochen später erfuhr Frings: Der Arzt war bei einer Bergtour in der Schweiz ums Leben gekommen.

Es ereignete sich noch ein dritter Todesfall. Frings erhielt Ende der 1980er Jahre einen Anruf von einem Schweizer Archäologen namens Sanakki, der regelmäßig in Lenzkirch Urlaub machte. Der Archäologe hatte in der Zeitung über Frings gelesen und lud diesen ein, sich in Lenzkirch eine Sammlung von Steinwerkzeugen, Feuersteinen und anderen

Artefakten anzusehen, welche er angeblich alle im Raum Feldberg/Schluchsee/Bärental gefunden hatte. Es handele sich um einen ganzen Schaukasten voller Fundstücke, gut dokumentiert mit Fundort, Datum, Fotos von den Fundstellen etc. Aus der Verabredung wurde aber nichts. Von der Frau des Archäologen erfuhr Frings einige Tage später, dass der Mann plötzlich an einem Herzschlag gestorben sei.

Frings erklärte im Interview zu diesen Vorfällen: »Ich wusste damals, dass diese drei Todesfälle kurz hintereinander keine Zufälle waren. Es sollte nicht sein, es war eine Warnung [aus der Anderswelt, Anm. d. Verf.].«[56]

Helmut Frings vor einem Felsgebilde direkt in Schluchsee, von dem er glaubte, hier sei künstlich das Gesicht eines Menschen nachgebildet.

[56] Ebd.

Ein Schlusswort: Glauben oder nicht glauben

Wie willst du Finstrer denn ein Licht besiegen?
Wo Licht ist, kann ein Finsteres nicht sein!
In jeder Helle wird das Schwarze liegen
als Schatten nur – in Gottes Sonnenschein!

Zugegeben, das letzte Kapitel dürfte für viele Leser starker Tobak gewesen sein. Man muss die darin vorgetragenen Theorien weder teilen noch überhaupt ernst nehmen. Wichtig ist nur, sie zu kennen. Denn sie leisten einen Beitrag zum besseren Verständnis eines Dilemmas, welches uns bei der Ergründung der vorchristlichen Vergangenheit des Süd- und Hochschwarzwaldes spürbar im Wege steht. Es ist das Dilemma, dass zwischen Glauben, Wissen und Beweisen keine Brücken existieren. Wer sich nur auf das Beweisen verlässt, der hält es mit der Lehrbuchwissenschaft. Dort gilt nur das als existent, was mindestens Scherben und Knochen hinterlassen hat.

Wer Beweisen und Wissen gemeinsam gelten lässt, der öffnet wenigstens der Intuition eine Tür, denn Wissen speist sich eben nicht immer nur aus dem bewiesenen, weil tatsächlich aufgefundenen Artefakt, sondern oft und meist besser aus Kombination und Überlegung. Damit kommen Querverbindungen zwischen vielen voneinander unabhängigen Wissenschaftsdisziplinen ins Spiel: Der Botaniker, der Klimaforscher, der Namenskundler, der Religionswissenschaftler und viele andere mehr, sie alle tragen Bruchstücke und Puzzlesteine zusammen, die so gut sind wie das Mosaik aus gebrannten Keramiktonscherben. Aber das Glauben bleibt immer außen vor. Wer lediglich glaubt, dem glaubt man nicht. Und so ergeht es all jenen, die an bestimmte Dinge glauben, weil sie vermeinen, etwas zu spüren. Sie haben wenig Chancen, ernst genommen zu werden.

Einheimische Völker in Bolivien, Australien und Melanesien glauben, dass die Arbeiten in Bergwerken und Steinbrüchen von Geistern und Göttern überwacht werden, ja, dass die Felsen selbst und das Rohmaterial, aus dem Faustkeile und Breitbeile gemacht werden, ein wie auch immer geartetes energetisches Geistleben führen.[1] Wir müssen auf jeden Fall zur Kenntnis nehmen, dass Völker und Kulturen, je näher sie zur Natur standen und stehen, desto ungeheuerlicher von Kräften der Natur überzeugt waren und sind.

Die Archäologen haben eine Methode entwickelt, Artefakte aus der entferntesten Frühzeit der Menschheit als »von Menschen hergestellt« zu identifizieren, indem sie solche Artefakte auf einer Skala von 1 bis 5 bewerten.[2] Steinartefakte erhalten lediglich einen Punkt, wenn sie eindeutig als Produkte geologischer Tätigkeit, also als ›Laune der Natur‹ erklärt werden können. Am anderen Ende der Skala bedeuten fünf Punkte, dass der Stein mit Sicherheit von Menschen bearbeitet und in eine gewünschte Form gebracht wurde. Vier Punkte bekommen demnach Steine, die auf drei von vier Seiten in verschiedene Richtungen abgeschlagen wurden oder deren Oberfläche zu mehr als 70 Prozent Bearbeitungsspuren aufweist. Drei Punkte gibt es noch für Steine, deren Oberfläche zu 50 Prozent abgeschlagen ist.

1 Vgl. Richard Rudgley: Abenteuer Steinzeit, S. 273.
2 Vgl. ebd., S. 387.

Übertragen auf die in diesem Buch vorgestellten Fundstellen aus dem Raum Schluchsee/Südschwarzwald bedeutet dies, dass mit Ausnahme der Schalensteine von Schonach, bei denen die Natur als Baumeister nicht auszuschließen ist, alle Plätze mit fünf oder mindestens vier Punkten zu versehen wären, also eindeutig als von Menschen gemacht anzusehen sind. Da Steinhügel, Mauern, Felskammern und ähnliche Gebilde jedoch ihr Alter nach herkömmlichen Messmethoden nicht verraten und den Radiästhesisten niemand glaubt, bleibt nur diese Feststellung: Menschen haben einst im Hoch- und Südschwarzwald Dinge gebaut und hinterlassen, auf die wir uns heutzutage keinen Reim mehr machen können. Diese Dinge wirken auf uns magisch – mystisch – megalithisch. Unsere Vorfahren müssen diese Dinge aber in einer Zeit vor den schriftlichen Überlieferungen und vor dem konkret einsetzenden lokalen Ortsgedächtnis geschaffen haben, denn sonst wüssten wir um Funktion und Bedeutung dieser Anlagen.

Rufen wir uns kurz in Erinnerung, dass der Hoch- und Südschwarzwald nicht immer von dichten Tannenwäldern bewachsen und nicht immer dem heutigen mitteleuropäischen Klima ausgesetzt war. Es gab hier schon zwischen 12 000 und 8 000 v.Chr. eine warmzeitliche Waldlandschaft, zwischen 8000 und 5000 v.Chr. ein Wärmeoptimum, währenddessen hierzulande ein mildes, fast mediterranes Klima herrschte.[3] Über Tausende von Jahren war der Schwarzwald eine lichte Parklandschaft, in der völlig andere, angenehmere Lebensverhältnisse herrschten als heutzutage. In der Jungsteinzeit war es in Mitteleuropa und auf der gesamten Nordhemisphäre deutlich wärmer als heute. Und auch die frühe Bronzezeit profitierte von angenehm mildem Klima, für die Menschen damals so, wie wir es heutzutage rund 1000 Kilometer südlicher vorfinden. Erst gegen 1300 v.Chr. setzte eine rapide Klimaverschlechterung ein.

Mit diesen Befunden der Klima- und Vegetationsforschung gilt es, die verschiedenen Besiedlungs- und Wanderungsepochen der neolithischen und bronzezeitlichen Völker abzugleichen, so wie sie ausführlich erforscht und beschrieben sind.[4] Seit dem Aufbruch der ersten ›Kurgan-Völker‹ aus den südrussischen Steppen Richtung Mittel- und Südeuropa[5] drängten immer wieder Menschen in den zentralen Raum zwischen Donauoberlauf und Rhein, blieben hier, vermischten sich mit bereits ansässigen Stämmen, zogen weiter, bildeten neue Volksgruppen. Ein langsamer, fortwährender, nie versiegender Strom von Hirtenstämmen und Jägergruppen drängte von Südosten donauaufwärts. Diese über Jahrhunderte und Jahrtausende währende Bewegung darf man sich nicht als großen Heerzug vorstellen, vielmehr wanderten viele kleine Sippenverbände, teils kriegerisch, teils friedlich, manche blieben, wurden sess-

---

3 Vgl. Frank Sirocko (Hg.): Wetter, Klima, Menschheitsentwicklung, S. 108 ff.

4 Zum Beispiel bei Reinhard Schmoeckel: Die Indoeuropäer.

5 Vgl. ebd., S. 90.

haft, andere zogen weiter. Daneben kreuzten frühe Fernhandelswege und Pilgerstraßen den süddeutschen Raum. Vom Mittelmeer über die Burgundische Pforte ging es rheinaufwärts oder donauabwärts. Umgekehrt zogen Fernhändler von der Ostsee herunter und erreichten über den Oberlauf des Neckars die Donau. Aus dieser stetigen Zuwanderung und Durchmischung speisten sich die Volksgruppen und Kulturen, die nach und nach Konturen annahmen und die uns eines Tages aus dem Dunkel der Vorgeschichte als ›die Kelten‹ in unserem Raum entgegentraten. Sollen der Südschwarzwald und der Hochschwarzwald eine unwirtliche Insel gewesen sein, um die herum durch all die Jahrtausende hinweg die Menschen einen ehrfurchtsvollen Bogen gemacht haben? Das mag glauben, wer will.

Bibliografie

Literatur

Arbeitskreis Ortschronik (Hg.): Schala – Schola – Schollach: Chronik einer Schwarzwaldgemeinde, Eisenbach 2008.

Archäologisches Landesmuseum u.a. (Hg.): Die Welt der Kelten. Zentren der Macht – Kostbarkeiten der Kunst, Ostfildern 2012.

Bach, Adolf: Deutsche Namenskunde, Heidelberg 1954.

Benz, Doris/Schreger, Ben: Kelten, Kulte, Anderswelten, Linz 2003.

Brückner, Johannes: Der Wald im Feldberggebiet, Bühl 1970.

Cronenburg, Petra van: Geheimnis Odilienberg, München 1998.

Däniken, Erich von: Die Steinzeit war ganz anders, München 1991.

Décarreaux, Jean: Die Mönche und die abendländische Zivilisation, Wiesbaden 1964.

Deschner, Karlheinz: Kriminalgeschichte des Christentums, Bd. 3, Hamburg 1990.

Die Chronik des Pfarrers Vincenz Zahn, hg. von Hermann Brommer, Hinterzarten 1993.

Duda, Wendelin: Die Sagen des Hochschwarzwaldes, Freiburg i.Br. 2005.

Ellis, Peter Berresford: Die Druiden. Von der Weisheit der Kelten, Köln 1994.

Fester, Richard: Die Steinzeit liegt vor deiner Tür, München 1981.

Fester, Richard: Sprache der Eiszeit, München 1980.

Fleckinger, Angelika (Hg.): Die Gletschermumie aus der Kupferzeit. Neue Forschungsergebnisse zum Mann aus dem Eis, Bozen 1992/2003.

Friedmann, Arne: Die spät- und postglaziale Landschafts- und Vegetationsgeschichte des südlichen Oberrheintieflands und Schwarzwalds, Freiburg i.Br. 2000.

Frings, Helmut: Wanderer unter den Sternen – eine lyrische Lebensreise, Berlin 2012.

Funke, Beate Zauberpflanzen – Pflanzenzauber, München 2007.

Gams, Helmut: Floren- und Vegetationsgeschichte des südlichen Schwarzwaldes, Freiburg i.Br. 1948.

Gersbach, Egon: Urgeschichte des Hochrheins, Freiburg i.Br. 1969.

Gimbutas, Marija: Die Sprache der Göttin. Das verschüttete Symbolsystem der westlichen Zivilisation, Frankfurt a.M. 1995.

Gimbutas, Marija: Die Zivilisation der Göttin. Die Welt des Alten Europa, Frankfurt a.M. 1996.

Goebel, Walter: Die Chronik von Neustadt, Neustadt 1951.

Gothein, Eberhard: Wirtschaftsgeschichte des Schwarzwaldes, Strassburg 1892.

Haderer, Manfred: Spurensuche, Schluchsee 2000.

Hänni, Pier: Magisches Bernbiet, Aarau 2003.

Hafner, Marcus: Eine Reise durch die Alemannische Sprache, Freiburg i.Br. 2005.

Hauptmann, Ralph: Herrscher der Eisenzeit, München 2012.

Hebel, Johann Peter: Wörterbuch des Belchismus, in: Briefe von Johann Peter Hebel an Friedrich Wilhelm Hitzig und andere Schriftstücke, K-1216, Badische Landesbibliothek Karlsruhe 2011.

Herm, Gerhard: Die Kelten, Düsseldorf 1975.

Himmelseher, Ernst: Neustadt und seine Umgebung, Neustadt 1903.

Kalweit, Holger: Das Totenbuch der Kelten, Düsseldorf 2006.

Kaminski, Heinz: Sternstraßen der Vorzeit – Von Stonehenge nach Atlantis, München/Essen 1995.

Ketterer, Emil: Löffingen – Beiträge zur älteren Geschichte, Löffingen 2005.

Wolfgang Kleiber: Beiträge zur Siedlungsgeschichte des Mittleren Schwarzwaldes im Spiegel vordeutscher Sprachrelikte, in: ders. (Hg.): Tarodunum/Zarten – Brigobannis/Hüfingen. Kelten, Galloromanen und frühe Alemannen im Schwarzwald in interdisziplinärer Sicht, Stuttgart 2009.

Kleiber, Wolfgang (Hg.): Tarodunum/Zarten – Brigobannis/Hüfingen. Kelten, Galloromanen und frühe Alemannen im Schwarzwald in interdisziplinärer Sicht, Stuttgart 2009.

Knauer, Dieter: Schalensteine als Schriftträger, Karlsruhe 1990.
König, Herbert/Betz, Hans-Dieter: Erdstrahlen? Der Wünschelruten-Report – Wissenschaftlicher Untersuchungsbericht, München 1989.
Krimm-Beumann, Jutta: Die ältesten Güterverzeichnisse des Klosters St. Peter im Schwarzwald, Stuttgart 2011.
Kroell, Roland: Magische Orte, Sagen und Legenden. Wandern im Hochschwarzwald, Laufenburg 2009.
Landspurg, Adolphe: Orte der Kraft. Schwarzwald und Vogesen, Straßburg 1994.
Lay, Maxwell G.: Die Geschichte der Straße. Vom Trampelpfad zur Autobahn, Frankfurt a.M. 1994.
Legler, Rolf: Sternenstraße und Pilgerweg. Der Jakobs-Kult von Santiago de Compostela – Wahrheit und Fälschung, Bergisch-Gladbach 1999.
Liehl, Ekkehard: Der hohe Schwarzwald, Freiburg i.Br. 1980.
Machalett, Walter: Die Externsteine, Bd. 2, Hallonen/Maschen 1970.
Maier, Bernhard: Stonehenge. Archäologie, Geschichte, Mythos, München 2005.
Martin Gerbert: Geschichte des Schwarzwaldes, Bd. 1, lat. Originaltext übersetzt von Adalbert Weh, Freiburg 1993.
Meier, Gert: Die deutsche Frühzeit war ganz anders, Tübingen 1999.
Meier, Gert/Topper, Uwe/Zschweigert, Hermann: Das Geheimnis des Elsaß, Tübingen 2003.
Meier, Gert/Zschweigert, Hermann: Die Hochkultur der Megalithzeit, Tübingen 1997.
Meller, Harald (Hg.): Der geschmiedete Himmel. Die weite Welt im Herzen Europas vor 3600 Jahren, Stuttgart 2004.
Merz, Blanche: Orte der Kraft in der Schweiz, Olten 2001.
Metz, Rudolf: Geologische Landeskunde des Hotzenwaldes, Lahr 1980.
Meyer-Sickendiek, Ingeborg: Gottes gelehrte Vaganten, Düsseldorf 2000.
Mone, Franz Josef: Urgeschichte des badischen Landes, Bd. 2, Karlsruhe 1845.
Moosdorf-Ottinger, Irmgard: Der Goldberg bei Türkheim, München 1998.
Morath, Rudolf/Schnee, Wolfgang: Heimatbuch Blasiwald, Schluchsee 2003.
Museum für Ur- und Frühgeschichte: Die jungpaläolithische Jagdstation von Munzingen am Tuniberg, Freiburg i.Br. 1995.
Nuber, Hans Ulrich u.a. (Hg.): Römer und Alamannen im Breisgau, Sigmaringen 1974.
Paret, Oscar: Unsere vorgeschichtlichen Grabhügel in Württemberg und Hohenzollern, Schwäbisch Hall 1954.
Paturi, Felix R.: Zeugen der Vorzeit, Düsseldorf 1976.
Reche, Otto: Kaiser Karls Gesetz zur politischen und religiösen Unterwerfung der Sachsen, Leipzig 1935, Reprint 1992.
Rieple, Max: Sagen und Schwänke vom Schwarzwald, Konstanz 1994.
Rögele, Carl: Chronik von Rötenbach, Titisee-Neustadt 1987.
Röhl, Fritz/Schneider, Hans Konrad: Zauberisches Dreisamtal, Freiburg i.Br. 1983.
Rudgley, Richard: Abenteuer Steinzeit, Wien 1998.
Saldik, Heribert: Die Geschichte des Oberen Bregtals, Furtwangen, überarbeitete Fassung 2011: http://www.freidok.uni-freiburg.de/volltexte/4724/pdf/Geschichte_des_Oberen_Bregtales.pdf (Stand: 20.06.2013).
Scharf, Siegfried: Sagenhafter Hochschwarzwald, Herbolzheim 2006.
Schmich, Klaus Otto: Hünen – Die Entdeckung eines vergessenen deutschen Stammesvolkes, Viöl 1999.
Schmider, Hans: Titisee-Chronik, Titisee-Neustadt 2004.
Schmidt-Abels, Georg: Wunderquell und Heidenstein, Tübingen 2010.
Schmidt, Ludwig: Felszeichen, Felsbilder und sonstige Felsbearbeitungen in der Pfalz, Kaiserslautern 1976.
Schmoeckel, Reinhard: Die Indoeuropäer, Bergisch-Gladbach 1999.
Schnezler, August: Badisches Sagenbuch, Leipzig 1978.
Schreiber, Hermann: Sinfonie der Straße, Düsseldorf 1959.

Schweizer-Völker, Edith/Schulte-Kellinghaus, Martin: Mythische Orte am Oberrhein, Basel 2006.
Sigwarth, Albert: Zur Geschichte der Pfarrei Saig, Lenzkirch 1991.
Sirocko, Frank (Hg.): Wetter, Klima, Menschheitsentwicklung. Von der Eiszeit bis ins 21. Jahrhundert, Darmstadt 2009.
Spindler, Konrad: Der Magdalenenberg bei Villingen, Stuttgart 1999.
Steinert, Bernhard: Schluchsee – Kurzchronik der Gesamtgemeinde Schluchsee mit den Ortsteilen Blasiwald, Faulenfürst, Fischbach und Schönenbach, Schluchsee 1983.
Sun Bear/Wabun/Woolverton, Janet: Das Medizinrad. Eine Astrologie der Erde, München 2004.
Tanner, Ogden: Die Kanadier, Amsterdam 1996.
Teichmann, Frank: Der Mensch und sein Tempel. Megalithkultur in Irland, England und der Bretagne, Stuttgart 1983.
Teudt, Wilhelm: Germanische Heiligtümer, Jena 1936.
Vetter, August: Der Feldberg, Freiburg i.Br. 1968.
Vetter, Johann: Das Heidenwuhr bei Säckingen, Karlsruhe 1866.
Voellner, Heinz: Die Burgen und Schlösser zwischen Wutachschlucht und Hochrhein, Waldshut 1975.
Voellner, Heinz: Tiengen – Bild einer alten Stadt, Tiengen 1958.
Weigand, Hans: Einsame Steine, Freiburg i.Br. 1987.
Weis, Roland/Riesterer, Harald: Der Hochschwarzwald. Von der Eiszeit bis heute, Stuttgart 2009.
Wernet, Karl Friedrich: Häusern im Wandel der Jahrhunderte, Konstanz 1971.
Wesselkamp, Gerhard: Die bronze- und hallstattzeitlichen Grabhügel von Oberlauchringen, Kreis Waldshut, Stuttgart 1993.
Wohlfarth, Erich: Friedenweiler Hochschwarzwald 1123–1973. Chronik zur 850 Jahr-Feier am 8. Juni 1973, Friedenweiler 1973.

Aufsätze

Balzer, Ines: Das Tor G des Oppidums Heidengraben bei Grabenstetten: Die Grabungen 1976 und 1981, in: Fundberichte aus Baden-Württemberg 22/1 (1998), S. 295–376.
Baum, Frank/Pasda, Clemens: Ein Steinartefakt vom Belchen, in: Archäologische Nachrichten aus Baden 64 (2001), S. 3–8.
Braun, Rainer: Die Erforschung der »Teufelsmauer« in Württemberg bis 1890, in: Fundberichte aus Baden-Württemberg 10 (1986), S. 37–75.
Brogle, Felix: Schiffer, Flößer und Fischer am Hochrhein zwischen Laufenburg und Basel, in: Fricktalisch-Badische Vereinigung für Heimatkunde (Hg.): Nachbarn am Hochrhein, Bd. 2, Möhlin 2002, S. 17–22.
Brogli, Werner/Maise, Christian: Landschaftsgeschichte seit dem ersten Auftreten der Menschen, in: Fricktalisch-Badische Vereinigung für Heimatkunde (Hg.): Nachbarn am Hochrhein, Bd. 1, Möhlin 2002, S. 75–89.
Brüstle, Hans: Ortsnamen der Region Schwarzwald-Baar-Heuberg, in: Schriften des Vereins für Geschichte und Naturgeschichte der Baar 30 (1974), S. 94–135.
Bruneaux, Jean-Louis: Gefasste Heiligtümer. Opfer- und Versammlungsplätze, in: Archäologisches Landesmuseum (Hg.): Die Welt der Kelten. Zentren der Macht – Kostbarkeiten der Kunst, Ostfildern 2012, S. 285–291.
Bruneaux, Jean-Louis: Phantom der antiken Schriftsteller. Die Druiden, in: Archäologisches Landesmusem (Hg.): Die Welt der Kelten. Zentren der Macht – Kostbarkeiten der Kunst, Ostfildern 2012, S. 396–397.
d'Aujourd'hui, Rolf: Zum Genius Loci von Basel: ein Zentraler Ort im Belchen-System, Basler Stadtbuch 1997, 1998, S. 125–138.
Dehn, Rolf: Das Oppidum Tarodunum bei Kirchzarten, in: Landesamt für Denkmalpflege (Hg.): Kelten an Hoch- und Oberrhein, Esslingen 2005, S. 86–89.
Dehn, Rolf: Ein merowingerzeitlicher Einbaum vom Schluchsee im Schwarzwald, in: Archäologische Nachrichten aus Baden 80/81 (2010), S. 41–44.

Dehn, Rolf/Klug, Jutta: Fortführung der Grabungen am »Heidentor« bei Egesheim, Kreis Tuttlingen, in: Archäologische Ausgrabungen in Baden-Württemberg 1992 (1993), S. 99–103.

Dolgopolsky, Aaron u.a.: Is there a Prehistory of Linguistics?, in: Cambridge Archaeological Journal 5/2 (1995), S. 257–275.

Eisenbeis, Paul u.a.: Wissenswertes aus den Städten und Gemeinden des Landkreises, in: Der Kreis Waldshut, Stuttgart/Aalen 1975, S. 209–260.

Endriss, Gerhard: Über die Wühren, in: Der Kreis Waldshut, Stuttgart/Aalen 1975, S. 303–306.

Falkenstein, Franz: Von den bedeutungsvollen Bodendenkmälern auf dem Berauer Berg, in: Heimat am Hochrhein 27 (2002), S. 103–116.

Fingerlin, Gerhard: Der Beitrag der Archäologie zur Frage einer »Romania submersa« im mittleren und südlichen Schwarzwald, in: Wolfgang Kleiber (Hg.): Tarodunum/Zarten – Brigobannis/Hüfingen. Kelten, Galloromanen und frühe Alemannen im Schwarzwald in interdisziplinärer Sicht, Stuttgart 2009, S. 13–19.

Fingerlin, Gerhard: Ein interessanter Einzelfund der späten Merowingerzeit aus Dittishausen, Gemeinde Löffingen, Kreis Breisgau-Hochschwarzwald, in: Archäologische Ausgrabungen in Baden-Württemberg 1991 (1992), S. 227–229.

Fingerlin, Gerhard: Frühmittelalterliche Bestattungen bei einem neolithischen Großsteingrab nahe Wiechs, Stadt Schopfheim, Kreis Lörrach, in: Archäologische Ausgrabungen in Baden-Württemberg 1990 (1991), S. 187–190.

Fingerlin, Gerhard: Vom Oberrhein zur jungen Donau: Die Straße durch den südlichen Schwarzwald in keltischer, römischer und frühmittelalterlicher Zeit, in: Wolfgang Kleiber (Hg.): Tarodunum/Zarten – Brigobannis/Hüfingen. Kelten, Galloromanen und frühe Alemannen im Schwarzwald in interdisziplinärer Sicht, Stuttgart 2009, S. 55–71.

Gassmann, Guntram: Neue Forschungen zur keltischen Eisenproduktion in Süddeutschland, in: Archäologische Ausgrabungen in Baden-Württemberg 1996 (1997), S. 94–100.

Haasis-Berner, Andreas: Das Rätsel vom Titisee – ein Beitrag zur frühmittelalterlichen Besiedlung des Hochschwarzwaldes, in: Archäologische Nachrichten aus Baden 80/81 (2010), S. 45–51.

Haasis-Berner, Andreas: Wasser für die Nonnen, in: Denkmalpflege in Baden-Württemberg 40/2 (2011), S. 120–121.

Hänni, Piere: Schalensteine, in: ders.: Magisches Bernbiet, Aarau 2003, S. 40–42.

Hahn, Joachim: Die Buttentalhöhle – Eine spät-jungpaläolithische Abristation im Oberen Donautal, in: Fundberichte aus Baden-Württemberg 29 (1995), S. 13–158.

Hoeper, Michael: Alamannische Besiedlungsgeschichte im Breisgau, Reihengräberfelder und Gemarkungsgrenzen, in: H.U. Nuber u.a. (Hg.): Römer und Alamannen im Breisgau. Archäologie und Geschichte, Sigmaringen 1994, S. 9–124.

Hoppe, Thomas: Ahne, Heros, Totenbild – Der Krieger von Hirschlanden, in: Archäologisches Landesmuseum (Hg.): Die Welt der Kelten. Zentren der Macht – Kostbarkeiten der Kunst, Ostfildern 2012, S. 226–227.

Hüssen, Claus-Michael/Riederer, Karl Heinz/Schaaff, Holger: Römerschiffe an der Donau, in: Archäologie in Deutschland 1 (1995), S. 6–10.

Humpert, Johannes: Eine römische Straße durch den südlichen Schwarzwald, in: Archäologische Nachrichten aus Baden 45 (1991), S. 19–32.

Jagher, Reto/Maise, Christian: Eine neu entdeckte mittelpaläolithische Freilandstation in Bad Säckingen, Kreis Waldshut, in: Archäologische Ausgrabungen in Baden-Württemberg 1994 (1995), S. 27–30.

Klug, Jutta: Eine befestigte hallstattzeitliche Höhensiedlung von Mauchen, Gemeinde Schliengen, Kreis Lörrach, in: Archäologische Ausgrabungen in Baden-Württemberg 1988 (1989), S. 63–64.

Klug-Treppe, Jutta: Steingrabhügel auf Gemarkung Bräunlingen, Schwarzwald-Baar-Kreis, in: Archäologische Ausgrabungen in Baden-Württemberg 2000 (2001), S. 49–51.

Kurz, Jacob: Archäologie: Die Geheimnisse des Schwarzwaldes, in: PAN 11 (1985), S. 70–71.

Lais, Robert: Die Steinzeit im Schwarzwald, in: Badische Fundberichte 13 (1937), S. 29–66.

Matuschik, Irenäus: Grabenwerke des Spätneolithikums in Süddeutschland, in: Fundberichte aus Baden-Württemberg 16 (1991), S. 27–55.

Müller, Peter Christian: Die Industrie, in: Fricktalisch-Badische Vereinigung für Heimatkunde (Hg.): Nachbarn am Hochrhein, Bd. 2, Möhlin 2002, S. 65–76.

Müller, Wolfgang: Das Ohmen, in: 850 Jahre St. Märgen, St. Märgen 1968, S. 102–108.

Nübling, Verena: Untersuchungen an Steingrabhügeln bei Überauchen, Gemeinde Brigachtal, Schwarzwald-Baar-Kreis, in: Archäologische Ausgrabungen in Baden-Württemberg 1986 (1987), S. 63–65.

Rösch, Manfred/Tserendorj, Gegeensuvd: Der Nordschwarzwald – früher besiedelt als gedacht?, in: Denkmalpflege in Baden-Württemberg 40/2 (2011), S. 66–73.

Ruhlen, Merritt: Linguistic Evidence for Human Prehistory, in: Cambridge Archaeological Journal 5/2 (1995), S. 265–268.

Sangmeister, Edward: Steinkreise megalithischer Bauweise bei Schluchsee – Monumente der Jungsteinzeit?, in: Archäologische Nachrichten aus Baden 35 (1985), S. 12–22.

Schallmayer, Egon: Die endpaläolithisch-mesolithische Fundstelle »Nonnenwiese« bei Altensteig, Kreis Freudenstadt, in: Archäologische Ausgrabungen in Baden-Württemberg 1991 (1992), S. 40–45.

Schallmayer, Egon: Eine mesolithische Freilandstation in Ettlingen, Kreis Karlsruhe, in: Archäologische Ausgrabungen in Baden-Württemberg 1990 (1991), S. 22–24.

Schlegel, Mathias: Geschichte der Gemeinde Urberg und ihrer Beziehungen zur Umgebung, in: Zeitschrift des Freiburger Geschichtsvereins 41 (1928), S. 23–52.

Schnitzler, Ludwig: Der Raum des Kreises Waldshut in ur- und frühgeschichtlicher Zeit, in: Landkreis Waldshut (Hg.): Der Kreis Waldshut, Stuttgart 1975, S. 59–75.

Schwendemann, Franz: Historische Verkehrswege: Römerstraßen und Rheinschiffahrt, in: Fricktalisch-Badische Vereinigung für Heimatkunde (Hg.): Nachbarn am Hochrhein, Bd. 2, Möhlin 2002, S. 59–75.

Seidenspinner, Wolfgang: Archäologie, Volksüberlieferung, Denkmalideologie, in: Fundberichte aus Baden-Württemberg 18 (1993), S. 1–15.

Seifert, Helmut: Das Steinzeit-Abenteuer auf der Tschengla, in: Magazin 200plus 210 (2005), S. 68–73.

Spindler, Konrad: Aus der Geschichte, in: Rainer Gutknecht (Hg.): Der Schwarzwald-Baar-Kreis, Stuttgart/Aalen 1977, S. 56–84.

Stetter, Ludwig: Die mesolithische Freilandstation Kirchgrubenholz 1 auf dem Hotzenwald, in: Fundberichte aus Baden-Württemberg 23 (1999), S. 7–79.

Steuer, Heiko: Keltischer und römischer Bergbau im Südschwarzwald, in: Archäologische Informationen aus Baden-Württemberg 41 (1999), S. 37–42.

Terberger, Thomas/Weniger, Gerd-Christian: 20 000 Jahre Klimawandel: Leben zwischen Kalt und Warm, in: Archäologie in Deutschland 5 (2011), S. 18–22.

Wagner, Heiko: Römische Besiedlung im Schwarzwald. Von der Auffindung des Undenkbaren, in: Archäologische Nachrichten aus Baden 82 (2011), S. 10–27.

Wagner, Heiko: Tarodunum und das Zartener Becken in der keltischen Zeit (Latènezeit) und in der Römerzeit, in: Wolfgang Kleiber (Hg.): Tarodunum/Zarten – Brigobannis/Hüfingen. Kelten, Galloromanen und frühe Alemannen im Schwarzwald in interdisziplinärer Sicht, Stuttgart 2009, S. 21–53.

Weber-Jenisch, Gabriele: Das keltische Fürstengrab Magdalenenberg im Franziskanermuseum Villingen, in: Konrad Spindler: Der Magdalenenberg bei Villingen, Stuttgart 1999, S. 11–29.

Wendling, Holger: Offene »Städte« – befestigte Höhen. Ein Sonderfall der Siedlungsstruktur
im Oberrheingebietm, in: Landesamt für Denkmalpflege (Hg.): Kelten an Hoch- und Oberrhein, Esslingen 2005, S. 19–34.

Wieland, Günther: Besondere Orte. Naturheilige Plätze, in: Archäologisches Landesmuseum (Hg.): Die Welt der Kelten. Zentren der Macht – Kostbarkeiten der Kunst, Ostfildern 2012, S. 277–284.

Wieland, Günther/Gassmann, Guntram: Wo die Rennöfen glühten. Keltische Eisenproduktion im Nordschwarzwald, in: Archäologisches Landesmuseum Baden-Württemberg u.a. (Hg.): Die Welt der Kelten. Zentren der Macht – Kostbarkeiten der Kunst, Ostfildern 2012, S. 183–186.

Voellner, Heinz: Zwei unbekannte Burgplätze bei Grafenhausen, in: Heimat am Hochrhein 11 (1986), S. 142–146.

Internetquellen

http://schalensteine.dasferienland.de/default.asp (Stand: 06.05.2013).

www.heimatgilde-frohsinn.de/abteilungen/ak_stadtgeschichte (Stand: 31.07.2013)

www.historisches-berau.de (Stand: 24.06.2013).

www.saeckinger-geschichte.de/fruehgeschichte/zeit-vor-christus/ (Stand: 21.06.2013).

www.schulte-kellinghaus.de (Stand: 21.06.2013).

Manuskripte und sonstige Quellen

Anonymus: Buch aus Stein, Steinzeit im Schwarzen Wald, 20 Seiten fotokopiert, Gemeindeverwaltung Schluchsee, Akte »Baugebiet Eisenbreche«, Eingangsdatum 29.04.2004.

Badische Zeitung, Lokalausgabe Neustadt: »Auf dem Totenwegle von Grab zu Grab«, Oktober 1998.

Badische Zeitung, Lokalausgabe Neustadt vom 25.05.2011.

Badische Zeitung: »Neuer Geschichtspfad ›Berauer Wuhr‹ ist eingeweiht«, 15.11.2011.

Bächthold-Stäubli, Hanns: Handwörterbuch des Deutschen Aberglaubens, Stichwort »Schalensteine, Näpfchensteine«, Berlin 1932, Nachdruck 2000 (Digitalausgabe auf CD-Rom 2006 bei de Gruyter), S. 991–992.

Brockhaus Enzyklopädie, 19. Aufl., München 1995, Bd. 8, S. 323.

Der Amtsbezirk Neustadt für die Hand der Schüler, Bonndorf 1910, (ohne Autorenangabe).

Die Schonacher Schalensteine, Prospekt der Tourist-Information Ferienland Schonach.

Ersch, Johann Samuel u.a.: Allgemeine Encyklopädie der Wissenschaften und Künste, Bd. 2, Gleditsch 1828, (Onlineversion).

Falkenstein, Franz: Vor Jahrhunderten durchzog ein Wasserkanal Wald und Wiesen, in: Waldshuter Erzähler, Wochenendbeilage des Alb-Bote 64 (2001).

Frings, Helmut im Interview mit dem Verfasser. Originalmitschnitt des Interviews und Abschrift beim Verfasser.

Hog, Joseph: Was nicht in der Chronik steht, Schreibmaschinenmanuskript, ohne Datumsangabe, Kopie im Besitz des Verfassers.

König, Herbert/Betz, Hans-Dieter: Unveröffentlichte Schlußbericht 01 KB8602 an das Ministerium (BMFT, 1990).

Laubenberger, Theodor: Chronik Reiselfingen (ohne Titel), Reiselfingen 1912, Original im Rathaus Löffingen, Abschrift beim Verfasser.

Metz, Rudolf: Geologisch-petrographische Übersichtskarte des Südschwarzwaldes 1:50.000, Hannover 1957.

Sangmeister, Edward: Betr. Kulturdenkmale im Bereich Schluchsee-Blasiwald, Schreiben an die Gemeinde Schluchsee vom 27.11.1985, Gemeindearchiv, Akte »Baugebiet Eisenbreche«.

Schallmayer, Egon: Buchbesprechung, in: Fundberichte aus Baden-Württemberg 9 (1984), S. 547–553.

Südkurier, Ausgabe Villingen: »Faszinierender Himmel über Keltengrab«, 04.02.2012.

Südkurier, Lokalausgabe NE: »Hunderte von frühgeschichtlichen Gräbern rings ums Marktstädtle«, 30.07.1991.

Südkurier, Lokalausgabe Waldshut vom 02.05.2005.

Südkurier, Seite Region Hochrhein: »Eine Lebensader für die Gemeinde«, 17.04.2008.

Topografische Karte über das »Großherzogthum Baden«, Blatt Schluchsee.

Voellner, Heinz: Das Schwarzatal, ein alter Zugang zum Hochschwarzwald, unveröffentlichtes Schreibmaschinenmanuskript von 1994, Kopie beim Verfasser.

Zapf, Friedbert: Erinnerungen eines Stationierten, in: Hochschwarzwald-Kurier vom 03.04.2013.

Ortsregister

(Das Register enthält alle Länder-, Gemeinde-, Ortsteil- und Straßennamen, Berg-, Fluss-, Flur- und Gewannbezeichnungen, Hofnamen und Volksmundbezeichnungen für markante Naturplätze, z.B. Wotanstanne etc. Nicht aufgeführt sind wegen der Häufigkeit der Nennungen manche Sammelnamen für Regionen, wie z.B. Schwarzwald, Hochschwarzwald, Südschwarzwald.)

Bildnachweise

Alle Fotografien von Ramesh Amruth – außer jene, die mit einem Kürzel versehen sind. Hinter den Kürzeln stehen folgende Fotografen/Institutionen:

ARL	=	Archäologisches Landesmuseum Baden-Württemberg (Fotografen: Manuela Schreiner, Matthias Hoffman)
ber	=	Edelgard Bernauer, Stühlingen
DOK	=	Dokumentationsstelle Rheinau
DRP	=	Regierungspräsidium Freiburg, Referat 25 – Denkmalpflege
fep	=	Felix Paturi
fri	=	Helmut Frings
har	=	Harald Riesterer
KSB	=	Klostermuseum Sankt Blasien
msk	=	Martin Schulte-Kellinghaus
row	=	Roland Weis
SÜA	=	Südtiroler Archäologiemuseum
FMV	=	Franziskanermotiv Villingen